效率管理、操縱人心，

36種成功上位的絕妙心法

權力
這場遊戲

洪俐芝、吳利平、王衛峰 主編

追求高薪，就沒辦法做喜歡的工作？
位高權重，就不能跟同事閒話家常？
那些名利、情誼兼得的人，都是如何做到的？
一本書為你全面解析職場生存，看懂辦公室裡的權力遊戲！

崧燁文化

目錄

前言

第一計　明確目標
穆瑞明確目標獲得成功 ……………… 12
明確自己的發展目標 ……………… 12
帶著目標回香港發展的曾憲梓 …… 14
不達目的不罷休的洛克斐勒 ……… 16

第二計　善於思考
思考是成功的保證 ……………… 22
善於思考才能成功 ……………… 24
提高思考能力的 10 個建議 ……… 26
怎樣提高思維層次 ……………… 26
要培養思考的良好習慣 ………… 27

第三計　籠絡人心
巧用一杯茶，感動一個人 ……… 30
領導者要有人情味 ……………… 31
與下屬同甘共苦贏得成功 ……… 37
商量著好辦事 ……………… 39

第四計　智慧人生
說話要講究方式 ……………… 44
把握分寸適可而止 ……………… 45
管理因人而宜 ……………… 50

人人都喜歡受人讚美 ……………… 51
批評要講究藝術 ……………… 57
學會與人合作 ……………… 60
拒絕他人的藝術 ……………… 65

第五計　和諧人生
和諧的心態是成功的保證 ……… 70
怎樣追求和諧的人際關係 ……… 72
學會兜圈子 ……………… 74

第六計　快樂人生
快樂的心理能改變你的生活 …… 78
別讓仇恨影響你的快樂 ………… 87
自足者長樂 ……………… 92

第七計　內方外圓
對下屬施點小手腕 ……………… 100
該出手時就出手 ……………… 101
丟卒保車，蓋提獲利不菲 ……… 103
軟硬兼使整治人 ……………… 106
捧人要因人而異 ……………… 108
話到嘴邊留半句 ……………… 109

第八計　等待時機
劉備不做天下英雄 ……………… 114

目錄

誘敵深入，等待時機 ……………… 115

司馬懿以退為進等待時機 ……… 115

等待也能成功 ……………………… 118

第九計　成功交際

友善的待人準能得到回報 ……… 124

謙遜要恰如其分，稱讚要適可而止 ‥

…………………………………………… 127

學會說對不起 …………………… 128

第十計　集思廣益

眾人拾柴火焰高 ………………… 132

發揮群體智慧 …………………… 133

發揮智囊團的作用 ……………… 134

第十一計　果斷決策

果斷決策成大事 ………………… 138

決策有時候可以相信直覺 ……… 140

果斷決策會有意外的收穫 ……… 144

不失時機果斷決策 ……………… 145

第十二計　贏得權力

玩好權力這個遊戲 ……………… 148

權力就是管人，沒有必要事必躬親 ‥

…………………………………………… 151

為了權力踢開絆腳石 …………… 155

第十三計　笑對挫折

挫折是成功的必由之路 ………… 158

失敗是成功之母 ………………… 158

笑對挫折獲得新生 ……………… 162

失敗是一個逗號 ………………… 169

第十四計　自我激勵

用積極的心態消除恐懼 ………… 176

學會控制情緒和感情 …………… 177

透過自我激勵主宰自己的命運 … 178

第十五計　自我形象

好形象能成為賺錢的資本 ……… 184

自信能樹立強者的形象 ………… 185

有時不好惹的形象也能幫助你成功 ‥

…………………………………………… 187

第十六計　高效技能

慈善事業幫商家賺得滿盆滿缽 … 192

商到精處是誠實 ………………… 193

鞭子和糖並用 …………………… 194

如何對待惡人 …………………… 196

如何對待麻煩人物 ……………… 197

以硬碰硬也能成功 ……………… 199

第十七計　竭盡全力

一絲不苟的精神 ………………… 202

埋頭苦幹定會獲得成功 ………… 203

堂堂正正做人能獲得事業上的成功 ‥

…………………………………………… 204

竭盡全力就會獲得成功 ………… 205

第十八計　公平無欺

不偏不倚正確處理人際關係······· 208

對下級也要公平無欺············ 209

男女平等是第一位的············ 210

第十九計　挑戰社會

奮鬥才會有幸福················ 212

融入群體之中成功更有保證······ 212

不進步你就會後退·············· 214

第二十計　聚財有道

敲山震虎，克萊斯勒起死回生 ··· 216

聚財有道······················ 220

賺錢也要講究品味·············· 223

假戲真唱，老費列克二次當富翁·····
······························ 226

趁火打劫，房地產商一筆交易賺了又
賺·························· 229

第二十一計　管人技巧

唸唸孫悟空的緊箍咒············ 236

管人的兩個經驗················ 237

要與下級真誠交心·············· 239

發號施令說一不二·············· 240

決定前要考慮充分發揮下屬的創造力
······························ 241

第二十二計　經營謀略

施小惠放長線釣大魚············ 244

消費者的口碑是最好的廣告······· 245

有孔沒孔都要鑽················ 246

讓對方「兩難」的謀略·········· 247

無招勝有招的謀略·············· 249

永遠對競爭對手保持警惕········· 252

第二十三計　欲取先予

要想釣到魚，得問魚兒吃什麼 ··· 256

將欲取之必先與之·············· 262

報酬不應該是工作的重心········· 263

第二十四計　誠信是金

信用是賺錢的招牌·············· 266

信用也是金錢·················· 267

真誠換來信譽，信譽贏得金錢 ··· 267

寧賠老本也不能輸信譽·········· 268

第二十五計　善解人意

做一個善解人意的好上司········· 272

用善意的態度對待人············ 272

做一個善解人意的人············ 273

第二十六計　挖掘潛能

挖出埋在心底的潛能············ 278

世上沒有不能解決的事·········· 278

潛能必須挖掘才能發揮·········· 279

我們只發揮了自身能力的百分之十五
······························ 280

目錄

第二十七計　學會忍耐

學會忍耐等待時機 ················ 284

是非自有公論，忍耐很有必要 ··· 287

蘇東坡身正不怕影子斜 ·········· 289

第二十八計　居安思危

成功者要有憂患意識 ············ 292

培養創業者的問題意識 ·········· 292

居安思危遇危不亂 ··············· 293

第二十九計　大智若愚

大智若愚成大事 ················· 296

赫伯的談判術 ····················· 297

水至清則無魚，人至察則無徒 ··· 300

大丈夫能屈能伸 ················· 301

第三十計　超越自我

良好的習慣是超越自我的保證 ··· 306

善於思考是超越自我的前提 ······ 307

習慣左右人的命運 ··············· 309

以卵擊石超越自我 ··············· 310

第三十一計　甜言蜜語

好聽的話人人愛聽 ··············· 314

把「您」掛在嘴邊受益多 ········ 314

人人都愛戴高帽 ················· 315

第三十二計　避免爭辯

喜歡與人爭論是最大的缺點 ······ 320

爭辯惹人煩 ······················· 323

不與小人爭辯 ····················· 325

第三十三計　說服他人

稱讚之後說服他人接受自己的觀點 ·

································· 328

不要總是責怪他人 ··············· 329

說服他人的技巧 ················· 331

第三十四計　主宰自己

自己的命運自己主宰 ············ 334

主宰自己要去除身上的惰性 ······ 335

把握人生的命運 ················· 336

努力奮鬥的人才是主宰自己命運的人

337

第三十五計　軟硬兼施

摸透人的「欺軟怕硬」的心理 ··· 341

左右開弓軟硬兼施 ··············· 342

第三十六計　唯命是從

唯命是從是討好上司的法寶 ······ 346

學會維護領導者的尊嚴 ·········· 347

前言

當今社會，成功是每一個人的渴望。在人類文明的發展中，追求成功始終都是我們每一個人持久的動力和發展目標。

作為一個未成功人士，我們羨慕那些衣著名牌服裝事業成功的男男女女在都市最華麗、最昂貴的大型購物中心想買什麼就買什麼的瀟灑。看到那些成功人士穿得好、住得好，我們會下決心也要獲得成功，也要購買高級轎車，住進高級住宅區，做一個成功人士。但是現實生活中並不是每一個人都能獲得成功，生活中有太多的人總是不如意。所以，我們迫切希望自己能夠出人頭地，在茫茫眾生中出類拔萃獲得成功。

本書就是一本一步到位的成功指南，它透過對現實生活中成功人士的研究，總結出獲得成功的至關重要的謀略、規律和理論，並具體的從 36 個方面告訴讀者如何採取切實可行的成功技巧來獲得成功。

本書收集了大量的成功實踐指南和技巧，以及未成功者需要了解的成功規律和理論，讀了本書相信我們這些未成功者也會成功，因為成功離我們並不遙遠。

前言

第一計　明確目標

第一計　明確目標

穆瑞明確目標獲得成功

積極的人生就像在不斷的攀登崇山峻嶺，雖然有失足的危險，但只要戰勝了這些困難，就可以不斷有新的發現，到達更高點。

拿破崙‧希爾講過一個案例，很多年前，在一次舞會上，有一個叫亞瑟‧穆瑞的年輕人，左顧右盼，坐立不安。原來他發現了一位漂亮的女孩，他很想邀她共舞，但卻猶豫不決，因為他知道自己的舞跳得並不好。

思考再三，他終於鼓足了勇氣，請那位小姐跳舞，小姐欣然應允。然而跳了幾分鐘，那位小姐就不耐煩了，她埋怨穆瑞舞跳得太差，像個笨拙的卡車司機。

很多人要是經受了這種恥辱，一定覺得受夠了，再不會也不敢去邀請那些高傲的女孩共舞，看看電視或者是坐在家裡發呆都要比遭人的白眼好受得多。

然而穆瑞居然沒有因此而消沉和喪失勇氣，反而更加熱衷於跳舞，並且跳了很多年，後來成為了家喻戶曉的現代舞蹈家。到他 1991 年去世為止，全世界共有百餘家舞蹈學校以他的名字命名，他還曾連續 11 年在電視上示範，教所有人跳舞。

穆瑞之所以能在跳舞上堅持下去，並且最終獲得了巨大的成就，是因為他有強烈的動機 —— 一定要學會自己喜歡的跳舞，同時也為了挽回自尊。有動機才能有行動，有行動才能發現自己的潛能，才能獲得成功。

穆瑞的故事顯示了態度和動機的重要性：態度和動機是並行而來的，對一件事的態度是熱情還是冷漠，取決於做這件事的動機是否強烈。只有在對事情有明確的目標時，才能熱切的、全身心的投入到這件事中，才能充分體會、把握和完成這件事。

明確自己的發展目標

魯迅、郭沫若原本都是學醫的。作為醫生，他們並不出類拔萃，後來改走文學，結果都成了文壇名人。如果當時他們堅持學醫，那就很可能埋沒自己的才能。

俄國戲劇家史坦尼斯拉夫斯基在排練一場話劇的時候，女主角突然因故不能演出。他實在找不到人，只好叫他的大姐來擔任這個角色。他的大姐以前只是做一些

服裝準備之類的事，現在突然演主角，由於自卑、羞怯，排練時演得很差，這引起了史坦尼斯拉夫斯基的不滿和鄙視。 一次，他突然停止排練，說：「如果女主角演得還是這樣差勁，就不要再往下排了！」這時，全場寂然，屈辱的大姐久久沒說話。突然，她抬起頭來，一掃過去的、自卑、羞怯、拘謹，演得非常自信、真實。

史坦尼斯拉夫斯基用「一個偶然發現的天才」為題記敘了這件事，他說：從今以後，我們有了一個新的大藝術家……史坦尼斯拉夫斯基不叫他大姐試一試，如果不是他大發雷霆，使他大姐受到刺激，沒有這一切偶然因素促成處理雜務的大姐參加排練，一位戲劇表演家就一定會被埋沒了。

對於科學人才來說，也有許多自我埋沒的現象。愛因斯坦大學時的老師佩爾內教授有一次嚴肅的對他說：「你在工作中不缺少熱心和好意，但是缺乏能力。你為什麼不學醫、不學法律或哲學而要學物理呢？」幸虧愛因斯坦深知自己在理論物理學方面有足夠的才能，沒有聽那個教授的話。否則，也許我們的物理科學就不會像今天這樣了。

科學的門類不同，需要的素養與才能也不同。比如：做一個傑出的臨床醫生，必須具有很好的記憶力；研究理論物理學，抽象思維能力不可少；一個數學家沒有必要一定具備實際操作、設計和做實驗的能力，雖然這種能力對於一個化學研究者來說是必不可少的；而天文學主要是一門觀察科學，需要很好的觀察能力，濃厚的興趣和長久細膩進行觀察的毅力。人的興趣、才能、素養也是不同的。如果你不了解這一點，沒有能把自己的所長利用起來，你所從事的行業需要的素養和才能正是你所缺乏的，那麼，你將會自我埋沒。反之，如果你有自知之明，善於設計自己，從事你最擅長的工作，你就會獲得成功。

這方面的例子實在是太多了：「達爾文學數學、醫學呆頭呆腦，一摸到動植物卻靈光煥發……」阿西莫夫是一個科普作家的同時也是一個自然科學家。一天上午，他坐在打字機前打字的時候，突然意識到：「我不能成為一個第一流的科學家，卻能夠成為一個第一流的科普作家。」於是，他幾乎把全部精力放在科普創作上，終於成了當代世界最著名的科普作家。倫琴原本學的是工程科學，他在老師孔特的影響下，做了一些物理實驗，逐漸體會到，這就是最適合自己從事的行業，後來果然成

了一個有成就的物理學家。

一些遺傳學家經過研究認為：人的正常的、中等的智力由一對基因所決定。另外還有 5 對次要的修飾基因，它們決定著人的特殊天賦，發揮著降低智力或提高智力的作用。一般說來，人的這五對次要基因總有一兩對是「好」的。也就是說，一般人總有可能在某些特定的方面具有良好的天賦與特質。

所以，每一個人都應該努力根據自己的特長來設計自己、量力而行。根據自己的環境、條件、才能、特質、興趣等，明確自己人生的目標。不要埋怨環境條件，應努力尋找有利條件；不能坐等機會，要自己創造條件；拿出成果來，如果獲得了社會的承認，事情就會好辦一些。從事科學研究的人不僅要善於觀察世界，善於觀察事物，也要善於觀察自己，了解自己。

湯姆森由於「那雙笨拙的手」，在處理實驗工具方面感到很煩惱，因此他的早年研究工作偏重於理論物理，較少涉及實驗物理，並且他找了一位在做實驗及處理實驗故障方面有驚人的能力的年輕助手，這樣他就避免了自己的缺陷，努力發揮了自己的特長。珍．古德清楚的知道，她並沒有過人的才智，但在研究野生動物方面，她有超人的毅力、濃厚的興趣，而這正是做這一行所需要的。所以她沒有去攻數學、物理學，而是進到非洲森林裡考察黑猩猩，由於她明確了奮鬥目標，終於成了一個有成就的科學家。

帶著目標回香港發展的曾憲梓

金利來（遠東）有限公司的老闆曾憲梓是廣東梅縣人。

1968 年夏日的一天，曾憲梓帶著 7,000 元港幣積蓄和一家六口人返回香港，開始了創業的苦鬥。

那時的香港居民有 400 多萬，男子多穿西裝，不少人竟有好幾套，以至於市面上有「穿西裝撿菸頭」的口頭禪。西裝如此盛行，卻沒有一家像樣的領帶廠，曾憲梓就是衝著這一點回香港的。

他把租來居住的小屋擠出一部分當工廠，動手縫製便宜領帶，經營方針是以廉價求發展。每打領帶的成本是 38 元，他就把批發價定為 58 元，一條領帶賺不到 2

元港幣。他心想，便宜一定會有銷路，利潤也會積少成多。誰知買主拚命殺價，產品脫手很難。

　　低價沒有出路，他又轉向精品。他買來 4 條外國高級領帶，從用料、款式到製作過程逐一研究。隨即仿製 4 條，一併交給行家鑑別，結果 8 條領帶分不出真假高低。曾憲梓欣喜萬分，認為發財的日子來了。他四處借錢，大批生產，結果又劈頭潑來一盆冰水：商店不相信小工廠的產品品質，不相信雜牌會有銷路，他們不肯進貨。

　　曾憲梓真是氣得要吐血了，他牙一咬，心一橫，把領帶寄存在旺角的一家百貨公司裡，講明不賺一分錢，條件是放在顯眼的位置，讓顧客隨便挑選。老天有眼，這一招靈驗了。曾憲梓的領帶品質被消費者認可了。款式、圖案恰好與流行的步調相一致，銷量之好難以讓人相信，結果許多商家找上門來訂貨。

　　吃一塹，長一智。曾憲梓明白自己的優質領帶一開始之所以被拒絕，是因為沒有一個好的牌子和商標，儘管眼下已經有了銷路，但每打價格只有 45 元港幣。今後要擴大銷路、占領市場、提高售價，非得要有一個叫得響的牌子和獨具魅力的商標不可。他自己設計了幾種商標，看看都不滿意。後來他想到了「金獅」。它的英文字母是「Goldlion」，而後面的「lion」正好與廣東話的「利來」諧音，「利來」在香港是一句吉祥話，人聽人愛。他決定就用「金利來」作商標，後來還把它稱之為自己的「得意傑作」。

　　商標定下，他便在香港註冊成立金利來（遠東）有限公司。好商標帶來了好效益。第二年就使每打領帶的價格上升到 100 多元港幣。他在九龍土瓜灣建立了相當規模的工廠，還考察了法國、德國、瑞士、義大利、奧地利的名牌領帶廠，取來眾家管理之長，引進技術、設備一步步提高「金利來」的品質和聲譽。到 1974 年，「金利來」一直保持著 30% 的年利潤成長率。「金利來」從此當仁不讓的占領了香港名牌貨的第一名，進而成為亞洲的總代理，雄踞港、臺及東南亞各國的首位。它以「設計快、製作快、投產快、上市快」而遠銷 40 多個國家和地區，年營業額突破 2 億元港幣。它每年用 100 萬元港幣的廣告費讓「金利來領帶男人的世界」去感染整個地球，致使白人男性也無意間宣傳了「美國總統訪華前選擇的領帶是金利

第一計　明確目標

來」的內部消息。

不達目的不罷休的洛克斐勒

西元 1870 年，洛克斐勒創立的標準石油公司成立，公司資產達 100 萬美元，在紐約第五街上，聳立起 53 層的洛克斐勒中心，大樓前是他的雕塑胸像。

洛克斐勒的野心是無止境的，猶如勇猛的獵手隻身闖入莽莽的原始森林，他說：「我要稱霸克里夫蘭，買下匹茲堡。控制東部。」

洛克斐勒的全部生命是標準石油。然而，一如既往，他的戰爭從來都是在另外的地方展開的。一個更為殘酷的鐵路大聯盟的陰謀又在實施之中了。

在某一個深夜，一位神祕的客人拜訪了住在紐約聖尼古拉斯飯店的洛克斐勒，屋角上的掛鐘已過了 11 點。他叫華特森，是另一位鐵路大王史考特的全權代表。夜風吹動著窗簾，搖曳不定。洛克斐勒一邊用高級白蘭地招待著客人，一邊暗自盤算怎麼進一步打開石油運輸祕密協議的缺口。史考特、顧爾德都不會坐視那個祕密協議，他們開始準備反擊，而洛克斐勒的目標已不再是那有限的運輸利潤。

洛克斐勒很清楚，如果不盡快採取措施，不久將爆發一場鐵路大混戰，出現競相削價運輸的局面，這樣一來受害最深的除了鐵路，便是標準石油了。

雙方當晚達成了鐵路大聯盟祕密協定：所有運輸石油的鐵路公司均攜手合作，並與特定的石油業者聯盟，對於中小規模的石油業者，則限制不讓其加聯盟。

這個聯盟的核心是鐵路與特定石油業者的祕密協定，索取和打擊其它石油業者的利益，這要算商業競爭史上一個驚人的陰謀。

經過激烈的談判磋商，一個祕密的控股公司 ——「南方開發公司」成立了。除了鐵路方面的股份之外，洛克斐勒家族是該企業中最大的股東。

兩者彼此交換了備忘錄，憑著良心起誓，絕對保守祕密，信守合約，工業史上最殘酷的死亡協定簽定了。

根據祕密協定，鐵路石油運費整整漲了二倍，無論是石油原產地的原油運往克里夫蘭，還是克里夫蘭的精煉油運往外地，都是如此。

這個運費標準一經確立，無論發生什麼變化，都不能更改，但參加聯盟的石油

企業可以獲得運費價格一半的折扣。

這樣一來，參加聯盟的企業可以從中大獲其利，而其它中小石油企業則必須支付高昂的運費，然後逐步萎縮直至被淘汰出石油行業。

這個弱肉強食的強盜聯盟為標準石油製造了最好的發展時機，洛克斐勒開始向他的核心目標前進了 —— 全部壟斷克里夫蘭石油行業。

為了對抗石油運費漲價，石油產地的企業組成了生產者聯盟，一邊利用報刊揭露鐵路大聯盟的強盜行徑，一邊實行石油禁運。

這一場石油大戰觸動了華盛頓政界各方，鐵路大聯盟受到種種譴責匆匆收場，唯獨洛克斐勒一人獲得了決定性的勝利。

鐵路聯盟瓦解了，高奏凱歌的生產者同盟卻面臨著令人震驚的境地，26 家克里夫蘭煉油企業只剩下影響力很小的 6 家。在一個多月的石油大戰中，標準石油收購了 20 家煉油企業，這是在正常情況下很難達到目標，然而在危機中卻很容易。

洛克斐勒使用的是彼此交換股份的辦法，在人們吵吵嚷嚷為誰是誰非爭論不休的時候，洛克斐勒不動聲色的做著自己的事。

在 40 天生產者大封鎖中，克里夫蘭的煉油廠被斷絕了原油供應，油庫空虛，銀根吃緊，煉油廠為了生存只好向銀行申請貸款。但銀行早就被洛克斐勒收買了，從銀行總裁到各主要董事都擁有標準石油的股票，無以求生的煉油廠家只得投入洛克斐勒的懷抱。

這些煉油廠用自己的公司換來標準石油的極小股份，然後企業經營者被任命為標準石油分廠的總經理。

對於原油生產者同盟，洛克斐勒採用分化瓦解的方法，他僱用了許多石油掮客，他們偷偷溜進城裡，在黑夜的掩護下，進行石油買賣。原油生產者也一樣要維持生計啊，不賣原油，衣食從何而來？因此，原油源源不斷的送往標準石油煉油廠，原油禁運實際上成了一紙空文。

石油大戰結束了，鐵路大聯盟也已經瓦解，石油產地的企業經營者剛剛想鬆一口氣，一個晴天霹靂又突然傳來；標準石油公司將成為南方開發公司總代理。

解決了克里夫蘭的煉油廠，洛克斐勒下一個目標自然是石油產區了，這位石油

第一計　明確目標

大王終於向石油的核心領域伸出了章魚似的觸角。

產油地的業主多是爆發戶的山區農民，他們奢侈、愚昧而又目光短淺，只知道金床玉枕揮霍財富，對生產則是掠奪性開採。

解除封鎖後，石油產量由原來的日產 12,000 桶上升到 16,000 桶，嚴重的生產過剩使油價暴跌。 這時，洛克斐勒做出一個令人目瞪口呆的決定，高價收購原油，每桶 4.75 美元。

許多石油中間商聞風而至，推波助瀾，一個大規模的開採行動又出現了，生產者同盟關於近期不能開採新井的限制早已被人們拋在腦後了。

大批掮客的皮包裡塞滿了標準石油的現金。他們蠱惑業主：「標準石油公司每天用現金收購 15,000 桶石油，趕快和標準石油簽合約吧。」原油業主輕率的簽訂了合約，紛紛開採油井，誘餌實在太迷人了，他們根本沒注意到合約中標準石油並沒保證 4.75 元的價格。洛克斐勒當然不會白白做出蠢事，他這一招順利的瓦解了生產者同盟的防線。

標準石油購進 20 萬桶原油之後，突然宣布中止合約，維持了兩星期的搶購熱潮遂告結束。

標準石油的解釋是：「供過於求的狀況已打破了歷史最高紀錄，現在還可出價每桶 25 美元，下星期再高於 2 美元就不買了。」各原油生產者才發現這是一個陰謀，但瘋狂開採已使日產量高達 50,000 桶，等待他們的只有相繼破產這條唯一的路，這正是洛克斐勒期待的結果。

不久，一家新公司在泰特斯維爾成立了，取名為艾克美，開創者是當年石油大戰中的風雲人物亞吉波多。

直到這個公司開始收購同類行業的股票時，人們才猛然醒悟，亞吉波多被洛克斐勒收買了，他們全都成了犧牲品。然而人們醒悟得已經太晚了，擺在他們面前的只有兩條路：要麼被艾克美收購，要麼等著倒閉破產。

洛克斐勒總是這樣從敵人的陣營中選出最強的競爭者，吸收到自己的陣線中，標準石油公司的最高領導者大多是由這樣的強者組成。

泰特斯維爾採油地無數經營者的鮮血，被標準石油公司吮吸已盡，無數的商人

上吊或者自殺，艾克美成為洛克斐勒在採油地的替身。

完成了採油地和石油運輸兩個戰場的壟斷競爭後，洛克斐勒終於能夠向他更大的目標挺進了──成為全國性的石油壟斷企業。

位於紐約平原上的薩拉托加，是個著名的大戰場，如今，它已成為旅遊療養的勝地，豪華的別墅飯店林立，是一個絕好的製造陰謀的舞臺。

洛克斐勒將紐約、費城及匹茲堡的主要石油大亨都邀請到了薩拉托加的豪華別墅裡，又一個大聯盟正在醞釀之中。

經過精心挑選，洛克斐勒選擇了三位石油鉅子作為自己的合作夥伴：紐約的波斯特維克、費城的瓦登、匹茲堡的洛克哈特。洛克斐勒由此創造了一個叫作「托拉斯」的工業畸形兒，它是綜合性的企業集團。在這個聯合體內，各個企業不再獨立的面對市場。

為洛克斐勒提供法律依據的是一位年輕的律師，他叫多德。他從《英國法》信託制度中獲得靈感，受到洛克斐勒的高薪聘用。

托拉斯的最高權力機關是「受託委員會」，所有股東均擁有信託證書，並藉此進行收入分配。托拉斯完全消除了行業內部無謂的競爭，僅維持相對的平衡。

洛克斐勒先後說服了三位夥伴，並且以極優厚的條件暗中進行了股票交換，標準石油公司成為大聯盟的實際主人。

表面上，三位合夥人的事業仍在各地正常進行，新聞界、企業界對此均無一知曉。

這段不可多得的時機，使洛克斐勒迅速鞏固了陣地，並進而收購了 72 家中小煉油企業的股份。

洛克斐勒控制著托拉斯，主宰著股份的分配決定權和公司債券發行權，經營更加得心應手，可以隨意增設或廢除一個煉油廠。

石油托拉斯很快影響到全美，棉花托拉斯、畜牧托拉斯、VISA 卡托拉斯相繼成立，美國獨特的工業壟斷時代形成了。

洛克斐勒利用折扣大聯盟和強迫收購、交換股份等方式，全面壟斷了美國的煉油企業和石油，一代石油大王在殘酷的競爭中脫穎而出。

第一計 明確目標

西元 1890 年，美國《休曼壟斷禁止法》通過實施，標準石油的壟斷行為首當其衝受到調查和追究。

雖然經過多方努力，著名參議員馬克·哈那也為其四處奔走，但洛克斐勒仍然失敗了，最高法院下令解散全美石油受託委員會。標準石油公司被分解為 38 家獨立企業。

遍體鱗傷的洛克斐勒這次依然不會束手待斃，見到連夜趕到紐約報告敗訴消息的亞吉波多，他立即決定將總公司遷往紐澤西。

紐澤西州位於紐約對面，工業一片興旺，紐澤西州崇尚獨立精神，當《休曼壟斷禁止法》通過實施時，這個州立即提出一份修正案。

洛克斐勒對紐澤西州的情況了解十分清楚，他說：「美國是大國。州政府是核心，聯邦只發揮紐帶作用，州地位比聯邦更為優越。」

修正案中有對洛克斐勒十分有利的條文，他能在這裡繼續他的壟斷夢了，紐澤西為洛克斐勒的崛起提供了又一塊風水寶地。

最高法院判決後的第二天，洛克斐勒增加 100 萬美元在紐澤西設立工廠，總公司的摩天大廈也在紐澤西州拔地而起。

洛克斐勒繞過聯邦禁止法的種種限制，迅速重振旗鼓，擴大經營範圍。合計資產達到 11 億美元，至此標準石油的地位已堅不可摧。

公司後來又陸續占領亞洲、歐洲的石油市場，用超低價銷售，將歐洲財團和荷蘭皇家蜆殼石油的聯盟擊潰，標準石油占領了歐洲石油市場 75% 的銷售額。

對於這位鬥志和堅韌都超越常人的一代石油大王，人們褒貶各異，人們送給他無比形象的綽號「大蟒蛇」、「大章魚」。

洛克斐勒明確企業發展的目標後，善於從側翼或不被人注意的環節發起進攻的競爭方略是最為引人注目，而且每每獲勝，戰果輝煌。

1937 年，一代石油霸主謝世，終年 98 歲，洛克斐勒二世，約翰·D·洛克斐勒作為標準石油集團的合法繼承者進入公司高層。

第二計　善於思考

第二計　善於思考

思考是成功的保證

當別人失敗了，你只需要一個正確的想法，緊跟以一個行動，你就可以成功。當你自己失敗了，你也只要轉換一個正確的想法，緊跟以一個行動，你同樣可以獲得成功。

美國芝加哥北密西根大道的一個地區現稱為「華麗一英里」。1939 年，那裡的辦公大樓群可說是慘不忍睹。一棟棟大樓只有空蕩蕩的地板。一棟樓出租了一半就算是幸運的。這是商業不景氣的一年，消極的心態像烏雲一般籠罩在芝加哥不動產業的上空。那時，你常可以聽到這樣一些論調：「登廣告毫無意義，根本就沒有錢。」或「我們沒有必要工作了。」然而就在這時，一位善於思考的經理進入了這個景象陰翳的地區。

這個人受僱於西北互助人壽保險公司來管理該公司在北密西根大道上的一棟大樓。公司是以取消抵押品贖取權而獲得這座大樓的。他開始擔任這件工作時，這座大樓只租出了 10%。但不到一年，他就使它全部租出去了，而且還有長長的待租人名單送到他的面前。這其中有什麼祕密呢？他把無人租用辦公作為一個挑戰，而不是作為一個不幸。記者採訪他時，他介紹了他對整個事情的思考：

我準確的知道我需要什麼。我要使這些房間能 100% 租出去，在當時的情況下，要做到這一點是很難的。因此我必須把工作做到萬無一失，必須做到下列幾點：

1.　要選擇稱心的房客。
2.　要激發吸引力：為房客提供芝加哥市最漂亮的辦公室。
3.　租金卻不高於他們現在所付的房租。
4.　如果房客按為期一年的租約付給我們同樣的月租，我就對他現在的租約負責。
5.　除此之外，我要免費為房客裝飾房間。我要僱用富有創造性的建築師和裝潢團隊，改造我們大樓的辦公室，以適合每個新房客的個人愛好。

我透過推理得到下列幾個方面的認知：

1.　如果一個辦公室在以後幾年中還不能出租，我們就不能從那個辦公室得到收

入。我們到年底可能得不到什麼收益，但這種情況總不會比我們沒有採取任何行動時的情況更糟。而我們的境況應該更好，因為我們滿足房客的需求，他們在未來的年份中會準時並如數的交付房租。

2. 出租辦公室僅以一年為基數，這是已經形成的市場慣例。在大多數情況下，房間僅僅只空幾個月，就可接納新的房客。因此，得到租金的希望就不至於太落空。

3. 在一棟設備良好的大樓裡，如果一個房客一定要在他租約剛滿的那一年的末了退租，也比較易於再租。免費裝飾辦公室也不會得不償失，因為這會增加全棟大樓的股票價值。結果每一個新裝飾過的辦公室都比以前更為富麗堂皇。租客都很熱心租用這棟辦公大樓，許多租客願意花費額外的金錢租用這裡的房子作為辦公室。

親愛的讀者，請你現在回顧一下這件事情的始末。有一個人面臨著一個嚴重的問題，他手上有一棟超大型的辦公大樓，可是這棟大樓十分之九的辦公室都是空閒未被租用的。然而，在一年內這棟大樓便100%的出租了。現在，就在隔壁的左右，仍有幾十棟大樓是空蕩蕩的。

這兩種情況之間的差別，當然就是每棟大樓的經理對這個問題的不同思考方法，和所持的不同心理態度。一種人說：「我有一個問題，那是很可怕的。」另一種人說：「我有一個問題，那是很好的！」

善於思考，抓住事物的關鍵往往可以發揮到事半功倍的效果，如果去做一件事情，不知道做好這件事情的關鍵所在，往往會花費大量的人力、物力和財力，而結果會收效甚微，如果能夠感知事情的關鍵所在，那麼結果往往是另一番景象。

如果一個人能夠抓住他的問題尚未顯露出真相時的好機會，洞察它並尋求解決，那麼，他就是懂得正確思考的人。如果一個人善於思考並且能形成一種行之有效的想法，緊接著付諸實踐，他就能把失敗轉變為成功。

第二計　善於思考

善於思考才能成功

「思考決定一切」，這話一點不假。當思考與目標、毅力以及獲取物質財富的熾熱欲望結合在一起時，思考更具有強而有力的力量。

幾年前，艾德溫‧巴尼斯發現，人們只要去思考就可致富，這是千真萬確的事。他的發現並非一念之間的產生，而是漸漸產生的。最初只是一種急切的欲望：他要做偉大的愛迪生的商業夥伴。

巴尼斯願望的主要特徵之一，就是目標「明確」，他希望和愛迪生「共同」工作，而不是「為他」工作。

當這個欲望，或者說是思考的衝動，首次在巴尼斯的心頭閃過時，他也是無力採取行動的，因為有兩大困難擋在面前：第一，他不認識愛迪生；第二，他沒有足夠的錢買張火車票到紐澤西州的奧蘭治去。

這些困難足可使大多數人感到沮喪，進而放棄實現欲望的嘗試。但是，巴尼斯的這個欲望卻不同尋常！

他想辦法在愛迪生的實驗室中出現，宣布他是來和愛迪生合作的。幾年後，愛迪生談起他跟巴尼斯初次會晤的情形時說：「他站在我的面前，外表就像一個十足的無業遊民。但是他臉上的表情給人的感覺是，他決心要得到他追求的東西。根據我多年和人交往的經驗，我深知，當一個人真正渴望獲得某樣東西時，為了得到它，他甚至不惜付出一切代價，這種人必然會成功。我給了他所渴望得到的機會，因為我看出他已下定決心，不成功誓不罷休。以後的事實證明了我的判斷非常正確。」

這位年輕人之所以能在愛迪生的辦公室裡獲得了事業的開端，絕不是因為他外表的關係，因為他的外表對他是絕對不利的，最重要的是因為他的「思考」，他的善於思考決定了一切。 在第一次會晤中，巴尼斯並未建立起他與愛迪生的合作夥伴關係。他只是在愛迪生的辦公室裡得到了一個工作機會，而且薪水很低。

幾個月過去了。巴尼斯一心所想達到自己暗自確定的那個「明確的主要目標」的願望，顯然沒有絲毫進展。但是，巴尼斯的意識正在發生重大的變化，他不斷的在強化他想做愛迪生商業夥伴的這一欲望。

心理學家說得非常正確：「當一個人真的渴望去做一件事情時，這件事情自會出現。」巴尼斯準備與愛迪生在商業上合作，而且他決心繼續積極準備下去，直到他達到目標為止。

他從未對自己說：「算啦，有什麼用呢？我想我得改變原來的主意，試試做一個推銷員吧。」但是他卻對自己這樣說：「我到這裡來是為了與愛迪生合作，我一定要達到這個目標，即使耗盡我的一生也在所不惜。」

巴尼斯不屈不撓的決心，堅持一個單純願望的持久毅力，註定使他剷除了所有的障礙，並為他帶來所尋找的機會。

當機會來到時，它出現的方式，並非為巴尼斯所能料到的，這是機會的惡作劇。它有從後門溜進來的狡猾習慣，它來到時往往偽裝成不幸或一種失敗的樣子。這便是為什麼許許多多的人之所以不能認識機會的道理。

愛迪生剛剛完成一種新的辦公用具的發明，當時稱之為「愛迪生口授機」。他的銷售人員對此不熱衷，他們不相信這種機器能輕易脫手。巴尼斯意識到他的機會來臨了！這種機會悄然來到，它是藏在除了巴尼斯和發明家之外、沒有其他人感興趣的一具怪模怪樣的機器。 巴尼斯知道他能推銷愛迪生的口授機。他向愛迪生提出請求，並立即得到了允許。他不但銷售出了這種機器，而且事實上他的銷售十分成功。於是愛迪生和他簽了約，讓他負責在全國推銷。在這個商業合作的過程中，巴尼斯除了使自己成為富翁外，還做了一件更重要的事情，即證明了一個人真的可以「思考致富」。

巴尼斯最初的欲望對他而言值多少錢，無法知道，也許會帶給他 250 美元或 500 多美元，但是無論值多少錢，若與他所得到的更大的智慧之財富相比較，則是微不足道的。他的智慧財富是：「積極思考」，配以絕對的原則，並付諸行動，即可轉變為物質的財富。」

簡單地說，「思考」使偉大的巴尼斯和偉大的發明家愛迪生結成商業夥伴關係，思考使巴尼斯致富。他開始時一無所有，後來終於證明了自己可以擁有一切。

第二計　善於思考

提高思考能力的 10 個建議

　　在地球上所有的生物中，只有人類具有思考、分析、儲存大量的知識、發展智慧、評估、將知識做各種組合的能力。但科學家告訴我們，像愛因斯坦、蘇格拉底和愛迪生這樣的天才，他們只用了不到 10%的腦力。

　　下面教給你幾種開發思考能力的方法：

1. 使你的思路清晰。把有所不定和自我失敗的思想，從你的思想中過濾掉。
2. 警覺訓練。你的思想會因訓練而成長，使你的「思維雷達」不斷工作。
3. 培養你的理解力，讓自己去做一些新的組合遊戲。
4. 「餵飽」你的思想，讀、聽和觀察一切事情，要確定你的腦子一直有東西在輸入。
5. 培養好奇心。對你不懂的事提出問題來，發展你的想像力。
6. 組織你的思想。實踐你已知道的事，發現你所不知道的事。
7. 要有開放的心，絕不視任何主意為無用。傾聽跟你不同觀點的人，任何人都有東西讓你去學。
8. 客觀的實踐，永遠肯去查明一個跟你不同的意見。
9. 訓練你的思想來為你工作。讓你的腦子做你要它做的事，而且當你要它做的時候才做。
10. 培養常識，真正的知識是學以致用。

　　「我知道一件千真萬確的事，」梭羅說：「那就是思想是個雕刻家，它可以把你塑造成你要做的人。」

怎樣提高思維層次

　　斯邁爾斯認為，提高你的思維層次，提高你的行為層次，這將為你帶來成功。下面是一個很簡單的辦法，透過像一位大人物一樣進行思維，幫助你獲得自我成功，採用以下思維檢查自己的思維層次。

1. 當我憂慮時。一位大人物會對此感到憂慮嗎？我所認識的一位最成功的人會為此而不安嗎？

2. 一種想法。如果一位大人物有這種想法，他會怎麼做呢？

3. 我的形象。我看上去像一個擁有極強自尊的人嗎？

4. 我的語言。我是在使用成功者的語言嗎？

5. 我所閱讀的書籍。一個大人物會讀這些書嗎？

6. 談話。成功者是否會討論這些問題？

7. 當我發脾氣時。一個大人物也會為了這種事情大發雷霆嗎？

8. 開玩笑。一個大人物也會開這種玩笑嗎？

9. 工作。一個大人物是如何對別人談他的工作的？

這樣使你的大腦會養成一種提問的習慣：「一個大人物是這樣做的嗎？」如果經常這麼自問，你將變成一位偉大而成功的人物。

要培養思考的良好習慣

塞謬爾・斯邁爾斯認為要使成功的金科玉律成為自己的法則，必須養成肯定事物的習慣。如果不能做到這點，即使潛在意識能產生更好的作用，終仍無法實現願望。相對於肯定性的思考的，就是否定性的思考，凡事以積極的方式即是肯定，而以消極的方式則是否定。

人類的思考容易在否定的方面產生較多的作用，所以肯定思考的價值越發重要。

如果經常抱著否定想法，必然無法期望理想人生的降臨。有些嘴裡硬說沒有這種想法的人，事實上已經受到潛在意識的不良影響了。

有些人經常這樣否定自己：「凡事我都做不好」，「過去屢屢失敗，這次也必然失敗」，「人生毫無意義可言，整個世界只是黑暗」，「沒有人肯和我結婚」，「我是個不擅交際的人」……抱有這種想法的人，生活往往並不快樂。

當我們向他問及此種想法由何產生時，得到的回答多半是：「這是認清事實的結果。」尤其對於罹患憂鬱症者而言，他們也會異口同聲的說：「我想那是出於不安與

憂慮吧！我也拿自己沒辦法。」

　　然而，只要換成另一個角度去想，現實並不如你所想像的那麼糟，例如有些人會想：「我雖然一無是處，但也過得自得其樂，不是嗎？」有了樂觀而積極的想法，肯定自我，你的人生才會找到新的方向和意義。

第三計　籠絡人心

巧用一杯茶，感動一個人

　　茶的歷史悠長，在家裡待客皆首先敬茶，以示對客人的敬重。在今天的企業管理中，主管替員工端上一杯茶，員工肯定會受寵若驚，有種被重視的感受，從而會拚命效力於主管。

　　松下幸之助曾經說過，社長必須兼任端茶的工作。當然，他的意思並不是真的要社長親自端茶，而是說一個稱職的社長，至少應該把這個想法視為理所當然。

　　在松下幸之助的觀念中，社長並不是高高在上，而是站在職員背後推動他們前進的人。這個觀念在戰前戰後有很大的差別。戰前，一般人都承認社長就是老闆，而職員是部下，必須絕對服從老闆的命令做事，並給予絕對的尊重。可是，戰後的社會形態逐漸趨向民主，社長的地位逐漸低落，和職員們站在同一線上，不再是可以任意支使別人的領導者，他所說的話，員工也未必全盤接受了。

　　在這種思想風氣的影響下，現在的企業經營者，不再是使人望而生畏的權威者了。對於辛苦爭取來幫忙的員工，過去的老闆可以說：「喂，某某人你去做件事。」可是現在卻要改為：「對不起，麻煩你做這件事。」好像形式上雖然仍維持著雇主與職員的關係，但卻不可能再有完全命令式的語氣出現。企業經營者對於這種結構性的轉變，要非常謹慎的去適應，調整自己的態度，改變唯我獨尊的想法，才不會被時代淘汰。

　　一旦社長有了這種溫和的態度，那麼看見盡責盡職的員工，自然會滿懷感激的說：「真是太辛苦你了，請來喝杯茶吧。」

　　當然，社長也不一定要親自為屬下倒茶，但是，如果他能誠懇的把心意表現出來，自然能使倦怠的部屬振奮，而增加工作效率。即使是公司的職員人數眾多，無法向每個人表示謝意；但只要心存感激，就算不說，行動也自然會流露出來，傳達到職員心裡，所以松下幸之助在經營企業時，每天都會問自己：「今天，我要替幾個人端茶呢？」雖然他沒有親自動手端過茶，但員工會感受到他的誠意。

　　不過，端茶的比喻不能被誤解，畢竟，社長就是社長，雖然態度上他可謙遜得像個端茶的服務生，但他仍舊是整個公司的方向指示燈。

社長為了完成指示燈的任務，一方面必須站在部屬背後，推動大家前進，但更重要的，還必須明確的設定經營的方向與目標。這個「方向」就是企業的經營理念和使命，也就是適合當時情況的目標。

對於重大任務，都應該先訂出一個目標，目標決定後，就放手執行，經營者退居到幕後，盡量減少干擾，這樣，才會充分的發揮出員工的能力，以拓展業務。但是這些辛苦賣力的職員，雖然不喜歡領導者的嘮叨，但如果領導者沒給他們一個目標指示的話，他們也會因無所適從，而談不上工作成果。

指示目標並不一定是社長的任務，部長、課長、股長都要有相同的責任，每個部門有每個部門的工作目標，把這些目標群組合起來，就能成為輝煌的工作成就。經營領導，不只是指示目標，還要善於體諒部屬辛勞，適時的替他們端上一杯茶水。

領導者要有人情味

一旦面對激烈的競爭或企業危機時，領導者往往會全力的追求業績而忽視了下屬的人性，對下屬採取強硬的手段，壓迫下屬，不顧一切的貫徹既定目標。大多數的人都以為若不這樣就不能突破困境

如果這麼做能夠振奮部下的士氣，工作效率因此而提高就沒有問題。然而，人性卻沒有那麼單純。例如，主管要的只是眼前的利潤，主管越是逼迫下屬，下屬就越容易背地裡產生反抗的心情，敷衍了事。

為什麼會產生這樣的狀況？這就是主管忽視了人性所造成的。經營者或管理者雖具有危機意識。卻只熱衷於工作成績的增加，而且固執的認為下屬也有責任來提高工作成績，於是拚命的驅使下屬不眠不休的工作。如果忘了下屬也有人格與人性，也有期待，也有夢想，也有個人欲望，只是拚命的壓榨他們反而會收到反效果。

以社會心理學的觀點來看，所謂的集團是處於危機下的一種依存心理，大家追求的是一個強而有力的強悍領導者。因此，在非常狀態中，一位有權威的領導者才能統領大家。

但是，並不是有權威的領導者，就一定可以無往不勝。因此，身為領導者如何贏得下屬的信任非常重要，領導者努力的掌握下屬的期待欲望，下屬也能全心的信

賴能讓自己實現願望的上司，並衷心的服從上司所說的話。

　　然而，大部分的領導者都無視下屬的期待，只是一味的要求下屬努力實現自己的期望。這樣的上司自然會引起下屬很大的反感，無法努力來實現自己的目標。

　　在非常情況之下，領導者以權威性的態度對待下屬，在嚴厲苛責的情形下，下屬還能致力於工作，領導者自然應該感到高興，但這卻不是件容易的事。或許大多數的人會認為具有權威性的嚴苛作法，只是不適合於現代民主時代，但事實卻絕非如此。即使是在權威主義盛行的封建時代，像這樣忽視人性的作法也是行不通的。

　　天才型的領導者能夠洞悉真實，掌握人心的巧妙多變。即使是在絕對的權威主義時代，忽視人性的管理方法也無法打動人心。只要是能夠深入人心的作法，不論在哪個時代都可以打動人心，讓大家心甘情願的效命，這才是正確的作法。

　　松代藩位於日本的長野市，藩主是真田家，第二代真田幸村是位非常有名的藩主。拔擢恩田民親的是第六代藩主真田幸弘，為的是拯救財政困境。當時面前臨前所未有的財政困境，恩田民親以他獨特的作法，挽救了財政危機。

　　在恩田民親被拔擢之前，已經有數位德高望重的人施行過財政改革，但全都是採取一些忽視人性的高壓手段，因此全都沒有成功。例如，在恩田民親前一任的田村半右衛門，就是因為採取高壓手段而引起群眾的反抗。田村半右衛門為了要重整藩庫的財政赤字，於是採取抑制支出、增加收入的政策。為了抑制支出，嚴苛不顧人性不說，為了要增加收入更採取了下列措施：

1. 調查官員的德行，稽查有無貪贓枉法的事情，對於貪贓枉法之徒就利用其弱，以稅金之名收取財物。
2. 只要生活富裕的老百姓就強迫繳稅。
3. 一般的老百姓要免除例行慶典的奉獻，就必須每一百石以一成五分的比例來繳納差額，如有反對者就沒收其免稅部分的田地。
4. 只要繳納稅金，不論賭博或偷盜都視而不見。

　　像這種罔顧人性的作法引起了人民的不滿，尤其是對於繳納稅金者就可以作奸犯科，將百姓的安全置於腦後，最後終於引起了群眾的激憤，揭竿而起。

　　田村半右衛門的作法，是在遭遇危機時就以權力及高壓的手段來強迫人民效

命，這和大多數領導者的作法大同小異。然而，高位者越是實行高壓手段，部下就越會想盡辦法來與之對抗。

這一點和現代的企業現狀相仿。當公司面臨不景氣而業績不佳時，經營者往往命令管理者嚴厲監督員工，期望生產力快速成長。然而，越是嚴厲的苛責員工，員工的反抗心就表現得越強烈，自然是費盡心機的欺上瞞下。因此，忽視人性的監督，不論古今都沒有效果。

由於前人的高壓政策連連失敗，恩田民親才會受到藩主真田幸弘的信任，進而提拔他賦予整頓財政的重任。恩田民親為了整頓財政所採取的一系列措施，和前人所實行的政策大相徑庭，恩田民親抓住人心，對於大多數人的期待，都予以善意的回應，而體恤民情正是他成功的主因。

日本知名的企業家松下幸之助先生，或是出光佐三先生，都可以說是擅長掌握民情的天才經營者，他們在面臨危機時行動也大多相同。天才型的經營者能夠憑直覺來抓住人的本性，並且採取能打動人心的行動，因此他們所採取的行動自然有其共通點。這也說明了天才型的行動，能夠超越時代，成為不分東西方的共通行動。

恩田民親的政策雖是施行於封建時代，但它卻並非只能適用於封建時代。相反的，恩田民親的作法與封建時代的背景大相徑庭卻能突破困境，這正是他打破了封建制度忽視民意的專制政治，而以人民的期待、夢想、欲望為目標，因而得到了人民的支持。

這種對人絲毫不抱偏見的作法，正是因為他能洞悉人心，恩田民親首先做的就是讓官員振作。以往的家臣為了平衡財政收支，於是頻頻對官員減薪，甚至減了五成之多。這些官員被減了薪之後，又因財政危機所需，還要求他們必須負擔更多的徵稅，這樣就忽視了個人欲望、需求。這種情況不只是從前才有，就是在現代化的企業陷入困境時，也常可看到這種現象。不但削減員工的薪水，還要求員工拚命工作。

恩田民親就不採用這個作法，反而採用完全相反的作法。即使面對財政赤字，他也承諾已被減薪五成的官員恢復全薪，且只要求大家各盡其責。這個完全不同於以往家臣的作法，正是抓住了官員們內心的希望，大家自然發奮工作。

第三計　籠絡人心

百姓們對於如此體恤民情的措施無不感激萬分，紛紛向官方提出拯救財政危機的方案，要求提高稅賦二倍，分兩年繳納。以往派遣走卒嚴厲監督稅賦，並以高壓政策強行收稅，但卻效果不彰。如今，恩田民親允許民眾分兩年納稅，反而收到了意想不到的效果。

值得注意的是，恩田民親的作法和卓越的經營者極為相似。

松下幸之助就是最好的例子。1929 年日本的經濟不景氣，造成物價下跌與商品銷路不佳，各商家幾乎都面臨了工廠關閉與解僱員工的惡運。松下電器這時也面臨商品滯銷的命運。在井植與武久商量後，做出裁員半數的決定，向松下請示，松下聽了這番話，馬上說：「即日起生產減半，不裁員，工廠只上半天班、生產減半，但員工薪資仍發給全薪。另一方面，店員必須放棄休假，全面的促銷。」

松下行政管理之所以做出這樣的決斷，是因為他希望松下電器在日後能逐漸擴大發展，如果在這個時候為了解除眼前的危機而解僱員工，一定會讓員工的情緒動搖。面臨這樣不景氣的環境，如果領導者能站在下屬的立場考慮，讓部下產生高昂的士氣，一定能夠讓大家提起精神來，同心協力的突破不景氣的危機。

井植和武久聽了松下的決斷非常高興，立即召集全體員工，告知大家公司的決策方針。大家聽了也都非常高興，願全力拓展業務。結果，倉庫內的庫存不到三個月就賣完了。自此，非但不用再上半天班，就是拚命的生產也不敷需求。

通常，領導者在面臨這樣的不景氣中，常會以厲聲斥責來督促下屬盡力。然而，這個方法非但得不到下屬由衷的服從而突破困境，反而很容易引起下屬的反抗。雖然如此，大多數聰敏的經營者或管理者，並不了解這個人情世故，唯有卓越的領導者，能感受到大家內心的想法，並妥善的做出對策。

出光公司的領導者出光佐三也是其中一例。

出光在日本戰敗之後，面臨非解散不可的命運，甚至有人傳言出光董事長在絕望之餘打算自殺。

然而，他卻召集全體員工宣布說：「我向大家保證維持大家的生活，請大家放心！」面對戰敗的日本，經濟遭受了毀滅性的打擊。在這前途渺茫的景況下，任何企業都不敢預期自己的未來，紛紛採取縮小企業規模與人員編制的措施。在這樣的

困苦狀況下，出光有將近 1,000 名的員工，非但沒有裁員，反而宣布保證維持大家的生活。

當這個宣言公布之後，全體員工在感激之餘，均拚命的工作。出光公司在日本國內幾乎完全沒有事業，有的只是債務。因此，必須依靠全體員工士氣高昂、由衷的努力才行。出光直覺的認為一定要遵守對員工的承諾，絕不可解僱員工。員工在感激董事長的誠意之下，積極果敢的展開新事業，朝漁業、收音機修理、醬油及醋的製造、印刷業等未知的領域挑戰，企業在戰後的混亂期中求生存。出光後來能在石油事業領導中發展，以壓倒優勢在石油業界中占有一席之地，就是因為讓公司懂得如何在惡劣的環境中求生存。

這種即使面對困境仍以人性為決策基礎的例子不只在日本，世界各地都不乏其例。例如世界知名的調味料製造商，M 公司總裁查理斯。

查理斯是其叔父維樂比失敗後，為了挽救公司的財政赤字而繼任總裁的。查理斯集合了全體員工，宣布說：「薪資提高一成，工作時間每週縮短 9 個小時，公司今後的存亡全看大家的努力。」

當時 M 公司面臨的狀況是若不削減員工一成的薪水就入敷出，而查理斯卻反而提高一成的工資，縮短每週的工作時數。剛開始，大家都表示不理解，接著就對查理斯的決策鼓掌叫好，士氣也因而高漲了起來。不到一年，非但消除了赤字創造出利潤，也鞏固了 M 公司的事業基礎。

查理斯的英明果斷和恩田民親拯救財政危機的措施如出一轍。不論古今中外，人同此心、心同此理。在危機時希望大家同心協力的突破困境，就必須以人性為目標，這是恆久不變的真理。

前面所提到的例子，足以說明領導者在面臨危機時的心情，即使面臨危機反而提高員工薪資，不裁員反而縮短工作時數，這些天才型經營者所採取的措施，在平庸的領導者看來，或許會覺得不可思議。因為大多數的領導者，都是以眼前的利益為目標，很少會顧及員工的想法。或許有人會認為領導者必須以更堅決的態度及信念來領導下屬，因而反對以人性為目標。也許會有人說，這種方法對於一般的領導者來說未免太勉強了。

第三計　籠絡人心

　　的確，如何才能最適切的打動人心，若非是特別高明的領導者恐怕很難做得到。若非直覺敏銳，光是模仿他人的作法，到頭來恐怕弄得更糟糕。但這並不表示這些例子不足以供人參考，提供這些例子是要告訴人們，身為領導者在面臨危機時，應該抱持正確的想法。

　　雖然大部分的人很難做得像恩田民親或是松下幸之助、查理斯那樣對策高明，但在面臨危機時，光是強迫員工努力只會招致員工反感，落得失敗的下場。這個時候最重要的就是訴諸人性。如果把下屬看成自己的下人而隨意指使，下屬自然也不會體諒你的心情。如果你這個時候能夠站在下屬的立場為下屬著想，把下屬看成是和自己一樣的人，並體貼下屬的心情，獨自承擔困難，而不把困難加在下屬身上，自然就能夠感動下屬為自己效命。

　　因此，領導者必須努力的培養自己的手腕和器量。至於要採取什麼方法，這就是見仁見智了。

　　另一項異議，是針對領導者為回應下屬的期待而採取迎合的作法，仍然無法打動下屬這一點提出質疑。然而，以下屬的人性為基礎所採取的行動，和一味迎合所運用的手法，其本質卻大不相同。以下屬的人性為目標的作法，必須以正確的了解人性為基礎，這樣才能站在他人的立場著想。因此，必須仔細的洞悉打動人心的要訣。進而對自己定的對策產生自信，有自信的行動就能產生顯著的效果，這絕不是曲意奉承做得到的。

　　曲意迎合他人的作法，其實還是以自我為中心。並不是站在下屬的立場考慮，或以滿足下屬的欲望為目的，這只是為了以利己為目的而利用下屬的手段。而且這種手段不具有讓下屬真心盡力的自信，只是一味的阿諛下屬，甚至包括了卑鄙的手段。

　　仔細思考比較，不難發現這二種作法大不相同，所給予下屬的感受也大不相同。注重人性的領導者，很容易就能夠打動下屬，激勵下屬的士氣。但以自我為中心而迎合下屬的領導者，不但只會引起下屬的反感，甚至還會讓下屬看不起。

與下屬同甘共苦贏得成功

「同甘苦，共患難」是自古至今，領導者與下屬的關係守則。領導者若不敢擔當一定的責任，那下屬也無信心工作，更不會有業績而言。只有與領導者共同承擔責任，才會激發幹勁。

俗話說得好：「壓力出水準。」領導者在交給下屬某項任務時，不僅應賦予他相應的權和利，而且還應讓他承擔與其職權相稱的一份責任，這樣做，能使他感到有一種壓力在驅使他勇往直前。而一定的壓力，能轉化成為一定的動力；而一定的動力，又能轉化成一定的效率和水準。在這裡，關鍵在於掌握好壓力的「度」。壓力過大，會把下屬壓垮，使其不敢接受任務；壓力過小，又發揮不了鞭策、鼓勵的作用。唯有壓力適度，責任與職權相稱，下屬才能出色的完成任務。

在讓下屬承擔相應責任的同時，領導者也別「忘了」承擔自己應負的一份責任。因為自己做出的決策，並非「萬無一失」，「絕對正確」，其中很可能包含著不正確的因素，有時甚至是完全錯誤的。再加上下屬在執行任務的過程中，還會受到多種不確定因素的干擾和制約，因此，誰也不能保證下屬的「行為軌跡」會完全沿著領導者的「思維軌跡」前進，即使遇到暫時的挫折和失敗，也是不難理解的。因此，勇於為下屬撐腰壯膽，勇於在必要時替下屬分擔責任，不僅展現了一個領導者的道德品質和領導水準，而且直接關係到上下級之間能否建立起互相信賴、互相支持的融洽關係，關係到整個管理機器能否正常運轉。倘若下屬偶有過失，領導者就把他當作「代罪羔羊」拋出去，而自己卻不承擔絲毫責任，那麼，還有哪個下屬願意再為這樣的領導者效勞呢？

在通常情況下，下屬儘管存有希望少承擔甚至不承擔責任的心理要求，但他自己也認為這只不過是一種不切實際的「奢望」，只要領導者能夠實事求是的按照委派任務的性質，讓他明確承擔相應的責任，下屬一般還是願意接受的。問題的關鍵在於，幾乎每個下屬都希望上級能夠替自己分擔一些責任，對於這一正當的心理要求，倘若領導者不能痛快的予以滿足（哪怕「部分」滿足），則下屬是絕難忍受的。一旦遇到是非糾葛，下屬就會為了自衛而對領導者做出強烈反應。

第三計　籠絡人心

　　由此觀之，與下屬共同承擔責任，關鍵不在如何滿足下屬的第一種心理要求，而在於能否盡力滿足下屬的第二種心理要求。在這方面，各級領導者應該注意以下6點：

1. 向下屬安排任務時，領導者不應故意迴避自己應承擔的一份責任。這是處理好上下級關係的大前提。

2. 領導者必須明確區分哪些是下屬應負的直接責任，哪些是自己應負的領導責任，絕不要含糊其詞，模稜兩可，讓下屬聽了心裡沒底，或者感到「安全係數」太小，或者感到似乎有「漏洞」可鑽。

3. 說話要留有餘地，切忌憑空許諾，隨意答應。有的領導者喜歡拍著胸脯對下屬說：「出了問題我負責！」這樣做，表面看上去似乎給了下屬一張「護身符」，實際上有頭腦的下屬並不相信自己的上司果真能夠承擔一切嚴重後果，過分的承諾，反而容易使人產生懷疑。領導者的信口開河，還容易誘使下屬放鬆警惕，對工作造成一些不必要的麻煩或損失。

4. 應當看到，下屬承擔責任和領導者分擔責任，本來是兩個緊密相連，互相制約，缺一不可的「環」。領導者替下屬分擔責任的目的，不僅是為了使下屬增添幾分安全感，更重要的還在於有意培養和增強下屬對領導者的信任感，使下屬願意承擔自己應負的「直接責任」。為此，領導者就須毫不含糊的替下屬分擔下列責任：

   A. 由於領導者做出的錯誤決策（包括正確決策中的「不正確」因素）所造成的損失。

   B. 下屬在執行任務過程中遇到各種不確定因素的影響和干擾所造成的挫折和失誤。

   C. 其他一切值得同情和諒解的過失。

5. 領導者一旦向下屬做出分擔責任的許諾，就應該遵守諾言，絕不反悔。當下屬果真遇到不應由他負責的挫折或失誤時，領導者不僅應該馬上「兌現」自己的承諾，而且還應該向下屬明確表示，願意為下一個行動計畫繼續分擔責任，以

此來鼓勵下屬進一步樹立戰勝困難的信心和勇氣。

6. 沒有選擇，也就沒有藝術。在某種意義上說，用人藝術，就表現在領導者在向下屬委派任務時，如何極審慎的在「下屬承擔責任」和「領導者分擔責任」這兩者之間，巧妙選擇一個令雙方都感到滿意的交集「點」。而用人權術則不同，它或有意混淆這兩者的界限，以便為領導者自己留一條退路，或言而無信，出爾反爾，在關鍵時刻拿下屬當「代罪羔羊」。兩種用人方式，儘管具有本質上的區別，但是，倘若領導者稍有不慎，也可能不知不覺的從前者滑向後者。這一點是需要予以特別注意的。

總之，承擔責任與下屬同甘共苦就能贏得成功。

商量著好辦事

老闆在想出一個問題的解決辦法後，不需要著急去想下一個問題，或急於實施這個解決問題方案，而應該找一些合適的人來研究這個方案的可行性，老闆有最後決定權，但不要擅用最後決定權，應慎用這最後決定權。

一個人想出來的解決方案，如果再由老闆一個人去推敲他的合理性和可行性，則很容易掉進一個固定的思維模式，找不著方向。因為老闆如果認為這個方案不合理，不可行，他也不會說想出了解決方案，這個解決方案也許只是很主觀的，或片面的從某一方面解決了問題，而且也許從這方面動手很可能引起其它方面更大的破壞或負面作用，所以老闆要找一些合適的人來研究這個方案。

誰是合適的來研究這個問題的人呢？這是老闆應該考慮的主要問題，應該做出的重要決定，只有這個才能展現一個老闆的特質。合適的研究人員來了，不是命令他們怎麼辦，他們是來和你共同探討這個方案的可行性和合理性。而不是這個方案的執行者，老闆應以互相探討、商榷的口氣，請求或希望他們研究一下這個方案的可行性和合理性。而不合適的研究人員一旦被找來，老闆就功虧一簣了，這不是一件小事，毫無根據的把一件事交給不合適的人，事搞壞了，吃虧的是老闆自己。

如果老闆和研究人員認為這個方案是可行的，老闆切忌興高采烈，小心樂極生

悲。一個好的方案要發揮它應有的作用還須通過執行者這一最終階段，老闆是隨意的去發號施令還是乾脆由自己去執行呢？這些都不合適，因為現在對這個方案的了解的不僅有老闆本人，還有一塊參加研究的員工，他也許比老闆更了解其他員工的能力，老闆應該與他們一塊找出合適的執行者，並且可把頒布命令的權力讓給研究人員，並且由他們負責監督執行情況，並隨時在實際操作中不斷的改進和完善方案，使之達到為公司創造最大利潤的目的。

任何事都有合適的人去推動它，執行它，而且由「人」去成事，這就是「事在人為」。

事實證明：獨自決定一切事情的老闆，最容易失敗；一切都事必躬親的老闆，很難獲得成功。聰明的老闆是盡可能的發揮員工的積極性和創造性，使自己達到少做的目的。在英國有一家工程公司，總經理是約翰‧普蒂修斯。他精力充沛，經常身穿運動衫與工作褲出現在廠房裡，給人一種積極向上的精神和隨和、可親、友善的形象，讓人在他面前不會有壓抑感，願意為他工作。

約翰的這家公司，有很高的工作效率。1989 年以來，雖然每年員工的流動率達到 60%，利潤卻高達 4,500 萬美元，約翰自己常說：「我們工程公司的順利發展，應該歸功於我們公司所製造的播種機品質很好，螺旋式除草機的價格比較便宜。」他還解釋道：「我們公司成功的原因主要在於公司的管理者和經營者之間具有高度合作的精神」，「我們的管理者，雖然不多，但都很優秀幹練，各人的責任加重了，大家都能盡心盡責。」

這家公司嚴格挑選申請入公司的員工，基層員工每年的流動率達到 60%。即使如此，社會上仍有許多人削尖了腦袋往公司裡擠。約翰強調說：「公司的員工在處理任何事情的時候，都需要具備合作態度。」這家公司挑選的人員是工作既熟練又能隨和待人的員工。

這家公司拋棄了傳統的觀念，在推銷產品上獲得了很大的成功，然而更重要的是約翰善於推動員工積極工作，他經常告訴員工：「只要你努力，任何人都可以做好你想要做的任何事情。世上無難事，只怕有心人。」

約翰自己的成功道路始於他的艱苦奮鬥，為了定好按件計酬的薪資率，他與管

理人員經過許多次的探討，因為定得過高或過低都會使生產下降，在雙方都同意的薪資數字下，經過了一段時間的試驗和調整。某項工作如果薪資報酬過高，徵得員工同意，適當降低一點；某項工作如果薪資報酬過低，公司也尊重員工的意見，適當提高一點，經過雙方的協商後，定出合理的計件薪資報酬，對員工與公司雙方都有益處。這個制度既鼓勵了員工多賺錢，也使公司增加了收入。

有一年年末，公司為了對那些為公司發展做出了突出貢獻的員工表示謝意，又採取了一套新的獎勵制度，如果能使公司產量增加10%或以上，員工能從公司得到10萬美元的獎金，或以增加利潤的10%作為獎勵，這個計畫是把公司每月節省的銷售成本或增加利潤作為基礎。約翰說：「幾年來，我們的產品出售價中，員工成本平均占10%，以這個比例為準，如果在某月員工成本比率不到10%時，那麼把節省下來的一半充作獎金，剩下來的一半為公司擴充和發展用，對公司和員工均有好處。」

約翰還要求每位員工都發揮自己潛能，例如播種機電池在英國最便宜一個也要75元，採購部主任向他彙報說，已經找到了能夠買到50元的一個辦法，而約翰對此表示了讚揚和鼓勵，並說最好能買到40元以下的一個電池。採購部主任又花了幾個星期時間，終於在納米比亞買到37.2元一個的優質電池，使公司節約了生產成本，這位採購部主任也得到了應有的獎勵，在鼓勵員工的積極性上產生了很好的表率作用和榜樣作用。

總之，約翰的啟示就在於籠絡員工的人心，「發揮」員工的工作積極性，採取各種辦法來提高員工的活力去發展生產和增加效益。

第三計　籠絡人心

第四計　智慧人生

說話要講究方式

　　一個人想要表現自己的能力，使對方增加對自己的好感，有時需要運用一些小聰明，這就涉及表達方式和說話的藝術。除了通常人們所了解的一些方法和手段外，下面幾點值得向你們推薦。

　　首先，向主管彙報工作時，如先從結論說起，可能會讓上司留下好印象。

　　由於這是一個競爭激烈的時代，上司往往都很忙碌，容易著急，故，一般而言，上司都希望先知道事情的結論。

　　在這種情況下，作為部屬，千萬不要把工作的過程或理由，做一番冗長說明，如自己的工作成效。盡快從結論說起，就不會使上司感到焦急不安。這一點，大家應該牢記，以免影響他人對自己的印象。

　　這種從結論說起的談話，在工作失敗時，更應如此，因為，只要你先對上司說「我失敗了」，上司對你的印象反而會比較好。其實，一個做上司的人，並不是不想聽你的辯解，但他更希望早一點知道工作的結果。至於失敗的原因可以留在以後慢慢彙報。同樣是工作失敗的彙報，會因你先說出結論或後說出結論，而使上司對你的印象不同。

　　在會議上也是一樣，如果能夠從結論談起，不僅上司，其他在座的人，也一定會對你的能力另眼相看的。

　　其次，講話時，如能把「否定型」改為「肯定型」就可以表現你積極的態度。

　　也許自己並沒有留意，許多人在講話中，常常過分的使用「不可能」或「做不到」、「不行」等否定型用語。

　　如果有這樣的不良習慣，不管你怎樣有才華，也會被人認為缺乏幹勁而對你評價欠佳。因為經常說否定型的話，如同對對方的積極性潑冷水，會使對方不愉快。所以，可能會導致不良的後果。

　　像這樣自我表現太差的人，很容易吃虧。自己即使很有幹勁，別人也不會感覺到，因此，本來想委託他們做的，往往也不敢託他們做了。

　　有這類毛病的人，應該從平常的會話中改起，不管什麼話都以肯定型語態來表

示。例如，「我也許做得不太好」（不說我不想做）這句話，最好能改為「也許會很困難，但是，我將盡力而為。」

另外，對對方的設想與建議，全都以肯定的語態來回答：「那很好」，或「也許這樣可以進行得很順利」。什麼事都會有不利和有利的兩面，我們必須要找出其有利的一面來加以全盤肯定。對那些持肯定態度的人，任何人都不會有不良印象的。

把握分寸適可而止

我們常說：「失敗是成功之母。」意指我們不該將失敗視為一種結果而就此終了，也不可將之作為最終的評價。

就一個機構的營運方面來說，如果在訂立了周詳計畫、付諸施行之後，卻因某種因素而失敗，可能是在擬定計畫時產生了問題，或是在實行時有不恰當的做法，或有不夠努力之處。此時，若毫不客氣的指責當事人，則無異於否定了對方的一切努力。所以，倒不如冷靜的分析，鼓勵其保留優點，克服缺點。

因此，正確的觀念應視失敗為獲得成功的一個階段，即所謂「失敗是成功的里程碑」。同時，為了吸取教訓，應告誡其毫無保留的捨棄不正確的部分，並給予一定的批評。

如果完全不加指責，也往往足以使下屬養成為所欲為的習性。所以，適度的責備仍然相當重要。不過，身為領導者，應考慮的是如何使之不產生副作用。

人們在失敗之後，由於受到指責，並被追究責任，難免形成害怕失敗的心態。然而，如果一味的迴避批評，卻又極易養成下屬安然無事的消極處世態度。如此一來，不僅導致下屬成為不負責任的職員，同時亦是造成他們不懂得去思考的原因。

不過，就人類的心理而言，失敗者基於個人的自尊及好勝心，大多均有自我反省之心。因此，若再受到不斷的責備，只會使對方心情更加低落。如此不僅毫無意義，而且可能使該公司的競爭力下降。

兩個好朋友相遇，在一起天南地北的交談，話題內容是關於醫生、護士等職業，後來話鋒一轉，談到了年輕人比較經得起罵這一話題。

兩人頗有同感的認為：那些資深的員工雖然不像年輕人那樣稀奇古怪，但是，

由於他們過度自信，反而往往聽不進勸告。

的確，資深的人由於認為自己的資歷深，即使明知自己有錯，但是在自尊心的作祟下，當別人提出勸告時，反而惱羞成怒。有時鬧起情緒來，不只是不願學習，甚至對教導者提出種種反駁，如說「不用你說我也知道」，「你用不著刻意提起」等。

換句話說，他們為了保護自尊心，不但以保護自己的想法為優先，而且漠視勸告，全然失去資深員工的風範。

對領導者來說，不妨先考慮對方的立場，給他面子，如此反而可以有所成效。

對於尚未具備充分能力的年輕人，當然犯不著低聲下氣、畢恭畢敬的進行教導；但是，在對資深人員提出忠告時，應以不傷害對方的自尊心為前提，來傳達意見或忠告，如此當不難誘發出其意願，並使之發揮能力。

人們也許對素有「經營之神」之稱的松下幸之助的生平事蹟略有所知。曾經長期活躍在松下手下的日本「三洋電機」原總經理後藤這樣說過，松下曾在某天對後藤的小過失大發雷霆，甚至以撥火棒狠狠的敲了地板幾下。

後藤當時對松下的小題大作甚感不快，真想掉頭就走。然而，松下卻又開口對他說：「我因為生氣，所以把撥火棒打彎了，很抱歉，能否請你弄直。」後藤只好不太情願的用鐵錘把撥火棒敲直。孰知每敲一下，心中的怒火便漸漸平息一點，並產生「對於老闆剛才所指出的過失，將逐一改掉」的意思。他將撥火棒敲直以後，便交給松下，松下立刻展開笑容說：「你的手真巧，做得比原來更好了！」

後藤之所以能夠坦然接受對方的斥責，可能包括多方面的原因，例如對松下品德的信服，或考慮到自己的日後前途等。然而在此過程中有一項不可忽略的因素，那就是松下要後藤進行敲打撥火棒這一項單純的工作。

因為，當人們持續進行一項固定的工作時，往往即可消除心靈深處所積壓的苦悶及不安。這也正是松下的用心所在。這就如練書法之前，必須先磨墨，由磨墨這一單純的動作來消除內心的雜念一樣。

當下屬受到責備時，大多難免會對對方產生憤怒及反抗的心理，同時亦對自己的能力感到不安與焦慮。為了擺脫此種不安的心理，受指責的人便想從自己的意識

中排除受指責的內容，並想編出一套說詞，將自己的行為合理化，因而產生逃避責任的反應。此種心理被稱為「防禦機制」。

其實，指責他人也並非一件易事，因為受指責者的「防禦機制」會適時的產生作用。所以，指責的內容不易為對方所接受。為了直接將指責內容傳達給對方，首先必先消除對方不安的心理狀態。而消除對方不安心理的方法之一，便是讓他進行一項單純的工作。

人類的性格差異很大，對不同的人若以相同的方式及相同的口吻責罵，所得到的反應將各有不同。

例如，有些人在被指責之後，很快便能完成工作；反之，有些在受指責之後，便越感乏力，簡直到了垂死的邊緣。而最讓主管感到束手無策的，就是後者的類型了。

其實，受到指責便變得萎靡不振的下屬，並不代表其工作能力差。以經驗而言，此類型的人由於神經較敏感，有時甚至能提出別人未曾發現的小問題。

換句話說，只要巧妙的將此人的特性引發出來，並加以發揮，必可使其在工作上大有作為。所以，最重要的是讓他們莫陷入萎靡不振的狀態，如此方有可能對他們做進一步的引導。

如果下屬在被指責之後便陷於低迷狀態，那麼，最好不要當他的面直接責備他，而應採取稱讚其他下屬的方法。當此下屬看到其他人受到稱讚時，必會為自己的不振深感內疚，此種方法乃是心理學上「沉默的強化作用」。

根據實驗顯示，若將工作人員分為兩組，其中一組受到譴責，另一組則予以稱讚，結果證明後者的工作效率會直線上升。相對應的，也可將此法反過來應用，以間接的方式強化員工們的工作意願。

例如，若有一位下屬對於提出報告一事總是十分被動，需要主管不斷催促；而一旦予以責備，他就像洩了氣的皮球一般，縮成一團，此時，不妨安排另一位同事前來提出報告，並讚揚這位下屬：「你能準時前來提出報告，對我的幫助很大。」相信該下屬會對自己未能準時提出報告而自責。由於並非直接責難，因此不但不會使他萎靡不振，而且還可能刺激他的敏感的神經自我反省一番呢。

當然，這並非說這種方法百分之百有效，對於某些人而言，可能毫無效果。雖然如此，如果對犯了錯誤的下屬僅以巧妙的責備而採取放任政策，那麼下屬就更無法進步了。因此，不妨將此方法作為教導下屬工作時的一種參考。

　　美國心理學家羅森‧柴克做過如下的性格測驗：

　　讓受測試者看一幅油畫，畫中有一輛汽車駛過，並有泥水濺到行人身上。此時駕駛員連聲道歉，而行人回答的部分，則由受測試者自行填上。

　　有的人填「冒失鬼，小心一點！」；有的人則填「對不起，是我自己不對！」

　　羅森‧柴克將各種反應分為「外罰」、「內罰」及「非罰」三種。凡是將責任推於他人者稱為「外罰」；認為是自己責任的稱為「內罰」；而綜合前述兩者，能以當時的情形為自己及對方尋求合理的解決之道者，則稱為「非罰」。

　　就當今的狀況來看，顯然以「外罰」反應所占的比例較大。然而，由於「外罰」性格者幾乎不考慮問題的原因所在，往往無法獲得自我進步。

　　關於此點，同樣可用於教導下屬上。以公司職員為例，有些職員在工作方面是表現得極為突出，但是卻常對他人的批評予以辯解，或推諉責任，令領導者深感困擾。

　　在這種情況下，最好告訴他：「不要有那麼多的意見，只要照辦就行了！」或者可以請他說出心裡的想法，然後徵求他的意見：「你認為應該怎麼做呢？」

　　一旦他提不出意見，相信從此之後他便不再吵鬧，且能積極的工作了。

　　如果只是不分青紅皂白的予以責備：「不要頂嘴！」則只會增加他的反抗心理，因而助長其「外罰」反應的行為。

　　經常有些主管唉聲嘆氣的說：「不知告訴他多少次了，但他總是充耳不聞。」或是：「罵他也沒用，真是越來越不像話了。」殊不知這可能正是「迴力鏢效應」（這是指傳達訊息，或想要得到對方認同時，反而得到了與預期完全相反的結果；就像迴力鏢一樣，傳送出去的訊息原封不動地又回來）。因為，領導者通常把責任歸咎於對方，所以，作為下屬常常會反感。因此，領導者也應當重新檢討責備別人的方式是否得當。

　　其中最應加以注意的是責備的時機。例如，部屬所犯的過失本來比較輕，倘若

主管只是這麼想：「他應該覺察到自己的過失了，以後再注意就可以了。」那麼，時間越拖越長，由於工作上瑣碎的事情很多，下屬可能早就遺忘了；一旦主管再舊事重提時，部屬反而會認為：「對這點小事，他還一直耿耿於懷。」此時如果主管再加以指責，必會引起「迴力鏢效應」。

總而言之，對於犯小過失者，如果能在犯錯誤的當時，或對方尚存有記憶的初期予以糾正，他必然能坦白承認自己的過失。若等到對方犯錯誤的意識已經消除了再次予以責備，自然容易使其產生不必要的反感。當下屬犯下較大的過失時，因為自己往往有所覺察，所以，此時若毫不留情的予以責難，反而易引起下屬的反感，甚至會使他錯過轉敗為勝的機會。此時，最好的方法便是先觀察，並給予適當的忠告。

無論任何團體，當員工犯下不可原諒的錯誤時，身為領導者無可避免的要對其加以斥責。然後，一旦呵斥的次數過多，便往往起不了任何作用，且極易使下屬認為他們的領導者性情暴戾、動輒發怒，進而對領導者產生反感。因此，身為領導者只有在真正必要時方可採取訓斥屬下的手段。

值得注意的是，真正擅於領導的統帥者，在痛斥下屬之後，必不忘立即補上一句安慰或鼓勵的話語。因為，任何人在受到領導者的斥責之後，必然垂頭喪氣，對自己的信心喪失殆盡。心中難免會想：我在這家公司別想再往上爬了！如此所造成的結果必然是他更加自暴自棄。

然而，此時領導者若能適時的用一兩句溫馨的話語來鼓勵他，或在事後私下對其他下屬表示：我是看他有前途，所以才捨得罵他。如此，當受斥責的下屬聽了這話後，必可深深體會「愛之深，責之切」的道理，而更加發奮圖強。

據說松下幸之助經常在痛斥下屬之後當天晚上立刻打電話到該下屬的家中，給予一番鼓勵與安慰。因此，遭受斥責的下屬往往心存感激的認為，領導者雖然毫不留情的訓了我一頓，但他實在是用心良苦。

如此一來，下屬對於責罵的內容更加牢記在心，因而大大的提高了工作的自覺性。松下幸之助素有「經營之神」的雅稱，他在指揮下屬方面有其獨到之處。

管理因人而宜

當你無法完全了解部屬陳述的意見，或對不熟悉的人或物而感到困惑時，就表示你和周圍的環境已經產生了一條很深的鴻溝。

這時你必須捨棄你既有的經驗，聽聽年輕部屬的意見。當然這不能只是單純的聊天，而是要認真的傾聽部屬們對於工作的感想，或許那不是一個很完美的意見，想法也不很細密；也許那是一個毫無責任感的突發奇想，而且是自私的主張。

如果你能客觀的從下屬的意見中汲取出可用可取的意見來，你就是一個成功的主管。

往常默默無聞的年輕設計家的作品突然深受好評，電話卡大為暢銷，以購物為主要目的的巴士旅行深獲人心，罐裝的烏龍茶、瓶裝的礦泉水創下驚人的銷售量等等，都是出人意料的。只有顯示出能超越常理的事物，才能得到成功。

這並非只限於商品的開發，在通訊、運輸、流通、建材、技術、管理、服務等領域裡，亦得到了令人刮目相看的佳績。

即使不是很成功，有些年輕的屬下也會很認真的思考這項被外人認為是愚蠢的計畫。他們不會被古老的觀念牽絆；即使你只發現了他們這項特點，對你而言，也是一個寶貴的收穫。由此而開拓你的思想領域，創造美好的未來。真誠的與天賦特殊的人才交往，你的才能、器量將更為寬闊、深邃。

大膽執行初看毫無特色的提案，說不定會為你帶來意想不到的效果，或者果敢的命令提案者去實行，也能令人擊掌稱好。

藉此機會，明確的使部屬了解你認同他的意見。如此一來，部屬會工作得更賣力，並且不辜負你的期望，可說是一舉兩得。

如果你是一個年輕的上司，你應聽得懂年輕人的對話，與他們溝通時也應該不至於產生疏離感。

你那新穎的思想並不會持久。公司每年都會招考新的職員，你手下的年齡層會逐漸降低，他們與你年紀上的差距會越拉越大。當你意識到這點時，事情已到了無可挽回的地步。

你要時常留意自己的思想是否已經老舊，若發現有老舊徵兆，必須立刻去除，並開始新思維。這樣的緊張感會永遠使你保持心理及生理上的年輕。

　　上司在使喚手下時，不要有先入為主的觀念，否則部屬特具的優點很可能遭受埋沒。

　　因此，即使是教導最基本的規則或技術，也應該越少越好。簡單的說，就是使部屬具備對人以及社會應有的禮儀即可。

　　1990 年 8 月，日本經濟同好會將公司的職員分為以下八種類型 —— 積極型、重視私生活型、存在感稀薄型、被使喚就會做型、常識人型、組織背後出力型、高度成長期牽引型、公司人才型等八項。

　　環顧四周，你的周圍應當充滿了符合上述各類型的人。由於每個人的個性差異很大，你必須採取適合他們的對應方法。這十分困難，但你必須多少配合部屬的類型而加以指導。

　　釋迦牟尼曾經說：「因人說法。」意即依照對方能力、喜惡、個性、年齡的不同，用詞也必須有所變化。或許你想提出反駁：「關於這點，我非常清楚，但是，在忙碌之中哪裡還顧慮得到如此麻煩瑣碎的小事。」這也言之有理。

　　你只要採用自己認為最完美的方法就可以了。萬一發生問題或者遭遇困難時，千萬記住：「工作進行得不順利，可能是我對不同人皆用同樣的方法。那麼，下次就得改變方式！」

人人都喜歡受人讚美

　　林肯曾在寫信時提到，「人人都喜歡受人稱讚」。威廉・詹姆士也說過：「人類本質裡最殷切的需求是渴望被人肯定。」他不用「希望」、「需要」，或是「盼望」等字眼，而用的是「渴望」這個字。

　　這種渴望不斷的啃噬著人的心靈，少數懂得滿足人類的這種欲望的人便可以將他人掌握在手中。這種「希望具有重要性」的感覺，也是人類與禽獸最大的分別。

　　戴爾・卡內基小時候住在密蘇里州鄉間，他父親養了幾隻優良品種的大豬和一頭血統優良的白牛。他們帶著豬和牛參加美國中西部一帶的家畜展覽，並且獲得了

特等獎。父親把特等獎藍帶別在一塊白色軟洋布上，逢人便拿出來炫耀一番。

　　豬和牛當然並不在乎贏來的藍帶，父親卻十分珍惜，因為那使他有「深具重要性」的感受。如果我們的祖先沒有這種「希望具有重要性」的渴望，就不會有當今的一切文明，我們與禽獸也不會有什麼兩樣。

　　就是這種渴望，促使一位未受教育、極度貧苦的雜貨店員，去研究他在一個滿置雜物的大木桶底下找出那本曾花費他 5 角錢所買得的法律書。你也許已經聽說過這位雜貨店員是誰，他的名字叫林肯。就是這種渴望促使狄更斯寫下了不朽的作品；就是這種渴望鼓舞克里斯多福．李爵士（英國著名建築家）在石頭上設計出美麗的詩篇；就是這種渴望使洛克斐勒聚積了耗之不盡的財富；也是這種渴望，使鎮上的有錢人建造了超出實際所需的大房子；也是這種渴望，使你想要最新款式的衣裝、最現代的汽車，還有炫耀一下你聰明的孩子；也是這種渴望，驅使許多年輕男女加入了不良幫派。曾擔任過紐約市警察局長的莫洛尼指出，許多年輕罪犯十分自負，他們被捕後的最大願望就是想在報上大出風頭，和那些運動健將、影視明星或政治人物的照片同時出現在報端。至於以後的牢獄生涯如何，似乎與他們無關。

　　假使你告訴我，你是如何滿足這種「具有重要性」的需求的，我就可以告訴你，你是怎樣的一個人。因為那決定了你的人格，是對你最具有意義的事。舉個例子來說，洛克斐勒讓自己覺得「具有重要性」的方法，是捐錢在國外建立一所現代化醫院，造福那些未曾謀面的窮苦人民。另一個人名叫迪林傑，他讓自己感到「具有重要性」的方法，是走上邪途，成為搶劫銀行的匪徒和殺手。在美國聯邦調查局追緝他的時候，他逃到密蘇里州一處農舍，對著驚惶的農民說道：「我是迪林傑！」似乎對身為第一號社會公敵的身分感到自豪，「我不會傷害你們，但是，你們要知道我就是迪林傑！」

　　是的，迪林傑和洛克斐勒最大的不同之處，就是他們採用了不同方法，讓自己感到「深具重要性」。

　　歷史上的這類例子不勝枚舉。就連喬治．華盛頓也喜歡人家稱呼他「美國總統閣下」；哥倫布要求女王賜予「艦隊總司令」的頭銜；凱薩琳女皇拒絕接受沒有註明「女皇陛下」的信函；林肯夫人在白宮的時候，有一次對格蘭特夫人咆哮道：「沒

有我的邀請，妳居然敢出現在我的面前！」1928 年，好幾個百萬富翁資助拜爾德將軍到南極大陸探險，因為他們知道，那些封凍的山嶺將會用他們的名字命名。作家雨果最熱衷的莫過於希望有朝一日巴黎能改名為雨果市。甚至連著名的莎士比亞，也千方百計為自己的家族獲得一枚象徵榮譽的徽章。

也有人用病弱來求取別人的注意和同情，而讓自己顯得重要。我們舉麥金利夫人為例子，美國第 25 屆總統威廉·麥金利的夫人，常常要求丈夫不理國家大事，只留在房裡陪她，撫慰她入睡。有一次因為修補牙齒，她堅持要丈夫留下來陪她。後來因為總統先生與國務卿海約翰有約，不能留下，夫人還因此大鬧了一場。

有些專家指出，人的精神異常，是想在感覺中尋求肯定自己的重要性，這在殘酷的現實生活中是得不到的。全美國因精神疾病導致的傷害，比起其他疾病的總和還多。

精神失常的原因是什麼？沒有人能回答這個大問題。但是，我們知道有些疾病，比如梅毒，會損及腦細胞而造成精神異常。事實上，半數的精神疾病可歸咎於生理因素，諸如腦部障礙、酒精、毒素和外傷等。

但一個令人驚駭的事實是，另一半精神異常的人，腦部器官完全正常。根據死後的驗屍，如果把這些人的腦部組織放在顯微鏡下觀察，這些組織絕對和你我的腦部組織一樣健康。那麼，這些人為什麼會精神失常呢？

戴爾·卡內基向一家著名精神醫院病院的主治醫師請教這一問題。這位醫師極受推崇，也極具權威性。但是他很坦然的告訴他，他不知道為什麼人會精神變得異常，沒有人能肯定的指出原因。但是這位醫師指出，許多人由於不能在現實生活中獲得「被肯定」的感覺，因而他們到另一種世界去尋求，這就是我們所謂的精神失常。他還向我講了一個例子。

「我現在有個病人，她的婚姻極不美滿。她渴望得到愛、性滿足、孩子和社會地位。但是，現實生活摧毀了她所有的希望。她的丈夫並不愛她，甚至不願與她一道用餐，卻又要她把食物端到樓上房間讓他享用。這位女士沒有孩子，沒有社會地位，於是她發瘋了。在她的想像世界裡，她與丈夫離了婚，恢復了本性。現在，她甚至想像自己與一位英國貴族結了婚，所以要大家稱她為史密斯夫人。

第四計　智慧人生

「由於她渴望有孩子，所以，每天晚上都想像自己有個小寶貝。每次我去看她的時候，她都說，『醫師，我昨天生了個小寶貝。』」

「現實生活一度摧毀了她的夢幻之船，但是，在另一個充滿陽光與神妙島嶼的世界裡，她的夢幻之舟又再度揚帆駛進快樂的港灣。」

這是一齣悲劇嗎？卡內基不知道。醫師告訴他：「如果我真能矯正她的病狀，我也不會去做的。因為她現在快樂多了。」

查理·夏布是全美少數年收入超過百萬美元的商人。1921 年，安德魯·卡內基慧眼獨具，提名夏布為新成立的「美國鋼鐵公司」第一任總裁時，夏布才 38 歲。（夏布後來離開了「美國鋼鐵公司」，接管當時陷入困境的「貝氏拉罕鋼鐵公司」，經過他的重新部署，果然使這家鋼鐵公司變為全美獲得最大的公司之一。）

為什麼安德魯·卡內基每年要花 100 萬聘請夏布先生呢？這幾乎等於每天支付 3,000 多元。難道夏布先生確實是個了不起的天才？還是夏布先生對鋼鐵生產比別人懂得多？都不是。夏布先生親自告訴戴爾·卡內基，在他手下工作的許多人對鋼鐵製造其實都懂得比他多。

夏布說他之所以獲得高薪，主要是因為他善於處理人事，管理人事。戴爾·卡內基問他如何做到這一點，他跟他講了下面這段話 —— 這段話應該銘刻到銅版上，懸掛在每個家庭、學校、商店和辦公室裡。只要我們還活著，這段話就會改變你我的生活面貌。「我想，我天生具有引發人們熱情的能力。促使人將自身能力發展到極限的最好辦法，就是讚賞和鼓勵。」

「來自長輩或上司的批評，最容易喪失一個人的志氣。我從不批評他人，我相信獎勵是使人工作的原動力。所以，我喜歡讚美而討厭吹毛求疵。如果說我喜歡什麼，那就是真誠、慷慨的讚美他人。」

這就是夏布成功的祕訣。但是，一般人是怎麼做的呢？正好相反，假如他們不喜歡一件事，必定對下屬大吼大叫；如果喜歡，就默不吭聲。就像俗語所說的：「好事無人知，壞事繞房梁。」

「生活中，我廣泛接觸過世界各地不同層面的人。」夏布說道，「我發現，無論多麼偉大或尊貴的人，他們和平常人一樣，在受到認可的情況下，比在遭受指責的

情形之下，更能奮發工作，效果也更好。」

這也是安德魯‧卡內基先生傑出成功的主要原因。夏布指出，卡內基常常公開稱讚他人，私底下也是如此。卡內基甚至在墓碑上也不會忘記恭維別人，他為自己所寫的墓誌銘是這樣的：「這裡躺著一個人，他懂得如何哄騙比他聰明的人。」

真誠的讚賞是約翰‧洛克斐勒成功管理人事的首要祕訣。舉例來說，愛德華‧貝德福德是洛克斐勒的合夥人之一，在南美的一次生意中，他使公司損失了 100 萬美元。洛克斐勒當然可以指責貝德福德，但是他並沒有這樣做，他知道貝德福德已經盡力了 —— 再說事情已經發生並且過去了。所以洛克斐勒另找其它的事稱讚貝德福德，說他節省了 60% 的投資金額，「這太好了，」洛克斐勒讚美說，「我們並不能總是像巔峰時期那麼好。」

有個農婦在勞累了一天之後，為工作的幾個男人準備了一大堆乾草當晚餐。憤怒的男人質問她是否發瘋了，農婦答道：「嘿，我怎麼知道你們會在意呢？20 年來，我一直煮飯給你們吃，你們從不吭聲，也從沒告訴我你們並不吃乾草啊！」

幾年前，有人對離家出走的婦女進行過研究。你知道這些婦女離家的主要原因是什麼嗎？ ——「沒有人領情」。我相信，離家出走的男人也大概是相同的理由。雖然我們也常常心裡感謝另一半所做的一切，卻從來沒有說出自己的感激之情。

有個朋友的妻子參加了一種自我訓練與提升的課程，回家後，她要先生列出 6 種能讓太太變得更加理想的事項。這位先生說道：

「這個要求真讓我吃驚。坦白說，要我舉出 6 件事，實在簡單不過 —— 天曉得，我太太可是能列出上千個我變得更好的事項 —— 但是，我沒有這麼做，我告訴她：『讓我想想看，明天早上再告訴妳。』

「第二天早上，我起了大早，打電話要花店送六朵紅玫瑰給我太太，並且附上紙條寫著：『我想不出哪六件事希望妳改變，我就喜歡妳現在的樣子。』

「傍晚回家的時候，你想誰會在門口等著我呢？對啦，我太太！她幾乎含著眼淚等著我回家。沒必要再說什麼了，我很高興沒有照她的請求趁機批評一番。

「星期天她再次去上課的時候，她把事情經過向他人講述出來，許多太太走過來告訴我：『這真是我聽到過的最善解人意的事。』我也因此體會讚賞的力量。」

佛羅倫茲‧齊格飛是百老匯最有看頭的歌舞劇家，具有一項「使美國女孩增添光彩」的超絕能力。好幾次，他把原本沒有人願意多看一眼的平凡女孩，變成千嬌百媚、風情萬種的舞臺明星，他深深知道讚美和信心的價值，常用殷勤、體貼的力量打動女士們的心，使她們相信自己確實美麗。他十分看重現實，把歌舞女郎的週薪由 30 元升到 175 元；他也很浪漫，首演之夜，必致電給主要明星，還送每個歌舞女郎一大束紅薔薇。

我一度屈從時尚，絕食了 6 天 6 夜。這當然不容易做到，不過，到了第六天晚上，已不像第二天晚上那麼飢餓難熬了。你我都知道，如果讓家人或員工 6 天不進食，我們一定有罪惡感。但是，我們卻常常對家人或員工 6 天、6 星期、甚至 60 年都從不表示讚賞，這份精神鼓舞不是與食物一樣重要嗎？

我們會照顧兒女、朋友、甚至員工的身體，但是我們可曾照顧過他們的自尊？我們給他們牛肉、馬鈴薯，以使之補充體力，但是，卻忽略了感謝他們的言語。這樣的言語甚似晨星的美妙音樂，永遠在他人的記憶深處歌唱。

在日常生活中，我們通常忽略的美德之一便是讚賞。有時候，兒女從學校帶回一份好成績單，我們忘了稱讚他們；當孩子們第一次烤了一個蛋糕或做了一個鳥籠，我們也忘了鼓勵他們。對孩子們來說，父母的注意和讚賞是最令他們高興的。

下一次，你在餐館裡見到盤中漂亮的裝飾，不妨告訴廚師說他做得多好；當疲累的店員耐心的拿出商品給你看時，也別忘了稱讚他們。

每位演講者、公共發言人都知道當他們傾其所有給聽眾，卻得不到一絲讚賞時，他們的內心有多失望。同樣的情形發生在辦公室、店鋪和工廠的員工，甚至我們的家人和朋友，他們也會有同樣的感受，甚至加倍難受。別忘了一點，在人際交往裡我們所接觸的是人，他們都渴望被人讚賞。給他人以歡樂，這是合情合理的一種美德。

在你每天的生活之旅中，別忘了為人間留下一點讚美的溫馨，這一點小火花會燃起友誼的火焰。當你下次再度來訪時，會驚奇的發現它會留下多麼明顯的痕跡。

傷害別人不僅不能改變他們，更不能鼓舞他們。下面是一則古老的格言，我剪下來貼在鏡子上，每天都看它幾回：

人的生命只有一次，所以，任何能貢獻出來的好與善，我們都應現在就去做。不要遲緩，不要怠慢，因為你就活這麼一次。

愛默生說過：「我遇見的每一個人，或多或少是我的老師，因為我從他們身上學到了東西。」

如果這話對愛默生來講是正確的，對我們則更是如此。讓我們不要老是想著自己的成就、需求，而應盡量去發現別人的優點，然後，不是逢迎，而是出自真誠的去讚賞他們。要「真誠、慷慨的讚美」，而人們也會把你的言語珍藏在記憶裡，終生不忘。

因此，如果你想事業成功，那就要記住：真誠讚賞他人。

批評要講究藝術

當面指責別人，這只會造成對方頑強的反抗；而巧妙的暗示對方注意自己的錯誤，則會受到愛戴。

查理斯‧史考伯有一次經過他的一家鋼鐵廠。當時是中午，他看到幾個工人正在抽菸。而在他們頭上正好有一塊大招牌，上面寫著「禁止吸菸」。史考伯是否應指著那塊牌子說：「你們不識字嗎？」哦，不，史考伯才不會那麼做。他朝那些人走過去，遞給每人一根雪茄，說，「諸位，如果你們能到外面去抽這些雪茄，那我真是感激不盡。」他們立刻知道自己違犯了一項規則 —— 而且他們很敬重他，因為他對這件事不說一句話，反而給他們每人一件小禮物，並使他們自覺很重要。所以人們很難不喜歡像他這樣的人，你說是不是？

約翰‧沃納梅克也使用了同一技巧。沃納梅克每天都到費城他的大商店去巡視一遍。有一次他看見一名顧客站在櫃檯前等待。那些售貨員呢？哦，他們在櫃檯遠處的另一頭擠成一堆，彼此又說又笑。沃納梅克不說一句話，他默默鑽到櫃檯後面，親自招呼那位女顧客，然後把貨品交給售貨員包裝，接著他就走開。

官員們常被批評不接待民眾。他們非常忙碌，但有時候，是由於助理們過度保護他們的領導者，為了不使領導者接見太多的民眾，而造成負擔。卡爾‧蘭福特，在迪士尼世界所在地 —— 佛羅里達州奧蘭多市，當了許多年的市長。他時常告誡他

的部屬，要讓民眾來見他。他宣稱施行「開門政策」。然而當民眾來拜訪他時，都被他的祕書和行政官員擋在門外了。最後，這位市長找到了解決的辦法。他把辦公室的大門給拆了。他的助手們知道了這件事後，不再阻止市民來見市長，於是從此之後，這位市長真正做到了「行政公開」。

若要不惹火人而改變他，只要換兩個字，就會產生不同的結果。

很多人在開始批評之前，都先真誠的讚美對方，然後一定接一句「但是」，再開始批評。例如，要改變一個孩子不專心的態度，我們可能會這麼說：「約翰，我們真以你為榮，你這學期成績進步了。『但是』假如你數學再努力一點的話，就更好了。」

在這個例子裡，約翰可能在聽到「但是」之前，感覺很高興。馬上，他會懷疑這個讚許的可信度。對他而言，這個讚許只是批評他失敗的一條設計好的引線而已。可信度遭受到曲解，我們也許無法達到我們要改變他學習態度的目標。

這個問題只要把「但是」改為「而且」，就能輕易的解決了。「我們真的以你為榮，約翰，這學期你的成績有進步，而且只要你下學期繼續用功，你的數學成績就會比別人高了。」

這下子，約翰會接受這分讚許，因為沒有什麼失敗的推論在後面跟著，我們已經間接的讓他知道我們要他改的行為，更有希望的是，他會盡力的去達到我們的期望。

對那些對直接的批評會非常憤怒的人，間接的讓他們去面對自己的錯誤，會有非常神奇的效果。羅德島溫沙克的瑪姬‧傑太太下班回家之後，發現滿院子都是鋸木頭屑。她不想對施工的工人們提出抗議，因為他們工程做得很好。所以等工人走了之後，她跟孩子們把這些碎木塊撿起來，並整整齊齊的堆放在屋角。次日早晨，她把領班叫到旁邊說：「我很高興昨天晚上草地上這麼乾淨，又沒有冒犯到鄰居。」從那天起，工人每天都把木屑撿起來堆好在一邊，領班也每天都來，看看草地的狀況。

在美國後備役軍人和正規軍人之間，最大的不同地方就是頭髮的長短，後備軍人認為他們是老百姓，因此非常痛恨把他們的頭髮剪短。

陸軍第五百四十二分校的士官長哈雷‧凱塞,當他帶了一群後備役軍官,他要求自己要解決這個問題,跟以前正規軍隊的士官長一樣,他可以向他的部隊吼幾聲或威脅他們。但他不想直接說他要說的話。

他開始說了:「各位先生們,你們都是領導者。當你以身教來領導時,那再有效也沒有了。你必須為遵循你的命令的人做個榜樣。你們該了解軍隊對理髮的規定。我現在也要去理髮,而它卻比某些人的頭髮要短得多了。你們可以對著鏡子看看,你要做個榜樣的話,是不是需要理髮了,我們會幫你安排時間到營區理髮部理髮。」

成果是可以預料的。有幾個人自願到鏡子前看了看,然後下午到理髮部去按規定理髮。次晨,凱塞士官長講評時說,他已經可以看到,在隊伍中有些人已具備了領導者的氣質。

在西元 1887 年 3 月 8 日,美國最偉大動人的牧師及演說家亨利‧華德‧畢奇爾逝世,他改變了整個世界。就在那個禮拜天,萊曼‧亞伯特應邀向那些因畢奇爾的去世而哀傷不語的牧師們演說。他急於做出最佳表現,因此把他的講道詞寫了又改,改了又寫,並像大作家福婁拜那樣謹慎的加以潤飾。然後他讀給他妻子聽。寫得很不好 —— 就像大部分寫好的演說一樣。如果她的判斷力不夠,她也許就會說:「萊曼,寫得真是糟糕。行不通。你會使所有的聽眾都睡著了。唸起來就像一部百科全書似的。你已經傳道這麼多年了,應該有更好的認知才是。看在老天爺的分上,你為什麼不像普通人那般說話?你為什麼不表現得自然一點?如果你唸出像這樣的一篇東西,只會自取其辱。」

她「也許」會這麼說。而如果她真的那麼說了,你知道將會有什麼後果。她也知道。所以,她只說,這篇講稿若登在《北美評論》雜誌上,將是一篇極佳的文章。換句話說,她稱讚了這篇講稿,但同時很巧妙的暗示出,如果用這篇講稿來演說,將不會有好效果。萊曼‧亞伯特知道她的意思,於是把他精心準備的原稿撕破,後來講道時甚至不用筆記。

要改變一個人而又不傷感情,不引起憎恨,聰明的人要做的是:「間接的提醒他人注意他自己的錯誤。」

學會與人合作

　　沒有人喜歡被迫購買東西或遵照命令做事。如果你想贏得他人的合作，就要徵詢他的願望、需求及想法，讓他覺得是出於自願。

　　你對於自己發現的想法，是不是比別人用銀盤子盛著交到你手上的那些想法，更有信心呢？如果你要把自己的意見硬塞入別人的喉嚨裡，豈不是很差勁的作法嗎？如果我們提出建議，然後讓別人自己去想出結論，那樣不是更聰明嗎？

　　舉個例子來說明：卡內基的一位學生，費城的阿道夫‧塞茲先生，突然發現他必須對一群沮喪、散漫的汽車推銷員灌輸熱忱。他召開了一次銷售會議，鼓勵他們，把希望從他身上看到的個性確實告訴他。在他們說出來的同時，他把他們的想法寫在黑板上。然後，他說：「我會把你們要求的這些個性，全部給你們。現在，我要你們告訴我，我有權利從你們那裡得到的東西。」回答來得既快又迅速：忠實、誠實、進取、樂觀、團結，每天熱誠的工作八小時。有一個人甚至自願每天工作十四個小時。會議在新的勇氣、新的啟示中結束，塞茲先生後來向我報告說，銷售量上升得十分可觀。

　　「他們等於和我做了一次道義上的交易，」塞茲先生說，「只要我遵守我的條約，他們也就決定遵守他們的。向他們探詢他們的希望和願望，就等於在他們手臂上打了他們最需要的一針。」

　　沒有人喜歡覺得他是被強迫購買或遵照命令做事。我們寧願覺得是出於自願購買東西，或是按照我們自己的想法來做事。我們很高興有人來探詢我們的願望、我們的需求，以及我們的想法。

　　以尤金‧威森的例子來說明吧。他在獲知這項真理之前，損失了數不清的佣金。威森為一家專門替服裝設計師和紡織品製造商設計花樣的畫室推銷草圖。一連三年，威森先生每個禮拜都去拜訪紐約一位著名的服裝設計家。「他從不拒絕接見我，」威森先生說，「但他也從來不買我的東西。他總是很仔細的看看我的草圖，然後說：『不行，威森，我想我們今天談不攏了。』」

　　經過一百次的失敗，威森終於明白自己過於墨守成規；於是他下定決心，每個

星期撥出一個晚上去研究做人處世的哲學，以及發展新觀念，創造新的熱忱。

　　不久，他就急於嘗試一項新方法。他隨手抓起六張畫家們未完成的草圖，衝入買主的辦公室。「如果你願意的話，希望你幫我一個小忙，」他說，「這是一批尚未完成的草圖，能否請你告訴我，我們應該如何把它們完成，才能對你有所幫助？」

　　這位買主默默看了那些草圖一陣子，然後說：「把這些圖留在我這裡幾天，威森，然後再回來見我。」

　　三天以後威森又去了，獲得他的某些建議，取了草圖回到畫室，按照買主的意思把它們修飾完成。結果呢？全部被接受了。

　　這是九個月以前的事了。從那時候起，這位買主已訂購了許多其他的圖案，這全是根據他的想法畫成的 —— 而威森卻淨賺了一千六百多元的佣金。「我現在明白，這麼多年來，為什麼我一直無法和這位買主做成買賣，」威森說，「我以前只是催促他買下我認為他應該買的東西。我現在的作法正好完全相反。我鼓勵他把他的想法交給我。他現在覺得這些圖案是他創造的，確實也是如此。我現在用不著去向他推銷。他自動會買。」

　　當西奧多・羅斯福當紐約州州長的時候，他完成了一項很不尋常的功績。他一方面和政治領袖們保持良好的關係，另一方面又強迫進行一些他們十分不高興的改革。底下是他的做法。當某一個重要職位空缺時，他就邀請所有的政治領袖推薦接任人選。「起初，」羅斯福說，「他們也許會提議一個很差勁的黨棍，就是那種需要『照顧』的人。我就告訴他們，任命這樣一個人不是好政策，大眾也不會贊成。」

　　「然後他們又把另一個黨棍的名字提供給我，這一次是個老公務員，他只求一切平安，少有建樹。我告訴他們，這個人無法達到大眾的期望，接著我又請求他們，看看他們是否能找到一個顯然很適合這職位的人選。

　　「他們第三次建議的人選，差不多可以，但還不太行。

　　「接著，我謝謝他們，請求他們再試一次，而他們第四次所推舉的人就可以接受了；於是他們就提名一個我自己也會挑選的最佳人選。我對他們的協助表示感激，接著就任命那個人 —— 我還把這項任命的功勞歸之於他們……我告訴他們，我這樣

做是為了能使他們感到高興，現在該輪到他們來使我高興了。

「而他們真的使我高興。他們以支持像《文職法案》和《特別稅法案》這類全面性的改革方案，來使我高興。」

記住，羅斯福盡可能的向其他人請教，並尊重他們的忠告。當羅斯福任命一個重要人選時，他讓那些政治領袖們覺得，他們選出了適當的人選，完全是他自己的主意。

長島一位汽車商人，利用同樣的技巧，把一輛二手汽車，成功的賣給了一位蘇格蘭人及他的太太。這位商人帶著那位蘇格蘭人看過一輛又一輛的車子，但他總是覺得不對勁。不是這不適合，那不好用，就是價格太高。在這種情況下，這位商人——他也是卡內基班上的學生——就向班上的同學求助。

我們勸告他，停止向那位蘇格蘭人推銷，而讓他自動購買。我們說，不必告訴蘇格蘭人怎麼做，為什麼不讓他告訴你怎麼做？讓他覺得出主意的人是他。

這個建議聽起來相當不錯。因此，幾天之後，當有位顧客希望把他的舊車子換一輛新的時，這位商人就開始嘗試這個新的方法。他知道，這輛舊車子對蘇格蘭人可能很有吸引力。於是，他打電話給蘇格蘭人，請他能否過來一下，特別幫個忙，提供一點建議。

蘇格蘭人來了之後，汽車商說：「你是個很精明的買主，你懂得車子的價值。能不能請你看看這部車子，試試它的性能，然後告訴我這輛車子，應該出價多少才合算？」

蘇格蘭人的臉上泛起「一個大笑容」。終於有人來向他請教了，他的能力已受到賞識。他把車子開上皇后大道，一直從牙買加區開到佛洛里斯特山，然後開回來。「如果你能以三百元買下這部車子，」他建議說，「那你就買對了。」

「如果我能以這個價錢把它買下，你是否願意買它？」這位商人問道。三百元？果然。這是他的主意，他的估價。這筆生意立刻成交了。

讓別人覺得辦法是他或她想出來的，不只可以運用於商場和政壇上，也同樣可以運用於家庭生活之中。奧克拉荷馬州土爾沙市的保羅‧戴維斯，告訴班上同學他是如何運用這個原則：「我的家庭和我享受了一次最有意思的觀光旅行。我以前早就

夢想著要去看看諸如蓋茲堡的內戰戰場、費城的獨立廳等等的歷史的古蹟，以及美國的首都。還有福吉谷以及威廉斯堡保留下來的殖民時代的村莊，也是高列在我想造訪的名單上。

「在三月裡，我夫人南西提到她有一個夏天度假計畫，包括遊覽西部各州，以及看看新墨西哥州、亞利桑那州、加州以及內華達州的觀光勝地。她想去這些地方遊玩已經有好幾年了。但是很明顯的，我們不能既照我的想法又照她的計畫去旅行。

「我們的女兒安妮剛剛在中學讀完了美國歷史，對於形成美國成長的各個事件都極感興趣。我問她喜不喜歡在我們下次度假的時候，去看看她在課本上讀到的那些地方，她說她非常喜歡。

「兩天以後，我們一起圍坐在餐桌旁，南西宣布說，如果我們大家都同意，在夏天度假的時候將去東部各州。她還說這趟旅行不但對安妮很有意義，對大家來說，也是一件令人興奮的事。」

一位 X 光機器製造商，利用這同樣的心理戰術，把他的設備賣給了布魯克林一家最大的醫院。那家醫院正在擴建，準備成立全美國最好的 X 光科。L 大夫負責 X 光科，整天受到推銷員的包圍，他們一味的歌頌、讚美他們自己的機器設備。

然而，有一位製造商卻更具技巧。他比其他人更懂得人性的弱點。他寫了一封信，內容大致如下：

「我們的工廠最近完成了一套新型的 X 光設備。這批機器的第一部分剛剛運到我們的辦公室來。它們並非十全十美。你們知道，我們想改進它們。因此，如果你能抽空來看看它們並提出你的寶貴意見，使它們能改進得對你們這一行業有更多的幫助，那我們將深為感激。我知道你十分忙碌，我會在你指定的任何時候，派我的車子去接你。」

「接到那封信時，我感覺很驚訝，」L 大夫在班上敘述這件事說，「我既覺得驚訝，又覺得受到很大的恭維。以前從沒有任何一位 X 光製造商向我請教。這使我覺得自己很重要。那個星期，我每天晚上都很忙，但是我還是推掉了一個晚餐的約會，以便去看看那套設備。結果，我看得越仔細，越發覺自己十分喜歡它。

「沒有人試圖把它推銷給我。我覺得，為醫院買下那套設備，完全是我自己的主

意。我接受了那些優越的品質，於是就把它訂購下來。」

愛默生在他的散文〈自己靠自己〉一文中說：「在天才的每一項創作和發明之中，我們都是看到了我們過去摒棄的想法；這些想法再呈現在我們面前的時候，就顯得相當的偉大。」

愛德華‧豪斯上校，在威爾遜對豪斯上校的祕密諮詢及意見依賴的程度，遠超過對自己內閣的依賴。

豪斯上校利用什麼方法來影響總統呢？很幸運的，我們知道這個答案，因為豪斯自己曾向亞瑟‧D‧何登‧史密斯透露，而史密斯又在《星期五晚郵》的一篇文章中引述豪斯的這段話。

「『認識總統之後，』豪斯說，『我發現，要改變他一項看法的最佳辦法，就是把這件新觀念很自然的建立在他的腦海中，使他發生興趣 —— 使他自己經常想到它。第一次這種方法奏效，純粹是一項意外。有一次我到白宮拜訪他，催促他執行一項政策，而他顯然對這項政策不表贊成。但幾天以後，在餐桌上，我驚訝的聽見他把我的建議當作他自己的意見說出來。』」

豪斯是否打斷他說：「這不是你的主意，這是我的？」哦，沒有，豪斯不會那麼做。他太老練了。他不願追求榮譽，他只要成果。所以他讓威爾遜繼續認為那是他自己的想法。豪斯甚至更進一步，他使威爾遜獲得這些建議的公開榮譽。

且讓我們記住，我們明天所要接觸的人，就像威爾遜那樣具有人性的弱點，因此，且讓我們使用豪斯的技巧吧。

幾年以後，一個在新布倫斯威克的人，在我身上應用了這項技巧，而使我照顧了他的生意。那時，我正計劃到新布倫斯威克去釣魚及划獨木舟。於是我寫信給觀光局，向他們索取資料。很顯然我的名字和住址是被寄出去了，因為我立刻就收到了各個露營區所寄來的無數信件、小冊子以及宣傳單。我被弄得頭昏腦脹無所適從，不知道選哪一個好。有家營區的主人做了一件很聰明的事。他把他曾經服務過的幾個紐約人的姓名和電話號碼寄給我，並請我打電話給他們，讓我自己去發現他究竟有什麼好條件。

我很驚訝的發現，名單上竟有我所認識的一個人。我打電話給他，詢問他的看

法，然後我立刻打電報把我抵達的日期通知那家營區。

其他人想向我強迫推銷，但另外一個人卻讓我把自己推銷出去。於是他勝利了。

在二十五個世紀之前，中國的哲人老子說了一段話今天可能還用得上：

「江海所以能為百谷王者，以其善下之，故能為百谷王。是以聖人欲上民，必以言下之；欲先民，必以身後之。是以聖人處上而民不重，處前而民不害。」

所以，如果你想要他人接受你的思想方式，最好的做法是：「讓他人覺得這個想法是他自己的。」

拒絕他人的藝術

在你日常的工作和生活中，很可能會遇到下列的情形：

一個品行不良的熟人來纏住你，非要你借錢不可，但你知道，如果借給他便是肉包子打狗有去無回；一個相熟的生意人向你兜售物品，你明知買下了就要吃虧。諸如此類的事你必定加以拒絕，可是拒絕之後，就要斷絕交情，引人惡感，被人誤會，甚至種下仇恨的苗子。

要避免這種情形發生，便要運用一些聰穎的智慧。

在德國某電子公司的一個會議上，公司經理拿出一個他設計的商標徵求大家意見。

經理說：「這個商標的主題是旭日，這個旭日很像日本的國徽，日本人見到一定樂於購買我們的產品。」

營業部主任和廣告部主任都極力恭維經理的構想，但年輕的銷售部主任說：「我不同意這個商標。」

經理聽了感到很吃驚，全室的人都瞪大眼睛盯住他。

銷售部主任沒有與經理爭論那個設計是否雅觀，而是說：「我恐怕它太好了。」

經理感到納悶，臉上卻帶著笑說：「你的話我難以理解，解釋給大家聽聽。」

「這個設計與日本國徽很相似，日本人喜歡，然而，我們另一個重要市場的人民，也會想到這是日本國徽，他們就不會引起好感，這不是與本公司要擴展貿易的計畫相牴觸嗎？這顯然是顧此失彼了嘛。」

「天哪，你的話高明極了！」經理叫了起來。

向有權威的人士表示反對或拒絕，你一定要有充分的理由，還要注意技巧。銷售部主任先用一句「我恐怕它太好了」撫平了經理的不快，使他不失體面，後面更以充分的理由，提出反對意見，經理也就不會感到下不了臺了。

不論是工作上的需求，或是私人的交往，男人們有時會邀請女人共同赴宴。

一般的女子都會適度的保持矜持，因此，在這種情況下，答案多半是否定的。

既然要拒絕對方的邀請，在言詞上自然要下一番功夫。但心地善良的你，很可能因此左右為難，不知如何啟口。倘若對方是平日一同工作的同事，一旦拒絕，那麼很可能對以後的工作增加許多困難。

有這樣一個例子：有位男子對一位女同事說：「歡迎妳一同參加！」說著便將音樂會的入場券遞給她。這時，這位女同事很想拒絕他的邀請，於是順手從皮包裡拿出行事曆，打開看了一看說：「謝謝你的好意，不過很抱歉，今天我已和別人約定了。」就這樣婉言拒絕了對方。

還有一則有趣的故事。有位男子邀請某女子一同飲茶用餐，而那女子卻非常機智的回答對方：「我非常高興，謝謝你，但是不是可順道邀請小王和小張一同前往？因為我們原本約好下班後要一起逛街的。」這樣一來，對方不是知難而退，就是大家共進晚餐了。

當我們無法直接拒絕別人時，不妨編一個足以使對方信服的理由，使對方不再堅持自己的意願。

下面是幾種不失禮節的拒絕方式。

1. 以友好、熱情的方式拒絕：一位作家想與某教授交朋友。作家熱情的說：「今晚我請你共進晚餐，你願意嗎？」不巧教授正忙於準備學術報告會的講稿，實在抽不出時間。於是，他親熱的笑了笑，帶著歉意說：「對你的邀請，我感到非常榮幸，可是我正忙於準備講稿，實在無法脫身，十分抱歉！」他的拒絕是有禮貌而且是令人愉快的，但又是那麼乾脆。

2. 避免只針對對方一人：某造紙廠的推銷員到某公司推銷紙張。推銷員找到他熟悉的這家公司的總務處長，懇求他訂貨。總務處長彬彬有禮的說：「實在對不

起，我們公司已與某造紙廠簽訂了長期購買合約，公司規定再不向其他任何廠商購買紙張了，我們也應按照規定辦。」因為總務處長講的是任何廠商，就不僅僅針對這個造紙廠了。

3. 讓對方明白你是贊同的：王小姐在航空公司擔任售票員的工作，她時常要拒絕很多旅客的訂票要求。王小姐總是帶著非常同情的心情對旅客說：「我知道你們非常需要坐飛機，從感情上說，我也十分願意為你們效勞，使你們如願以償，但票已訂完了，實在無能為力，歡迎你們下次再來乘坐我們的飛機。」王小姐的一番話，叫旅客們再也提不出意見來了。

第四計　智慧人生

第五計　和諧人生

第五計　和諧人生

和諧的心態是成功的保證

　　一些偉大的音樂家說，沒有什麼東西比演奏一件失調的樂器，或是與那些沒有好聲調的人一起演唱，更能迅速的破壞聽覺的敏感性，更能迅速的降低一個人的樂感和音樂水準的了。一旦這樣做以後，他就不會潛心的去區分音調的各種細微差異了，他就會很快的去模仿和附和樂器發出的聲音。這樣，他的耳朵就會失靈。要不了多久，這位歌手就會形成一種唱歌走調的習慣。在人生這首大交響樂中，你使用的是哪種專門的樂器，無論它是提琴、鋼琴，還是你在文學、法律、醫學或任何其他職業中表現的思想、才能，這些都無關宏旨，但是，在沒有使這些「樂器」定調的情況下，你不能在你的聽眾──世人面前開始演奏你的人生交響樂。

　　無論你做什麼事情，都不要玩得走樣，都不要唱得走調或工作失調。更不要讓你失調樂器弄壞了耳朵和鑑賞力。即使是波蘭著名鋼琴家、作曲家帕德雷夫斯基那樣的人，也不可能在一架失調的鋼琴上奏出和諧、精妙的樂章。

　　心理失調對工作品質來說是致命的。這些極具毀滅性的情感，比如擔憂、焦慮、仇恨、嫉妒、憤怒、貪婪、自私等等，都是工作效率的致命敵人。一個人受任何這些情感的困擾時，他就不可能將他的工作做得最好，這就好像具有精密機械裝置的一只手錶，如果其軸承發生摩擦就走不準一樣。而要使這只手錶走得很準，那就必須精心的調整它。每一個齒輪、每一個輪牙、每根軸承、每一根石英軸承都必須運轉良好，因為任何一個缺陷，任何一個麻煩，任何地方出現了摩擦，都將無法使手錶走得很準時。人體這架機器要比最精密的手錶精確得多。在開始一天的工作之前，人這架機器也需要調整，也需要保持非常和諧的狀態，正如在演出開始以前需要將提琴調好一樣。

　　你是否見過洗衣店裡的滾筒洗衣機？它剛開始旋轉時，聲音顫抖，似乎它要變得粉碎一般，但是，漸漸的，隨著轉速的加快，它的聲音變得越來越微小，當它的轉速達到最快時，這部機器的聲音就很小。一旦它達到了完美的平衡，什麼事情也擾亂不了它，而在它開始旋轉之前，哪怕是一件極小的東西也能使它震顫，抖動不已。

一些雞毛蒜皮的小事能使一個思想狀況不佳的人煩惱不已，但卻根本無法影響一個思想沉著、鎮定自若的人。即使是出了大事，即使是恐慌、危機、失敗、火災、失去財物或朋友，以及各式各樣的災難，都不可能使他的心理失去平衡，因為他找到自己生命的支點──心理平衡的支點，因此他不再在希望和絕望之間搖擺。他已經發現，自己是通行於整個宇宙的偉大法則的一部分，他是上帝的一部分。

　　一個鎮定沉著、心態平衡的人能統一起他的所有精力，而一個一遇到雞毛蒜皮的小事就苦惱不堪的人會陷入混亂當中，他的精力是分散的，他缺乏協調、凝聚精神的支點和征服力量。因此，我們要追求成功就要先追求和諧的人生。

　　和諧創造幸福保證成功。和諧是一切效率、美好和幸福的祕密所在，並且，和諧能使我們自己和上帝保持一致。和諧意味著一切心理功能的絕對健康。沉著、安定、和藹與好的脾氣，往往能使我們的整個神經系統、我們所有的身體器官與新陳代謝過程保持協調，這種和諧往往因磨擦衝突而受到破壞。

　　人類的身體像一部電臺，根據人的想法和理念，不斷的發出平和、力量、和諧或混亂的資訊。這些資訊以光速飛向四面八方，這些資訊往往也能找到它們自己的知音。

　　一個處於永恆和諧之中的心靈平靜的人是不可能有任何災難的，他也不可能恐懼災難，因為他知道自己處於上帝那充滿愛意的大手的庇護下，因此，什麼也不可能傷害到他。因他是按照永恆的真理立身、行事、處世的。這樣一個極其平靜的心靈宛如深海之中巋然不動的一座大冰山。它嘲笑海面上擊打它身側的洶湧波濤和狂風暴雨。這些洶湧的怒濤和狂風暴雨甚至連使它產生恐懼也不能，因為它處於深海之中的龐大冰塊是平衡的，這種平衡能使它平靜的、不受阻礙的穩穩漂流。

　　很奇怪，許多在其他一些事情上非常精明的人，在保持自身和諧這一重大精神事務上卻往往非常短視、無知和愚蠢。許多白天歷經疲倦和失調的上班族，到了晚上發現自己簡直完全累垮了。這種人如果在早上上班之前，捨得花一點時間好好的調整自己，那他們就會事半功倍，他們回家時就會依然精神煥發。

　　如果一個早上去上班的人感到與每一個人都不一致、都不協調，如果他對生活，特別是對那些他必須應付的人和事存在一種牴觸心態的話，他是不可能收到事

半功倍的效果的。因為他的大部分精力都白白浪費掉了。

從沒有試著去調整自己的人不可能意識到早晨上班之前好好的調整自己會帶來多大的好處。一個紐約的生意人最近告訴我說，每天早晨在使自己的精神、想法和世界保持極好的協調之前，他是不會允許自己去上班的。如果他感到自己有點嫉妒他人或是內心不安，如果他感到自己有些自私和不公正，如果他不能正確對待他的合作夥伴或員工，他就絕不去上班，直到他保持了心態的協調，直到他的想法清除了任何形式的混亂。他說，如果在早晨去上班時自己對待每一個人都有一種正確心態，那他的整個一天都會過得很輕鬆、很愜意。他還說，過去凡是心態混亂的情形時去上班，他都不可能有像心態和諧時那樣好的效果，他容易使得周圍的人不快，更不要說他自己疲憊不堪了。

許多人之所以過著一種憂鬱、貧乏的生活，其原因之一便是他們不能從那些使自己精神失調、惱怒、痛苦和擔憂的事情中超越出來，因而他們無法使自己的精神獲得和諧。

一輩子無所成就、庸庸碌碌的人當中，其實有不少人能力很強，但由於他們總是處於心態失調的狀態，因而他們無法有效的拓展工作。只要有一個人能幫他們掌舵，能幫他們做計畫，能幫他們將混亂和失調拒之門外，只要有人能幫他們保持協調，那他們也能做出非凡的事業來。而那些成就非凡的人們都掌握了這種「精湛藝術」——追求和諧人生使自身保持協調。

怎樣追求和諧的人際關係

承認錯誤雖然是一件好事，但願意承認錯誤的人究竟很少。一位心理學家說，人們只在不關痛癢的舊事情上才「無傷大雅」的認錯。這話雖然說來不勝幽默，但到底是事實。由此，也等於證明，你要別人認錯，是一件蠢事。當然，那些在某種勢力下被迫坦白認錯，是例外的，因為那是違反人類本性的事。

既然認錯的人如此之少，而爭辯的目的也不外是想顯出別人是錯的，所以爭辯就很不必要。英國前首相柴契爾夫人的手法，是「把一種面臨爭辯的事情暫且擱下」，你不要小看這拖延的措施，原來它可以產生一種意想不到的功效，那是讓別

人有機會去反省自己的錯誤。大多數人在感覺事情未能解決時，總要自己花點時間來想一想的，如果錯誤確屬自己，那麼下一次你就要有所糾正，好使你口裡沒有承認錯誤。但這是不需要的，因為我們不一定聽見別人念念有詞的說：「我錯了，我錯了。」

有一位英國商人，他現在是某大公司經理，這家公司下面有很多代理商，常常寫信向他投訴種種有關代理商與代理商之間的待遇不公平的事，要求公司方面解釋，但是他的應付方法，卻是把信塞進一個寫著「待辦」字樣的文件櫃去。他說：「應該立刻予以答覆，但我想起，如果答覆就等於和他爭辯，爭辯的結果不外是對人說『你錯了』，這樣不如索性暫時不理。」

事情的最後歸結如何？他笑答：「我每隔一段時間把這些『待辦』的信拿出來看看，又放回文件櫃去，其中大部分的信在我第二次拿來看時，信裡所談的問題都已成為過去或已無須答辯。」

有一位專家說：應酬的最高效果，是你絕未使用任何強制手段而使對方照著你的意思去做。對於完全出於自願，比起你要別人「怎麼怎麼做」是好得多了。

自然，那些專門要別人「怎麼怎麼做」的人會提出抗議說：「我不是有意向別人嘮叨，而是對方實在是個蠢材，如我不清楚講明要怎麼怎麼做，對方就不能領悟。」

提出這種抗議的人，應該對自己有了解，你之所以覺得對方是個蠢材，是由於：

1. 你經常低估對方的理解力。
2. 你的自我觀念太強，一切都喜歡自己拿主意。請注意，這兩項是你做人的弱點，而不是長處，所以必須馬上改正過來。

有四五位朋友組合而成的「小圈子」，一有空暇，他們就玩在一起。但到了不久以後，其中一位很少參加了，原來大家都沒有再約他，究其原因，就是大家都嫌他太喜歡拿主意，太喜歡要別人「怎麼怎麼做」。表面看來，在一個遊樂的場合，誰要拿主意都無所謂，但日子久了，彼此內心會產生一種莫名的陰影，覺得和這樣一個人在一起玩，毫無樂趣可言，所以索性不再約他。

世界上大多數群體的領袖人物，都不是要人「怎麼怎麼做」的。他們的本事，多半出於「使別人自願聽從他」。

人類從個性方面分析，可分為三種類型，其中有「計算型」、「感情型」、「理智型」，但一位心理學家的一本著作則認為，「人全是感情動物」。

照他的見解，任何鐵漢都會有感情，世界上從沒有一個人不帶著感情成分去處事的，問題只在於他的感情成分厚薄而已。

感情是人類的優點，也是弱點，利用這種優點也是弱點去進行應酬，可說事半功倍，因為通常一件事情大多數人都用三分理智七分感情去判定的。但有些專家說，當你主動的為了某一件事去進行應酬時，你自己如果充滿感情用事，就會失去應酬的正確性，並且不能控制應酬場面了。

心理學家主張，主動的進行應酬時，應該用七分理智，三分感情，這樣做多半是應該成功的，當對方用七分感情，三分理智接受你的應酬時，整個應酬成績將屬於你，而對方也絲毫不會感到難過。

某位新入行的推銷員，成績超過其他老資格的同事，大家都感覺奇怪，後來研究發現，知道他專向原已認識的朋友下手，這樣他可以利用三分朋友的感情去襯托那本來是百分之百的理智性應酬，因為一買一賣本來談不到什麼感情的，好就買，不好就不買，需要就買，不需要就不買。應酬不是討論，所以有些推銷員硬要糾正客人的見解，那是不必要的。

學會兜圈子

《伊索寓言》中有這麼一則：太陽和風爭論誰比較強。風發現有個人穿著大衣在走路，於是向太陽挑戰說：「我比較強，並且我可以證明。我打賭能要這個人脫掉大衣。」太陽跟他賭了。說完話，風就使勁的吹，誰知道風吹得越起勁，這個人將大衣裹得越緊。風增加到成為颶風的強度，仍然不能使這個人的大衣掉下來，最後風只有放棄了。輪到太陽了，他用的是和風完全相反的方式。他盡量發揮熱力，過了沒多久，這個人就熱得受不了，將大衣脫掉了。

這則寓言是說明運用迂迴方式最好的例子。要使人認為是自己做事，而不是在

為你做事。

這種迂迴方式，在兩千多年前就被一位名叫孫武的中國軍事家運用在戰略上。在本世紀，軍事專家李德‧哈特更明瞭到這種迂迴方式不只能用在戰略，更可以用在所有人類行為上──包括領導。

李德‧哈特在他《戰略》（Strategy）這本書中說：「所有的事例都顯示：直接攻擊觀念只會導致更頑強的抵抗，因此更增加了未來轉變的困難；在商業方面，討價還價的商議方式，也比直接要求購買更容易成交。」

將你的想法間接向別人提出有一個最大的好處，就是讓你和接受的人都同意你的想法，而沒有壓迫感覺。

超級交易高手唐納‧川普曾提到他和君悅飯店（Grand Hyatt）的經理人運用迂迴方式做成交易的故事。川普創立了君悅飯店，至今猶擁有百分之五十的股權。前任經理忍受不了川普和他妻子干預的態度，因此向他抱怨，最後造成這位經理被免職。

新的經理要聰明得多，根據川普說：「新經理做了一件漂亮的事：他不斷用瑣碎的小事進行疲勞轟炸。他一星期打好幾次電話說：『我希望你批准我們換四樓的新壁紙』，或者是『我們要在我們一家餐廳介紹一項新菜單』，或者是『我們想改變一種清洗衣物的新辦法』。」

「他們所有的管理會議都邀請我們參加。這個傢伙事事都來徵求我們的意見，將我們整個拉進旅館的各種事務上去。最後我只得說：『不要來煩我，你高興怎麼做就怎麼做，只要不來煩我就好了。』他這項策略真是太好了，他不須用戰鬥來得到他所要的東西，而是用積極、友好和商量的態度。」

使用迂迴方式，找機會讓別人做你想要他們做的事，不要直接告訴他們。你要找出不傷屬下自尊的方式。

有個最簡單的方式是陳述實際狀況的情形，讓聽的人自己下結論。當他們說得對時，你還可以誇獎他們。

另一種方法是在下命令時用客氣的口吻，譬如說：「王小姐，在 11 點鐘時我們有一個分公司的會議，妳願意為我通知各部門主管嗎？」這比「要各部門主管 11

點鐘到我的辦公室來」的說法要好得多。

有時候你可將命令變成一種詢問口氣：「張先生，你能在星期一以前搬好嗎？」這種迂迴方式根據的是暗示。當你做出暗示，應該切記下列各點：

1. 你必須使你想要影響的這個人注意到你，同時還要使他沒有和你衝突的意見或分岐的想法。假若你未吸引他的全部注意力，你就無法使用迂迴方式。

2. 你的地位越高、出身越好、金錢和事業等等的成就越大，你暗示的力量也就越大。不過，只要你是居於領導者地位，你提出任何暗示都會增加力量。你和想影響的對象交往越親密，暗示的力量就越強烈。但迂迴方式並不一定只限於用在交往密切者的身上。這只是說在某些事情上，你使用迂迴方式顯得特別有效。

3. 重複暗示增加暗示的力量。一旦你用迂迴方式要某人做你想要他做的事，以後他會不斷接受你的暗示，很難再停下來。

4. 積極性暗示比消極性暗示更為有效。你可以直接要某人做某件事，或是不做某件事。不過用暗示要他們做事比較容易些。

第六計　快樂人生

第六計　快樂人生

快樂的心理能改變你的生活

生活的快樂與否，完全決定於個人對人、事、物的看法如何；因為生活是由想法造成的。

幾年以前，卡內基參加一個廣播節目，他們要卡內基找出「你所學到的最重要一課是什麼？」

這很簡單，卡內基所學到的最重要一課是：想法的重要性。只要知道你在想些什麼，就知道你是怎樣的一個人，因為每個人的特性，都是由想法造成的。我們的命運，完全決定於我們的心理狀態。愛默生說：「一個人就是他整天所想的那些……他怎可能是別種樣子呢？」

我們現在很確切的知道，你我所必須面對的最大問題 —— 事實上可以算是我們需要應付的唯一問題 —— 就是如何選擇正確的想法。如果我們能做到這一點，就可以解決所有的問題。曾經統治羅馬帝國的偉大哲學家，馬可‧奧里略，把這些總結成一句話 —— 決定你命運的一句話：「生活是由想法造成的」。

沒錯，如果我們想的都是快樂的念頭，我們就能快樂；如果我們想的都是悲傷的事情，我們就會悲傷；如果我們想到一些可怕的情況，我們就會害怕；如果我們想的是不好的念頭，我們恐怕就不會安心了；如果我們想的淨是失敗，我們就會失敗；如果我們沉浸在自憐裡，大家都會有意躲開我們。

我們這麼說是不是暗示：對於所有的困難，我們都應該用習慣性的樂天態度去看呢？不是的。不幸的很，生命不會這麼單純；不過卡內基卻鼓勵大家要趨向正確的態度，而不要採取反面的態度。換句話說，我們必須關切我們的問題，但是不能憂慮。關切和憂慮之間的分別是什麼呢？再說明白一點。每一次我要通過交通擁擠的紐約市街時，我就會很注意我正在做的這件事 —— 可是並不會憂慮。關心的意思就是要了解問題在哪裡，然後很鎮定的採取各種步驟去加以解決，而憂慮卻是發瘋似的打著小圈子。

一個人可以關心一些很嚴重的問題，同時在衣襟上插著花昂首闊步。我曾看過羅維爾‧湯馬斯這樣做。有一次我協助羅維爾‧湯馬斯主演一部關於艾倫貝和勞倫

斯在第一次世界大戰中出征的著名影片。他和幾名助手在好幾處戰事前線拍攝了戰爭的鏡頭，而最好的是：用影片記錄了勞倫斯和他那支多彩多姿的阿拉伯軍隊，也記錄了艾倫貝征服聖地的經過。他那個穿插在電影中的演講 —— 「巴勒斯坦的艾倫貝與阿拉伯的勞倫斯」，在倫敦和全世界都大為轟動。倫敦的歌劇季因此延後了六個禮拜，讓他在科文特花園皇家歌劇院繼續講這些冒險故事，並放映他的影片。他在倫敦得到盛大成功之後，又很成功的旅遊了好幾個國家，然後他花了兩年的時間，準備拍攝一部在印度和阿富汗生活的記錄影片。經過一連串令人難以相信的楣運後，不可能的事情發生了 —— 他發現自己破產了。當時，我正好和他在一起，我還記得，那時候我們不得不到街口的小餐館去吃很便宜的食物。要不是一位蘇格蘭人，也是一位知名的演員 —— 詹姆士‧麥克貝借給湯馬斯錢的話，我們甚至連那點菲薄的食物也吃不到。下面就是這個故事的要點：當羅維爾‧湯馬斯面臨龐大的債務以及極度失望的時候，他很關心，可是並不憂慮。他知道，如果他被楣運弄得垂頭喪氣的話，他在人們眼裡就會一文不值了，尤其是他的債權人。所以他每天早上出去辦事之前，都要買一朵花，插在衣襟上，然後昂首走上牛津街。他的想法很積極而勇敢，不讓挫折把他擊倒。對他來說，挫折是整個事情的一部分 —— 是你要爬到高峰所必須經過的有益訓練。

我們的精神狀態，對我們的身體和力量，也有令人難以相信的影響。著名的英國心理學家哈德飛，在他那本只有五十四頁卻非常了不起的小書《力量心理學》裡，對這件事有驚人的說明。「我請來三個人，」他寫道，「以便實驗心理受生理的影響。我們以握力計來度量。」他要他們在三種不同的情況下，盡全力抓緊握力計。

在一般的清醒狀態下，他們平均的握力是一百零一磅。

第二次實驗則將他們催眠，並告訴他們，他們非常的虛弱。實驗的結果，他們的握力只有二十九磅 —— 還不到他們正常力量的三分之一。

然後哈德飛再讓這些人做第三次的實驗：在催眠之後，告訴他們說他們非常強壯，結果他們的握力平均達到一百四十二磅。當他們在想法上是認定自己有力量之後，他們的力量幾乎增加了百分之五十。

這就是我們難以置信的心理力量。

為了說明想法的魔力，我要告訴你一件發生在美國內戰時期最奇特的故事。這個故事足夠寫一本大書，不過讓我們長話短說：現在信徒都知道基督教信心療法的創始人瑪麗·貝克·艾迪。

可是在當時，她認為生命中只有疾病、愁苦和不幸。她的第一任丈夫，在他們婚後不久就去世了，她的第二任丈夫又拋棄她，和一個已婚婦人私奔，後來死在一個貧民收容所裡。她只有一個兒子，卻由於貧病交加，不得不在他四歲那年就把他送人了。她不知道兒子的下落，以後有三十一年之久，都沒有再見到他。

因為她自己的健康情形不好，而她一直對所謂的「信心治療法」極感興趣。可是她生命中戲劇化的轉振點，卻發生在麻省的林恩市。一個很冷的日子，她在城裡走著的時候，突然滑倒了，摔倒在結冰路面上，而且昏了過去。她的脊椎受到了傷害，使她不停的痙攣，甚至醫生也認為她活不久了。醫生還說，即使奇蹟出現而使她活命的話，她也絕對無法再行走了。

躺在一張看來像是送終的床上，瑪麗·貝克·艾迪打開一部書。她後來說，她讀到書裡的句子：「有人用擔架抬著一個癱子到耶穌跟前來，耶穌……就對癱子說，小子，放心吧，你的罪赦了……起來，拿你的褥子回家去吧。那人就站起來，回家去了。」

她後來說，耶穌的這幾句話使她產生了一種力量，一種信仰，一種能夠醫治她的力量。使她「立刻下了床，開始行走」。

「這種經驗，」艾迪太太說，「就象引發牛頓靈感的那顆蘋果一樣，使我發現自己怎樣的好了起來，以及怎樣的也能使別人做到這一點……我可以很有信心的說：一切的原因就在你的想法，而一切的影響力都是心理現象。」

也許你現在正對自己說：「這個傢伙是在替基督教信心治療法傳道。」不是的，你錯了！我並不是這個教派的信徒。但是我活得越久，越深信想法的力量。從事成人教育三十五年的結果。我知道男人和女人都能夠消除憂慮、恐懼和很多種疾病，只要改變自己的想法，就能改變自己的生活。我知道！我知道！我知道！這一類的轉變，我親眼見過好幾百次，因為我看得太多了，都已經見怪不怪了。

舉個例子來說吧。有一件令人難以相信的轉變，可能證明想法的力量，而它就發生在我的一個學生身上。他曾經精神崩潰一次，起因是什麼呢？是憂慮。那個學生告訴我：「我什麼事情都發愁。我之所以憂慮是因為我太瘦了，因為我覺得我在掉頭髮，因為我怕永遠沒辦法賺夠錢來娶個太太，因為我認為我永遠沒有辦法做一個好父親，因為我怕失去我想要娶的那個女孩子，因為我覺得我現在過的生活不夠好，我很擔憂我給別人不好的印象；我很擔憂，我覺得我得了胃潰瘍，我無法再工作，辭去了工作後，我內心越來越緊張，像一個沒有安全閥的鍋爐，壓力終於到了令人難以忍受的地步，必然得有一個退路 —— 結果果然出了事。如果你從來沒有經歷過精神崩潰的話，祈禱上帝讓你永遠也不要有這種經驗吧，因為再沒有任何一種身體上的痛苦，能超過精神上的那種極度的痛苦了。」

　　「我精神崩潰的情況，甚至嚴重到沒有辦法和我的家人交談。我控制不住自己的思想，充滿了恐懼，只要有一點點聲音，就會使我嚇得跳起來。我躲開每一個人，常常無緣無故的哭起來。

　　「我每天都痛苦不堪。覺得我被所有的人拋棄了 —— 甚至上帝也拋棄了我。我真想跳到河裡去一了百了。

　　「但後來我決定到佛羅里達州去旅行，希望換個環境能夠對我有所幫助。我上了火車之後，父親交給我一封信並告訴我，等到了佛羅里達之後再打開來看。我到佛羅里達的時候正好是旅遊的旺季。因為旅館裡訂不到房間，我就在一家汽車旅館裡租了一個房間睡覺。我想在邁阿密一艘不定期的貨船上找一份差事，可是沒有成功，所以我把時間都消磨在海灘上。我在佛羅里達裡時比在家的時候更難過，此時我拆開那封信，看看我父親寫的是什麼。他在信上寫道：『兒子，你現在離家一千五百英里，但你並不覺得有什麼不一樣，對不對？我知道你不會覺得有什麼不同，因為你還帶你所有麻煩的根源 —— 也就是你自己。無論你的身體或是你的精神，都沒有什麼毛病。因為並不是你所遇到的環境使你受到挫折，而是由於你對各種情況的想像。總之一個人心裡想什麼，他就會成為什麼樣子；當你了解這點以後，兒子，回家來吧，因為那樣你就能醫好了。』

　　「我父親的信使我非常生氣，我要的是同情，而不是教訓。我當時氣得馬上想永

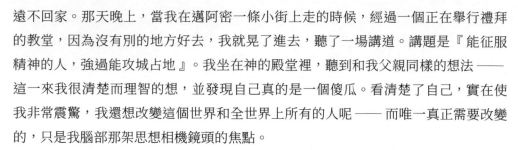

遠不回家。那天晚上，當我在邁阿密一條小街上走的時候，經過一個正在舉行禮拜的教堂，因為沒有別的地方好去，我就晃了進去，聽了一場講道。講題是『能征服精神的人，強過能攻城占地』。我坐在神的殿堂裡，聽到和我父親同樣的想法──這一來我很清楚而理智的想，並發現自己真是一個傻瓜。看清楚了自己，實在使我非常震驚，我還想改變這個世界和全世界上所有的人呢──而唯一真正需要改變的，只是我腦部那架思想相機鏡頭的焦點。

「第二天清早我收拾行李回家去，一個禮拜以後，我又回去做我以前的工作。四個月以後，我娶了那個我一直怕失去的女孩子。我們現在有一個快樂的家庭，生了五個子女，無論是在物質方面或是精神方面，上帝對我都很好。當我精神崩潰的時候，我是一個小部門的夜班工頭，手下有十八個人；現在我是一家紙箱廠的廠長，管理四百五十多名員工。生活比以前更充實、更友善得多。我相信我現在能了解生命的真正價值了。每當感到不安的時候，我就會告訴自己：只要把攝影機的焦距調好，一切都就好了。

「我要很誠實的說，我很高興我曾經有過那次精神崩潰的經驗。因為那使我發現想法對身心兩方面的控制力。我現在能夠使我的想法為我所用，而不會有損於我；我現在才知道我父親是對的，使我痛苦的，確實不是外在的情況，而是我對各種情況的看法。一旦我了解這點之後，就完全好了，而且不會再生病。」這就是那位學生的經驗。

我深信我們內心的平靜，和我們由生活所得到的快樂，並不在於我們在哪裡，我們有什麼，或者我們是什麼人，而只是在於我們的心境如何。外在的條件沒有多大關係。

三百年前，密爾頓在瞎眼後，也發現了同樣的真理：

「想法的運用，和想法的本身，就能把地獄造成天堂，把天堂造成地獄。」

拿破崙和海倫凱勒，就是密爾頓這句話的最好例證：拿破崙擁有一般人所追求的一切──榮耀、權力、財富──可是他卻對聖海蓮娜說：「我這一生從來沒有過一天快樂的日子。」而海倫凱勒──又瞎、又聾、又啞──卻表示：「我發現生命是這樣的美好。」

如果說半個世紀的生活，曾使我學到什麼的話，就是：「除了你自己，沒有別的可以帶給你平靜。」

我只是想再重複一次愛默生在他那篇叫做〈自信〉的散文裡所說的那句結語：「一次政治上的勝利，收入的增加，病體的康復，或是久別好友的歸來，或是什麼其他純粹外在的事物，能提高你的興致，讓你覺得你眼前有很多的好日子，不要去相信它，事情絕不會是這樣的。除了你自己以外，沒有別的能帶給你平靜。」

依匹克特修斯，這位偉大的斯多噶派哲學家，曾警告我們說：我們應該極力消除思想中的錯誤想法，這比割除「身體上的腫瘤和膿瘡」重要得多。

依匹克特修斯在十九個世紀之前說過這句話，可是現代的醫學卻也能支持他的理論。坎貝‧羅賓斯博士說，約翰霍普金斯醫院所收容的病人裡，有五分之四都是由於情緒緊張和壓力所引起的。甚至一些生理器官的病例也是如此。他宣布說，「這些都能追溯到生活和問題的無法協調。」

蒙田，這位偉大的法國哲學家，以下面的兩句話來作為他生活的座右銘：「一個人因發生的事情所受到的傷害，比不上他對發生事情所擁有的意見來得深。」而我們對所發生的一切事物的意見，完全是看我們自己怎樣想來決定。

當你被各種煩惱困擾著，整個人精神緊張不堪的時候，我是否應該大膽的告訴你，你可以憑自己的意志力，改變你的心境。而快樂的人生才是事業成功的保證。

威廉‧詹姆士是實用心理學的權威，他曾經發表這樣的理論：「行動似乎是隨著感覺而來，可是實際上，行動和感覺是同時發生的。如果我們使我們意志力控制下的行動規律化，也能夠間接的使不在意志力控制下的感覺規律化。」

換句話說，威廉‧詹姆士告訴我們，我們不可能只憑「下定決心」就改變我們的情感——可是我們可以變化我們的動作，而當我們變化動作的時候，就會自然而然的改變了我們的感覺。

「於是，」他解釋說，「如果你感到不快樂，那麼唯一能找到快樂的方法，就是振奮精神，使行動和言詞好像已經感覺快樂的樣子。」

這種簡單的辦法是不是有用呢？你不妨自己試一試。使你的臉上露出一個很開心的笑臉來，挺起胸膛，好好的深吸一大口氣，然後唱一小段歌，如果你不能唱，

第六計　快樂人生

就吹口哨，若是你不會吹口哨，就哼一段歌。你就會很快的發現威廉‧詹姆士所說的是什麼意思了 —— 也就是說，當你的行動能夠顯出你快樂的時候，根本就不可能再憂慮和頹喪下去了。

這就是能在我們生活中造成奇蹟的大自然基本真理之一。我認識一個住在加利福尼亞州的女人 —— 我不想提她的名字 —— 如果她知道這個祕密的話，就能夠在二十四小時之內，把所有的哀愁一掃而空。她很老，又是一個寡婦 —— 她，這一點很悲慘 —— 可是她有沒有試過讓自己快樂呢？我看是沒有的。要是你問她覺得怎樣，她總是說：「噢，老天爺啊，要是你碰過那些我所碰到的煩惱就能明白了。」好像連你很開心的在她面前，她都會討厭你。不知道有多少女人的情況比她還壞，她的丈夫留給她足以維持生活的保險金，她的子女都已經成家，能夠奉養她，可是我很少看見她笑。她老是抱怨她的三個女婿又差勁又自私 —— 雖然她每次到他們家裡一待就是好幾個月。她常埋怨說，她的女兒從來沒有給她任何禮物 —— 可是她卻把自己的錢看得非常緊 —— 「替未來打算」。對她自己和她不幸的一家人來說，她只是一個討厭的東西。只是事情值得這樣嗎？這才是最可憐的地方 —— 她可以使自己從一個又愁苦、又挑剔、而且很不快樂的老女人，變成她家裡受人尊敬的喜愛的一分子 —— 只要她願意，就可以做得到。而如果她想達到這種轉變，她只要高高興興的活著，好像她還有一點點愛可以給別人 —— 而不是老談她自己的不快樂和不幸。

我認識一個印第安納州人，名字叫做英格萊特。他現在之所以還活著，只因為他發現了這個祕密。十年前，英格萊特先生得了猩紅熱，當他康復以後，他發現又得了腎臟病。他去找過好多個醫生，但誰也沒辦法治好他。

然後，在不久以前，他又得了另外一種併發症，他的血壓高了起來。他去看一個醫生，醫生說他的血壓已經到了兩百一十四的最高點。醫生宣布他已經沒有救了 —— 情況太嚴重，最好馬上料理後事。

「我回到家裡，」他說，「弄清楚我所有的保險金都已經付過了，然後向上帝懺悔我以前所犯過的各種錯誤，坐下來很難過的默默沉思。我害得所有的人都很不快樂；我的妻子和家人都非常難過，我自己更是深深的埋在頹喪的情緒裡。然而，在經過一禮拜的自憐自艾之後，我對自己說：『你這樣子簡直像個大傻瓜。你在一年

之內恐怕還不會死，那麼趁你現在還活著的時候，何不快快樂樂呢？』

「我挺起胸膛，臉上露著微笑，試著讓自己表現出好像一切都正常的樣子。我承認開始的時候相當費力，但是我強迫自己很開心，很高興，這不但有助於我的家人，也對我自己大有幫助。

「接著我發現自己開始覺得好多了 —— 幾乎好得跟我裝出的一樣好。這種改進持續不斷，而在今天 —— 原先以為已經躺在墳墓裡幾個月後的今天 —— 我不僅很快樂，很健康，活得好好的，而且我的血壓也降下來了。有一件事是我可以肯定的：如果我一直想到會死、會垮掉的話，那位醫生所預言的就會實現了。可是我給自己的身體一個自行恢復的機會，別的什麼都沒有用，除了改變我的心情。」

讓我問你一個問題：如果，讓自己覺得開心、充滿勇氣而且健康的想法救了這個人的命，那麼你我為什麼還要為一些小小的不快和頹喪而難過呢？如果讓自己開心就能夠開創出快樂來，那又為什麼讓我們自己和我們身邊的人不高興而難過呢？

好多年以前，我看過一本書，對我的生活有長遠而良好的影響，書名叫做《人的思想》，作者是詹姆士·艾倫，下面是書裡的一段：

「一個人會發現，當他改變對事物和其他人的看法時，事物和其他的人對他來說就會發生改變……要是一個人把他的思想嚮往光明，他就會很吃驚的發現，他的生活受到很大的影響。人不能吸引他們所要的，卻可能吸引他們所有的……一個人所能得到的，正是他們自己想法的直接結果……有了奮發向上的想法之後，一個人才能興起、征服，而能有所成就。如果他不能振奮起他的想法，他就永遠只能衰弱而愁苦。」

有人說，上帝讓人統治整個世界。這實在是一份相當大的禮物，可是我對這種特權實在沒有什麼興趣。我所希望得到的，是能控制我自己的能力 —— 能控制我的思想，能控制我的恐懼，能控制我的內心和精神。我知道在這點上我的成績相當驚人。不論在什麼時候，我總是想：只須控制我自己的行為，就能控制我的反應。

所以讓我們記住威廉·詹姆士的話：「……通常，只要把受苦者內心的感覺，由恐懼改成奮鬥，就能把大部分我們所謂的邪惡，改變為對你有幫助的好處。」

讓我們為我們的快樂而奮鬥吧！快樂會帶給你成功。

第六計　快樂人生

　　讓我們用一個每天能產生快樂而富有建設性思想的計畫，來為我們的快樂而奮鬥吧。下面就是這個計畫，名字叫做《只為今天》。我認為這種計畫非常有效，所以複印了好幾份送給別人。這是三十六年前已故的西貝兒‧派屈吉所寫的。如果我們能夠照著做，我們就能消除大部分的憂慮，而大量的增加「生活上的快樂」。

　　《只為今天》

1. 只為今天，我要很快樂。假如林肯所說的「大部分的人只要下定決心都能很快樂」這句話是對的，那麼快樂是來自內心，而不是存在於外在。

2. 只為今天，我要讓自己適應一切，而不去試著調整一切來適應我的欲望。我要以這種態度接受我的家庭、我的事業和我的運氣。

3. 只為今天，我要愛護我的身體。我要多加運動，善自照顧，善自珍惜；不損傷它、不忽視它；使它能成為我爭取成功的好基礎。

4. 只為今天，我要加強我的想法。我要學一些有用的東西，我絕不做一個胡思亂想的人。我要看一些需要思考、更需要集中精神才能看的書。

5. 只為今天，我要用三件事來鍛鍊我的靈魂：我要為別人做一件好事，但不要讓人家知道；我還要做兩件我並不想做的事，而這就像威廉‧詹姆士所建議的，是為了鍛鍊。

6. 只為今天，我要做個討人喜歡的人，外表要盡量修飾，衣著要盡量得體，說話低聲，行動優雅，絲毫不在乎別的毀譽。對任何事都不挑毛病，也不干涉或教訓別人。

7. 只為今天，我要試著只考慮怎麼度過今天，而不把我一生的問題都在一次解決。因為，我雖能連續十二個小時做一件事，但若要我一輩子都這樣做下去的話，就會嚇壞了我。

8. 只為今天，我要訂下一個計畫。我要寫下每個小時該做些什麼事；也許我不會完全照著做，但還是要訂下這個計畫；這樣至少可以免除兩種缺點 —— 過分倉卒和猶豫不決。

9. 只為今天，我要為自己留下安靜的半個小時，輕鬆一番。在這半個小時裡，我要想到神使我的生命中更充滿希望。

10. 只為今天，我要心中毫無懼怕。尤其是，我不要怕快樂，我要去欣賞美的一切，去愛，去相信我愛的那些人會愛我。

「有了快樂的想法和行為，你就能感到快樂。」

別讓仇恨影響你的快樂

愛你們的仇人，善待恨你們的人；詛咒你的，要為他祝福；凌辱你的，要為他禱告。

多年前的一個晚上，卡內基旅行經過黃石公園。一位森林的管理人員騎在馬上，跟我們這群興奮的遊客談些關於熊的事情。他告訴我們：一種大灰熊大概能夠擊倒西方所有的動物，除了水牛和另一種黑熊，但那天晚上，卡內基卻注意到一隻小動物 —— 只有一隻，那隻大灰熊不但讓牠從森林裡出來，並且和牠在燈光下一起共食。那是一隻臭鼬！

大灰熊知道，牠的巨靈之掌，可以一掌把這隻臭鼬打昏，可是牠為什麼不那樣做呢？因為牠從經驗裡學到，那樣做很划不來。

我也知道這一點。當我還是個孩子的時候，曾經在密蘇里的農莊上抓過四隻腳的臭鼬；長大成人之後，我在紐約的街上也碰過幾個像臭鼬一樣的兩隻腳的人。我從這些不幸的經驗裡發現：無論招惹那一種臭鼬，都是划不來的。

當我們恨我們的仇人時，就等於給了他們致勝的力量。那力量能夠妨礙我們的睡眠、我們的胃口、我們的血壓、我們的健康和我們的快樂。要是我們的仇人知道他們如何令我們擔心，令我們苦惱，令我們一心報復的話，他們一定會高興得跳起舞來。我們心中的恨意完全不能傷害到他們，卻使我們的生活變得像地獄一般。

你猜是誰說過？「要是自私的人想占你的便宜，就不要去理會他們，更不要想去報復。當你想跟他扯平的時候，你傷害自己的，比傷到那傢伙的更多……」這段話聽起來好像是什麼理想主義者所說的，其實不然。這段話出自在一份由米爾瓦基警察局所發出的通告上。報復怎麼會傷害你呢？傷害的地方可多了。根據《生活》雜誌的報導，報復甚至會損害你的健康。「高血壓患者主要的特徵就是容易憤慨，」

第六計　快樂人生

《生活》雜誌說，「憤怒不止的話，長期性的高血壓和心臟病就會隨之而來。」

現在你該明白耶穌所謂「愛你的仇人」，不只是一種道德上的教訓，而且是在宣揚一種二十世紀的醫學。他是在教我們怎樣避免高血壓、心臟病、胃潰瘍和許多其他的疾病。

我的一個朋友最近發作了一次嚴重的心臟病，他的醫生命令他躺在床上，不論發生任何事情都不能生氣。醫生們都知道，心臟衰弱的人，一發脾氣就可能送掉性命。幾年以前，在華盛頓州的斯波坎城，有一個飯館老闆就是因為生氣而死去。現在我面前就有一封從華盛頓斯波坎城警察局局長傑瑞·史瓦脫那裡來的信。信上說：「幾年以前，一個六十八歲的威廉，在斯波坎城開了一家小餐館，因為他的廚子一定要用茶碟喝咖啡，而使他活活氣死。當時那位小餐館的老闆非常生氣，抓起一把左輪槍去追那個廚子，結果因為心臟病發作而倒地死去 —— 手裡還緊緊的抓著那把槍。驗屍官的報告宣稱：他因為憤怒而引起心臟病發作。」

當耶穌說「愛你的仇人」的時候，他也是在告訴我們：怎麼樣改進我們的外表。我想你也和我一樣，認得一些女人，她們的臉因為怨恨而有皺紋，因為悔恨而變了形，表情僵硬。不管怎樣美容，對她們容貌的改進，也比不上讓她心裡充滿了寬容、溫柔和愛所能改進的一半。 怨恨的心理，甚至會毀了我們對食物的享受。聖人說：「懷著愛心吃菜，也會比懷著怨恨吃牛肉好得多。」

要是我們的仇人知道我們對他的怨恨使我們筋疲力竭，使我們疲倦而緊張不安，使我們的外表受到傷害，使我們得心臟病，甚至可能使我們短命的時候，他們不是會額手稱慶嗎？

即使我們不能愛我們的仇人，至少我們要愛我們自己。我們要使仇人不能控制我們的快樂、我們的健康和我們的外表。就如莎士比亞所說的：「不要因為你的敵人而燃起一把怒火，熱得燒傷你自己。」

當耶穌基督說，我們應該原諒我們的仇人「七十個七次」的時候，他也是在教我們怎樣做生意。我舉個例子吧。當我寫這一段的時候，我面前有一封由喬治·羅納寄來的信，他住在瑞典的艾普蘇那。喬治·羅納在維也納當了很多年律師，但是第二次世界大戰期間，他逃到瑞典，很需要找份工作。因為他能說並能寫好幾國的

語言，所以希望能夠在一家進出口公司裡，找到一份祕書的工作。絕大多數的公司都回信告訴他，因為正在打仗，他們不需要用這一類的人，不過他們會把他的名字存在檔案等等。不過有一個在寫給喬治‧羅納的信上說：「你對我生意的了解完全錯誤。你既錯又笨，我根本不需要任何替我寫信的祕書。即使我需要，也不會請你，因為你甚至連瑞典文也寫不好，信裡全是錯字。」

當喬治‧羅納看到這封信的時候，簡直氣得發瘋。那個瑞典人自己的信上就是錯誤百出。於是喬治‧羅納也寫了一封信，目的想要使那個瑞典人大發脾氣。但接著他停下來對自己說：「等一等。我怎麼知道這個說的是不是對的？我修過瑞典文可是這並不是我家鄉的語言，也許我確實犯了很多並不知道的錯誤。如果是那樣的話，那麼我想要得到一份工作，就必須再努力的學習。這個人可能幫了我一個大忙，雖然他本意並非如此。他用這麼難聽的話來表達他的意見，並不表示我就不虧欠他，所以應該寫封信給他，在信上感謝他一番。」

於是喬治‧羅納撕掉了他剛剛已經寫的那封罵人的信，另外寫了一封信說：「你這樣不怕麻煩的寫信給我，實在是太好了，尤其是你並不需要一個替你寫信的祕書。對於我把貴公司的業務弄錯的事我覺得非常抱歉，我之所以寫信給你，是因為我向別人打聽，而別人把你介紹給我，說你是這一行的領導人物。我並不知道我的信上有很多文法上的錯誤，我覺得很慚愧，也很難過。我現在打算更努力的去學習瑞典文，以改正我的錯誤，謝謝你幫助我走上改進之路。」

不到幾天，喬治‧羅納就收到那個人的信，請羅納去見他。羅納去了，而且得到一份工作，喬治‧羅納由此發現「溫和的回答能消除怒氣」。

我們也許不能像聖人般去愛我們的仇人，可是為了我們自己的健康和快樂，我們至少要原諒他們，忘記他們，這樣做實在是很聰明的事。有一次我問艾森豪將軍的兒子約翰，他父親會不會一直懷恨別人。「不會，」他回答，「我爸爸從來不浪費一分鐘，去想那些不喜歡的人。」

有句老話說：不能生氣的人是笨蛋，而不去生氣的人才是聰明人。

這也就是前紐約州長威廉‧蓋諾所抱定的政策。他曾被攻擊得體無完膚之後，又被一個瘋子打了一槍幾乎送命。他躺在醫院為他的生命掙扎的時候，他說：「每天

晚上我都原諒所有的事情和每一個人。」這樣做是不是太理想了呢？是不是太輕鬆、太好了呢？如果是的話，就讓我們來看看那位偉大的德國哲學家，也就是「悲觀論」的作者叔本華的理論。他認為生命就是一種毫無價值而又痛苦的冒險，當他走過的時候好像全身都散發著痛苦，可是在他絕望的深處，叔本華叫道：「如果可能的話，不應該對任何人有怨恨的心理。」

有一次卡內基曾問伯納‧巴魯區 —— 他曾經做過六位總統的顧問：威爾遜、哈定、柯立芝、胡佛、羅斯福和杜魯門 —— 我問他會不會因為他的敵人攻擊他而難過？「沒有一個人能夠羞辱我或者干擾我，」他回答說，「我不讓他們這樣做。」

也沒有人能夠羞辱或困擾你和我 —— 除非我們讓他這樣做。

「棍子和石頭也許能打斷我的骨頭，可是言語永遠也不能傷著我。」

卡內基常常站在加拿大賈斯珀國家公園裡，仰望那座可算是西方最美麗的山，這座山以伊迪絲‧卡維爾的名字為名，紀念那個在 1915 年 10 月 12 日像軍人一樣慷慨赴死 —— 被德軍行刑隊槍斃的護士。她犯了什麼罪呢？因為她在比利時的家裡收容和看護了很多受傷的法軍、英國士兵，還協助他們逃到荷蘭。在十月的一天早晨，一位英國教士走進軍人監獄 —— 她的牢房裡，為她做臨終祈禱的時候，伊迪絲‧卡維爾說了兩句後來刻在紀念碑上不朽的話語：「我知道光是愛國還不夠，我一定不能對任何人有敵意和怨恨。」四年之後，她的遺體轉移至英國，在西敏寺大教堂舉行安葬大典。卡內基在倫敦住過一年，他常常到國立肖像畫廊對面去看伊迪絲‧卡維爾的那座雕像，同時朗讀她這兩句不朽的名言：「我知道光是愛國還不夠，我一定不能對任何人有敵意和怨恨。」

有一個能原諒和忘記誤解的有效方法，就是讓自己去做一些絕對超出我們能力以外的大事，這樣我們所碰到的侮辱和敵意就無關重要了。因為這樣我們就不會去計較理想之外的事了。舉個例子來說，在 1918 年，密西西比州松樹林裡有一場極富戲劇性的事情，差點引發了一次火刑。勞倫斯‧瓊斯 —— 一個黑人講師，差點就被燒死了。幾年之前，卡內基曾經去看過勞倫斯‧瓊斯創建的一所學校，還對全體學生做了一次演說，那所學校今天在美國是婦幼皆知的，可是卡內基下面要說的這件事情卻發生在很早以前。在第一次世界大戰期間，一般人的感情很容易衝動的時

候，密西西比州中部流傳著一種謠言，說德國人正在唆使黑人起來叛變。那個要被他們燒死的勞倫斯‧瓊斯就是黑人，有人控告他煽動黑人的叛變。一大群白人 —— 在教堂的外面 —— 聽見勞倫斯‧瓊斯對他的聽眾大聲的叫著，「生命，就是一場戰鬥！每一個黑人都要穿上他的盔甲，以戰鬥來求生存和求成功。」

「戰鬥」，「盔甲」，夠了，這些年輕人趁夜衝出去，糾集了一大群暴徒，回到教堂裡來，拿一條繩子捆住了這個傳教士，把他拖到一英里以外，讓他站在一大堆乾柴上面，並燃亮了火柴，準備一面用火燒他，一面把他吊死。這時候，有一個人叫起來：「在我們燒死他以前，讓這個喜歡多嘴的人說話，說話啊！說話啊！」勞倫斯‧瓊斯站在柴堆上，脖子上套著繩圈，為他的生命和理想發表了一篇演說。他在1900 年畢業於愛荷華大學，他那純良的性格和學問，以及他在音樂方面的才能，使得所有的老師和學生都很喜歡他。畢業以後，他拒絕了一個旅館留給他的職位，也拒絕了一個有錢人願意資助他繼續學音樂的計畫。為什麼呢？因為他懷有非常高的理想。當他閱讀華盛頓傳記的時候，他就決心獻身於教育工作，去教育他那一族裡貧窮而沒有受過教育的人。所以他回到南方最貧瘠的一帶 —— 就是距離密西西比州灰克鎮二十五英里的小地方，把他的錶當了一塊六毛五美金後，就在樹林裡用樹椿當桌子，開始了他的露天學校。勞倫斯‧瓊斯告訴那些憤怒的，等待要燒他的人，他所做過的各種奮鬥 —— 教育那些沒有上過學的男孩子和女孩子，訓練他們做好的農夫、機匠、廚子、家庭主婦。他談到一些白人曾經協助他建立這所學校 —— 那些白人送給他土地、木材、豬、牛和錢，幫助他繼續他的教育工作。

後來有人問勞倫斯‧瓊斯，問他會不會恨那些把他拖出來準備吊死和燒死的人？他回答說：他忙著實現他的理想，沒有時間去恨別人 —— 他在專心的做一些超過他能力以外的大事。

「我沒有時間去跟人家吵架，」他說，「我沒有時間可以後悔，也沒有哪一個人能強迫我低下到會恨他的地步。」

當時勞倫斯‧瓊斯的態度非常誠懇，也令人感動，他絲毫不為自己哀求，只求人們了解他的理想。那一群暴民開始心軟了。最後，人群中有一個曾經參加過南北戰爭的老兵說：「我相信這孩子說的是真話，我認得那些他提起的白人，他是在做一

件好事。我們弄錯了，我們應該幫助他而不該吊死他。」那位老兵拿下他的帽子，在人群裡傳來傳去，從那些預備把這位教育家燒死的人群裡，募集到五十五塊四毛錢，交給了瓊斯──這個曾經說過「我沒有時間去跟人家吵架，我沒有時間可以後悔，也沒有哪一個人能強迫我低下到會恨他的地步。」

在美國歷史上，恐怕再沒有誰受到的責難、怨恨和陷害比林肯多的了。但是根據傳記中的記載，林肯卻「從來不以他自己的好惡來批判別人。如果有什麼任務待做，他也會想到他的敵人可以做得像別人一樣好。如果一個以前曾經羞辱過他的人，或者是對他個人有不敬的人，卻是某個位置的最佳人選，林肯還是會讓他去擔任那個職務，就像他會派任他的朋友去做這件事一樣……而且，他也從來沒有因為某人是他的敵人，或者因為他不喜歡某個人，而解除那個人的職務。」很多被林肯委任而居於高位的人，以前都曾批評或是羞辱過他──比方像麥克利蘭，愛德華·史丹頓和蔡斯。但林肯相信「沒有人會因為他做了什麼而被歌頌，或者因為他做了什麼或沒有做什麼而被罷黜。」因為所有的人都受條件、情況、環境、教育、生活習慣和遺傳的影響，使他們成為現在的這個樣子，將來也永遠是這個樣子。」從小，卡內基的家人每一天晚上都會從聖經裡面摘出章句或詩句來複誦，然後跪下來一齊唸「家庭祈禱文」。我現在彷彿還聽見，在密蘇里州一棟孤寂的農莊裡，我的父親複誦著耶穌基督的那些話──那些只要人類存有理想就會不停的一再重複的話：「愛你們的仇人，善待恨你們的人；詛咒你的，要為他祝福，凌辱你的，要為他禱告。」我父親做到了這些話，也使他的內心得到一般將官和君主所無法追求到的平靜。

如果要想事業上獲得成功，就要培養自己的平安和快樂的心理。

自足者長樂

一個人想要集他人所有的優點於一身，是最愚蠢、荒謬的行為。

卡內基有一封伊笛絲·阿雷德太太從北卡羅萊納州艾爾山寄來的信。「我從小就特別的敏感而靦腆，」她在信上說，「我的身體一直太胖，而我的一張臉使我看起來比實際上還胖得多。我有一個很古板的母親，她認為把衣服弄得漂亮是一件很愚蠢的事情。她總是對我說：『寬衣好穿，窄衣易破。』而她總照這句話來幫我穿

衣服。所以我從來不和其他的孩子一起做室外活動，甚至不上體育課。我非常的害羞，覺得我跟其他的人都『不一樣』，完全不討人喜歡。」

「長大之後，我嫁給一個比我年長好幾歲的男人，可是我並沒有改變。我丈夫一家人都很好，也充滿了自信。他們就是我應該做到的心理非常正常的那種人。我盡最大的努力要像他們一樣，可是我辦不到。他們為了使我開朗而做的每一件事情，都只是令我更退縮到我的殼裡去。我變得緊張不安，躲開了所有的朋友，情況壞到我甚至怕聽到門鈴響。我知道我是一個失敗者，又怕我的丈夫會發現這一點。所以每次我們出現在公共場合的時候，我都假裝很開心，結果常常做得太過分。我知道我做得太過分，事後我會為這個而難過好幾天。最後不開心到使我覺得再活下去也沒有什麼道理了，我開始想自殺。」

出了什麼事才改變這個不快樂的女人的生活？只是一句隨口說出的話。「某一天，我的婆婆正在談她怎麼教養她的幾個孩子，她說：『不管事情怎麼樣，我總會要求他們保持本色。』……『保持本色』……就是這句話！在那一剎那之間，我才發現我之所以那麼苦惱，就是因為我一直在試著讓自己適合於一個並不適合我的模式。」

「在一夜之間我整個改變了。我開始保持本色。我試著研究我自己的個性，試著找出自己究竟是怎樣的人，我研究我的優點，盡我所能去學色彩和服飾上的問題，盡量照能夠適合我的方式去穿衣服。我主動的去交朋友，我參加了一個社團組織——起先是一個很小的社團——他們讓我參加活動，把我嚇壞了。可是我每一次發言，就增加了一點勇氣。這事花了很長的一段時間，每天我所得到的快樂，卻是我從來沒有想到的。在教養我自己的孩子時，我也總是把我從痛苦的經驗中所學到的結果教給他們：『不管事情怎麼樣，總要保持本色。』」

「保持本色的問題，像歷史一樣的古老，」詹姆斯·高登博士說，「也像人生一樣的普遍。」不願意保持本色，即是很多精神和心理問題的潛在原因。安吉羅在幼稚教育方面，曾寫過十三本書，和數以千計的文章，他說：「沒有人比那些想做其他人，和除他自己以外其他東西的人，更痛苦的了。」

這種希望能做跟自己不一樣的人的想法，在好萊塢尤其流行。山姆·伍德是好

第六計　快樂人生

萊塢最知名的導演之一。他說在他啟發一些年輕的演員時，所碰到最頭痛的問題就是這個：要讓他們保持本色。他們都想做二流的拉娜透納，或者是三流的克拉克蓋博。「這一套觀眾已經受夠了，」山姆‧伍德說，「最安全的做法是：要盡快丟開那些裝腔作勢的人。」

卡內基曾經問一家石油公司的人事室主任保羅，來求職的人常犯的最大錯誤是什麼。他應該知道的，因為他曾經和六萬多個求職的人面談過，還寫過一本名為《謀職的六種方法》的書。他回答說：「來求職的人所犯的最大錯誤就是不保持本色。他們不以真面目示人，不能完全的坦誠，卻給你一些他以為你想要的回答。」可是這個做法一點用也沒有，因為沒有人要偽君子，也從來沒有人願意收假鈔票。

有一個電車車長的女兒，非常辛苦的學會這一點。她想要成為一位歌唱家，可是她的臉長得並不好看。她的嘴很大，牙齒很暴，每一次公開演唱的時候 —— 在紐澤西州的一家夜總會裡 —— 她一直想把上嘴唇拉下來蓋住她的牙齒。她想要表演得「很美」，結果呢？她使自己大出洋相，註定了失敗的命運。

可是，在那家夜總會裡聽這個女孩子唱歌的一個人，認為她很有天分。「我跟妳說，」他很直率的說，「我一直在看妳的表演，我知道妳掩藏的是什麼，妳覺得妳的牙齒長得很難看。」這個女孩子非常的窘，可是那個男的繼續說道：「這是怎麼回事？難道說長了暴牙就罪大惡極嗎？不要想去遮掩，張開妳的嘴，觀眾看到妳不在乎的話，他們就會喜歡妳的。再說，」他很犀利的說：「那些妳想遮起來的牙齒，說不定還會帶給妳好運呢。」

達莉接受了他的忠告，沒有再去注意牙齒。從那時候開始，她只想到她的觀眾，她張大了嘴巴，熱情而高興的唱著，使她成為電影界和廣播界的一流紅星。其他的喜劇演員現在都還希望能學她的樣子呢。

著名的威廉‧詹姆士，曾經談過那些從來沒有發現他們自己的人。他說一般人只發展了百分之十的潛在能力。「跟我們應該做到的來比較，」他寫著，「我們等於只醒了一半；對我們身心兩方面的能力，我們只使用了很小的一部分。再擴大一點來說，一個等於只活在他體內有限空間的一小部分。他具有各式各樣的能力，卻習慣性的不懂得怎麼去利用。」

你和我也有這樣的能力，所以我們不該再浪費任何一秒鐘，你是這個世界上的新東西，以前從來沒有過，從開天闢地一直到現在，從來沒有任何人完全跟你一樣；而將來直到永遠永遠，也不可能再有一個完完全全像你的人。新的遺傳學告訴我們，你之所以成為你，必是由於你父親的二十四個染色體，和你母親的二十四個染色體所遺傳到的結果。「在每一個染色體裡，」據科學家說，「可能有幾十個到幾百個遺傳因子 —— 在某些情況下，每一個遺傳因子都能改變一個人的一生。」一點也沒錯，我們是這樣「既可怕又奇妙的」造成的。

　　即使在你母親和父親相遇而結婚之後，生下的這個人正好是你的機會也是三十億萬分之一。換句話說，即使你有三十億萬個兄弟姊妹，也可能都跟你完全不一樣。這不是光憑想像說的，這是科學的事實。

　　如果你想對這一點知道得更詳細的話，不妨到圖書館去，借一本叫做《遺傳與你》的書，這本書的作者就是舒恩費。我可以和你深談保持本色這個問題，因為我對這一點的感想非常深。我很清楚我自己所談的問題，我有過代價相當大的痛苦經驗。我在這裡要說明一下，當我由密蘇里州的鄉下到紐約去的時候，我進了美國戲劇學院，希望能做一個演員。我當時有一個自以為非常聰明的想法 —— 一條到成功之路的捷徑；這個想法非常之簡單，非常之完美，所以我不懂為什麼成千上萬富有野心的人居然沒有發現這一點。這個想法是這樣的，我要去學當年那些有名的演員怎樣演戲，學會他們的優點，然後把每一個人的長處學下來，使我自己成為一個集所有優點於一身的名演員。多麼愚蠢！多麼荒謬！我居然浪費了很多的時間去模仿別人，最後終於明白，我一定得維持本色，我不可能變成任何人。

　　這次痛苦的經驗，應該能教給我長久難忘的教訓才對，可是事實不然。我並沒有學乖；我太笨了，希望那是所有關於公開演說的書本中最好的一本。在寫那本書的時候，我又有了和以前演戲時一樣的笨想法。我打算把很多其他作者的觀念，都「借」過來放在那本書裡，使那一本書能夠包羅萬象。於是我去買了十幾本有關公開演講的書，花了一年的時間把它們的概念寫進我的書裡，可是最後我再一次的發現我又做了一次傻事：這種把別人的觀念整個湊在一起而寫成的東西非常做作，非常沉悶，沒有一個人能夠看得下去。所以我把一年的心血都丟進了垃圾桶裡，整個

重新開始。這一回我對自己說,「你一定得維持你自己的本色,不管你的錯誤有多少,能力多麼的有限,你也不可能變成別人。」於是我不再試著做其他所有人的綜合體,而捲起我的袖子來,做了我最先就該做的那件事:我寫了一本關於公開演講的教科書,完全以我自己經驗、觀察,以一個演說家和一個演說教師的身分來寫。我學到了 —— 我希望也能永遠持久下去 —— 華特・羅里爵士所學到的那一課。我說的華特・羅里爵士,是 1904 年的時候在牛津大學當英國文學教授的那位。「我沒有辦法寫一本足以媲美莎士比亞的書,」他說,「可是我可以寫一本由我寫成的書。」保持你自己的本色,像歐文・柏林給已故的喬治・蓋許文的忠告那樣。當柏林和蓋許文初次見面的時候,柏林已經大大有名,而蓋許文還是一個剛出道的年輕作曲家,一個禮拜只賺三十五塊美金。柏林很欣賞蓋許文的能力,就問蓋許文要不要做他的祕書,薪水大概是他當時收入的三倍。「可是你不要接受這個工作,」柏林忠告說,「如果你接受的話,你可能會變成一個二流的柏林,但如果你堅持繼續保持你自己的本色,總有一天你會成為一個一流的蓋許文。」

蓋許文注意到這個警告,後來他慢慢的成為這一代美國最重要的作曲家之一。

卓別林,威爾・羅吉斯,瑪麗・瑪格麗特・麥克布蕾,金・奧特雷,以及其他好幾百萬的人,都學過我在這一章裡想要讓各位明白的這一課,他們也學得很辛苦 —— 就像我一樣。

卓別林開始拍電影的時候,那些電影的導演都堅持要卓別林去學當時非常有名的一個德國喜劇演員,可是卓別林直到創造出一套自己的表演方法之後,才開始成名。鮑伯・霍伯也有相同的經驗。他多的來一直在演歌舞片,結果毫無成績,一直到他發展出自己笑話的本事之後,才成名起來。威爾・羅吉斯在一個雜耍團裡,不說話光表演拋繩技術,持續了好多年,最後才發現他在講幽默笑話上有特殊的天分,於是開始在耍繩表演的時候說話,才能夠成名。 瑪麗・瑪格麗特・麥克布蕾剛剛進入廣播界的時候,想做一個愛爾蘭喜劇演員,結果失敗了。後來她發揮了她的本色,做一個從密蘇里州來的、很平凡的鄉下女孩子,結果成為紐約最受歡迎的廣播明星。

金・奧特雷剛出道的時候,想要改掉他德州的鄉音,得像個城裡的紳士,自稱

是紐約人，結果大家只在他背後笑話他。後來他開始彈五弦琴，唱他的西部歌曲，開始了他那了不起的演藝生涯，成為全世界在電影和廣播兩方面最有名的西部歌星。

你在這個世界上是個新東西，應該為這一點而慶幸，應該盡量利用大自然所賦予你的一切。歸根究柢說起來，所有的藝術都帶著一些自傳體；你只能唱你自己的歌，你只能畫你自己的畫，你只能做一個由你的經驗、你的環境、和你的家庭所造成的你。不論好壞，你都得自己創造一個自己的小花園；不論好壞，你都得在生命的交響樂中，演奏你自己的小樂器。

就像愛默生在他那篇〈論自信〉的散文裡所說的：「在每一個人的教育過程之中，他一定會在某個時期發現，羨慕就是無知，模仿就是自殺。不論好壞，他必須保持本色。雖然廣大的宇宙之間充滿了好的東西，可是除非他耕作那一塊給他耕作的土地，否則他絕得不到好的收成。他所有的能力是自然界的一種新能力，除了他之外，沒有人知道他能做出些什麼，他能知道些什麼，而這都是他必須去嘗試求取的。」

上面是愛默生的說法；下面是一位詩人——已故的道格拉斯‧馬羅區——所說的：

如果你不能成為山頂的一株松
就做一叢小樹生長山谷中
但須是山谷中最好的一小叢
如果你不能成為一棵大樹，就做灌木一叢
如果你不能成為一叢灌木，就做一片草綠
讓公路上也有幾分歡娛
如果你不能成為一隻麝香鹿、就做一條鱸魚
但須做湖裡最好的一條魚
我們不能都做船長，我們得做水手
世上的事情，多得做不完
工作有大的，也有小的
我們該做的工作，就在你的手邊
如果你不能做一條公路，就做一條小徑
如果你不能做太陽，就做一顆星星

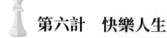

不能憑大小來斷定你的輸贏

不論你做什麼都要做最好的一名

大器晚成，切勿操之過急

桃李雖豔，何如松蒼柏翠之貞；梨杏雖甘，何如橙黃橘綠之馨冽？濃夭不及淡久，早秀不如晚成也。

桃李的花朵，雖豔麗奪目，卻不如松樹的青蒼及柏樹的翠碧，松柏秉性剛強堅貞。梨杏味道雖鮮美甜蜜，卻不如橙潔的金黃，柑橘的碧綠，橙桔和柑橘味芬芳香冽。

色彩濃豔而生命短暫者，不及色彩清淡而持久不變者。早秀不如晚成，引皆屬不爭的事實。　人們常以桃李豔麗的色彩和松柏堅貞的節操為對稱。且常以松柏的節操來比喻堅貞德操。梨香的果實，味道鮮美甜蜜，適合眾人口味，卻不如秋末初冬所產的橙橘，味道芬芳而香冽，使人回味無窮。

「橙黃橘綠」，出自於宋詩人蘇東坡《初冬贈劉景文》的七言絕句詩。

荷盡已無擎寸蓋

菊殘猶有傲霜枝

一年好景君須記

正是橙黃橘綠時

荷葉碩大如傘，如今皆已散盡，再也無法遮擋雨水，菊花在飄霜之際，雖已凋零落盡，然其殘枝，卻仍帶著孤風傲骨，挺立於霜雪中，一年當中，景色最美的時刻，莫過於秋末初冬，橙橘成熟，把大地映成一片金黃。而其果實的芬芳香冽，則飄滿於天地間，你應時刻記取，這美麗動人的畫面。這首詩，從字面上看，是吟頌風景的好詩，但如斟酌其內蘊的含意，便可領悟出，作者旨在誇讚劉景文具有如挺立於霜雪中之菊花殘枝的孤風傲骨，並勉勵他，應時刻保住其堅貞的節操，猶如挺立於秋末冬初之清風中的橙橘般散發本身所具備的高超德性。

橘子出產於中國淮南，傳說，如把淮南的橘移到淮水以北，便成枳（枸橘）。屈原深愛橘樹此種節操，而將之奉為圭臬，並作詩名為《橘頌》，並以伯夷不事周王之堅貞節操自許。

第七計　內方外圓

第七計　內方外圓

對下屬施點小手腕

對某個人在團體中的優良成績，千萬別忘了利用機會予以肯定。一方面，這是你應該做的事情，當某個人做某件事做得很好時，他應該得到你的讚許；你自己做某件事做得好，不也是想要人誇獎你嗎？

我們可以向你保證，在這方面每個人的感覺都是一樣，這是人類的基本天性。事實上肯定也是人類行為最強有力的誘因之一。

在第二次世界大戰期間，美國一位陸軍航空隊的大隊長發現：由於保養不良出事而損失的飛機，竟和敵人作戰所造成的損失相等？

在用盡種種方法都失敗以後，他創立了一個制度，對保養維護工作做得好的人給予獎賞。獎品本身並不值錢，只是些獎狀、軍中福利品，或是 48 小時的休假等等。他對由於保養不良而中止起飛次數最少的、在飛行任務中機件故障最少的，以及出戰鬥任務次數最多的飛機的保養人員給予這類的獎勵。

這位領導者費盡心思來擴大這些獎勵的效果。他舉行頒獎典禮，拍照片，並送到受獎人家鄉的報紙上去刊載。

這些獎品也許不值什麼，但隨著這些獎品所帶來的受到大眾的肯定這些優秀的地勤人員成為家鄉的知名人物，意義卻非常重大。這樣加起來，你就會知道每種獎勵不只值 100 萬美元。

這位大隊長很快就擁有了傑出的飛機保養維護紀錄。

正如一本書上所說：「結黨乃是人類的天性，別將這『貶視』為敵人。這種渴求別人肯定和成功的願望，乃是你領導的無價之寶。」

做一個好的領導者，需要學會多種品質、成分和技巧的運用，包括指揮、判斷、觀念和其他多種因素。但要想把一項工作做得好，激勵士氣，特別是激勵追隨者的士氣卻是非常重要的。

玫琳·凱這位女性，獨自建立起出眾的領導技巧。她說：「我們承認需要被肯定，所以我們盡可能給人們肯定。」

她正是如此身體力行。沒錯，玫琳·凱送粉紅色凱迪拉克豪華轎車、皮大衣、

鑽石和許多許多珍貴的獎品給業績最好的推銷員。但她更貴重的獎品是不值幾毛錢的彩帶,她要業績好的人站在臺上來接受大家的歡呼讚美,她頒給她們獎狀,來肯定這些業績超群的人,並且親自隨時隨地召見這些人,給她們言詞上的鼓勵。

玫琳‧凱覺得,最強有力的一種肯定方式,是不需要花錢的,那就是讚美。你的讚美有助於你屬下的成功,她稱這為用「讚美使別人成功」原則。玫琳‧凱明白,沒有比讚美和肯定更能使人反應強烈的東西了。因此只要成功,哪怕是一點小成就,玫琳‧凱也會大加讚美。 她說:「我認為你應該盡量可能隨時稱讚別人;這有如甘霖降在久旱的花木上的反應。」

你應該發現,她這些話很合乎心理學上的原則。著名的心理學家史金納(B.F.Skinner) 說,要想達到最大的誘因效果,你應盡可能在行為發生後立即加以讚美。

沒錯,肯定可作為你教導屬下的一項重要技巧。甚至是拿破崙也震驚於肯定所發出的效力。有人告訴他,為了拿這位皇帝一枚勳章,他的士兵是什麼英勇行為都可以做出來時,他不禁說道:「這真是奇怪,人們竟然肯為這些破銅爛鐵拚命。」

該出手時就出手

有時候,屬下犯的錯誤非常嚴重,你必須執行某種形式的懲罰。當你必須懲罰時,你就用,不要猶豫。拖得越久,對你和應該受懲罰的人來說,日子就更難過,也越容易使別人誤解你的懲罰不公平。

懲罰時,通常要附帶某種形式的糾正行動,假若你懲罰的目的只為防止未來,那你應謹記住主要的防止未來因素,而不必太過嚴屬。

在十七世紀的英國,對攔路打劫的懲罰是處死,到了今日,同樣的罪只不過是幾年徒刑而已。不過,按照比例來算,攔路打劫的事反而更少了,原因是在今天被抓到的機率也要高得多。在美國,搶劫的比率卻越來越高,其中的原因很多,不過絕不是因為懲罰降低了。在美國的搶劫罪從來不是死刑,如今搶劫增多,乃是因為破案率還是和以往一樣低。

懲罰的一個重要含意不是為了懲罰而懲罰,而是要達到懲罰的目的。

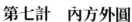

第七計　內方外圓

在拉丁文字根裡，「懲罰」的意義就是「教導」。懲罰的輕重全視領導者想「教導」對方的程度。假若你要團體中的成員尊重他們的領導者並尊重自己，要求他們做事達到最高標準，這是要靠慢慢教導，並不是一蹴可就的。你無法平日放鬆，一下就要求嚴格。

華盛頓曾說過：「使人達到適當的服從，並不是一朝一夕可以成功，甚至也不是一月一年之功。」華盛頓明白，要培養一個團體的高標準紀律，乃是件極其艱苦的工作，需要花費很長時間才能達成。

但他還未說出另一件事，那就是一個團體的紀律已經敗壞，要想重整比新建還要難上幾十倍。這就是為什麼有些軍事將領和公司主管被調職的原因。因為舊主管不能維持團體高度標準的紀律，只有換新主管來扭轉乾坤。只有新主管也許有希望建立紀律，重建這個團體；舊主管通常已無能為力。

假若你的團體紀律已在走下坡，那你該怎麼辦？首先你應該要求自己成為一個執行高標準的紀律模範。你別指望你自己做不到，而能要求屬下維持高標準的紀律。

第二步，找出某個範圍來，先集中全力整頓這方面。

譬如說，你的團體每天午餐時間是規定一個小時。多年來大家全是拖拖拉拉的不遵守，有的人不但超過一個小時，甚至快兩小時還未回到辦公室。

假若你是新來的領導者，你可以同時做許多新的改革，假若不是，你就無法如此做，首先只專門解決一個問題。

你應將為什麼這種現況無法接受的理由全部列出來。譬如說：這對公司是一種欺騙，這是不敬業，客戶洽談業務會找不到人，團體形象遭到破壞。

然後你應下決心懲罰那些再不遵守公司規定的人。這可以用罰薪或是留用查看等等方式，到必要時你也應不惜開除人。這全看你的意思，但要注意絕對公平合理。

同時你也應將整個情況衡量一下，大家都將午餐時間拖長，是否有它的原因？要如何來處理？你考慮事情是否完全周到？

等一切都準備好以後，你可以召集全體人員，當面告訴他們這個問題和解決的辦法，你還應該有回答任何問題的心理準備。假若你明白你自己要講的是什麼問題，屬下才會明白你是對的，然後他們才會支持你。事實上你會發現到，看到這樣

做，那些平日守規矩的人一定很高興。他們會覺得多年來有很多人都拖延午餐時間，相對來說，等於是掠奪了守規矩的人的時間，加重了他們的工作負擔。

等到你解決掉這個問題，接下去再解決另外一個，這樣做事情會進行順利得多。當然，你會希望盡快使整個環境改觀，這是應有的想法。但反過來說，你要是操之過急，在紀律鬆弛已久的情況下，你會引起太多的怨恨。這種怨恨反而會影響你的改革，引發其他許多問題。

但是，不管你要做任何改變，一旦開始，就要往正確方向勇敢的邁進。當湯馬斯‧惠曼（Thomas H.Wyman）接管綠色巨人公司（The Green Company）時，這家公司的年營業額是四億二千五百多萬美元，但他發現公司的企業文化太散漫，你如何去懲罰一個公司文化呢？惠曼說：「事情並不太複雜，假若要在下午四點召開一個會議（會議時間顯然需要一到兩個小時），這樣就是開始向他們傳達訊息了。或者是五點鐘時留張便條在某個人的桌上，告訴他沒見到他感到很遺憾，第二天你可以找他要資料。你應明白規定工作完成限期。你應迅速答覆自己的信件。」

丟卒保車，蓋提獲利不菲

蓋提石油公司的老闆瓊‧保羅‧蓋提在美國的大富豪中可謂首屈一指，連聞名全球的《財星》雜誌亦斷言他是「全世界最富有的人」。孰料，此人雖有 60 億美元的遺產，能讓所有子女都成為億萬富翁，但在袒露自己的成功祕訣時，卻十分吝嗇的敷衍道：「靠運氣、知識、勤勞和百萬富翁頭腦。」有人問他：「百萬富翁頭腦的含義的是什麼？」他說：「永遠是，而且最主要的是，關心成本和利潤。」其實，這是一句放之四海而皆準的廢話。試想，天下哪有正經的生意人，會把成本和利潤當兒戲的？儘管蓋提不肯洩露天機，可精於用計是他成功祕訣之一，確是有事實可查的。據此甚至可以毫不誇張的說，除了自己，所有人都被蓋提視為用計的對象。

喬治‧密勒是蓋提手下的一名主管，負責監督洛杉磯郊外的一片油田。此人誠實、勤奮、內行，在蓋提眼中「他的薪水跟他所負的責任相稱，似乎也應該完全滿意現在的工作和收入。」但蓋提每次到油田察看鑽探現場、油井和裝備設施時，總會發現工作效率不高、錯誤迭出，諸如拿薪水不做事的人太多、經費失控、工序

脫節、後勤保障不到位等毛病時有發生，甚至變成了頑疾，久治不癒。蓋提認為，問題在於密勒熱衷於坐在洛杉磯的辦公室進行遙控指揮，很少親臨現場監督作業狀況，無法行使監督人員的職責。而這一點恰恰是蓋提平生竭力避免的，否則何必高薪聘用工地主管呢？眼看著生產緩慢、費用高昂、利潤減少，蓋提決定跟密勒做一次「男人跟男人的談話」或叫「勞資談判」，攤牌！

為使談判達到預期目的，蓋提做了幾星期的準備，著重分析密勒所屬的白領階層的共同心理以及密勒本人的心態。蓋提認為：白領階層可分為三類，第一類不願受僱於人，獨立願望強烈，並不注重支領薪水的安全感，渴望靠自身的力量開拓前途，亦即想當老闆、願擔責任、甘冒風險，但密勒不是這類人。第二類人是願意受僱於人，不喜歡冒險，但注重固定薪水的安全感，期望偶爾增加一點薪水，這種人雖然專心，可靠，但缺乏進取心和獨立性即衝勁與自信，因而對他們就要賜予獎勵、施之壓力，蓋提推測密勒與這類人相似。第三類是對受僱無感情色彩，反正能按時領薪水就行，對老闆的賺或賠都無所謂，這種人總是奇怪為什麼自己不能爬上重要職務和發財，蓋提斷定密勒就沾染了此類人物的習氣。

蓋提認為對密勒已瞭若指掌，便氣勢奪人亮出牌來：「我認為你的工作方式，還有不少需要改進的地方。」接著他又直截了當的說：「你看，我只在現場待了一個小時，就發現有好幾個地方本可以改變得更好，或者用廉價的方式去做，那樣就能增加產油量和利潤。」說到這裡蓋提把雙手一攤問道：「坦率的說，我不懂為什麼你看不出來？」

密勒對蓋提居高臨下的指責十分不悅，心想「此處不留爺，自有留爺處」，何必耍威風？現在正該叫他碰個軟釘子，於是不卑不亢的說：「先生，您忽略了一點，腳下踩著的是你自己的油田。」密勒轉而以揶揄的口吻接著說：「油田的一切，跟您都有直接的切身利害。這就足夠叫您眼光銳利，看出如何節省，怎樣由此賺更多的錢了。至於辦法，當然多的是！可我，工地上有誰認為應該像您一樣呢？」密勒的話雖然說得不快不慢，但其間的軟中帶硬，卻使蓋提噎得瞠目結舌，啞口無言。他沒有想到，也從來沒有想過，密勒另有一種理由，原以為穩操勝券的這場勞資談判，現在只得用「讓我想想」的緩衝語言請求暫停，以防敗下陣來。

此後蓋提想過嗎？挺認真。但他首先想的不是密勒說的道理，而是如何處置這個人，去耶？留耶？蓋提內心是矛盾的：自己原先挺喜歡密勒的，知道他具備第一流油田監管人員的素養，僅為目前的生產狀況而撤掉他未免可惜；但眼下的狀況必須改變，監管油田還是得另請高明；可新招募來的就一定比密勒強？蓋提反覆思索拿不定主意，忽而想到是否換一個角度思考問題？也許該重新認識密勒？順著這條思路想下去，蓋提發現密勒是白領階層中的另一類人：他們基於某種原因不願意自己當老闆，但替別人工作時講究按酬付勞，只有在分享利潤越大時成就才會越突出。也就是說，密勒的身分雖然是職員，但不能妨礙他成為百萬富翁。想到這裡，蓋提豁然開朗，損陰益陽的計謀頃刻湧上心頭。

重開勞資談判，蓋提乾脆俐落的亮出底牌：「聽我說，喬治，假如我把這片油田交給你，利潤按 9：1 分享，不再付薪水給你，可以嗎？這樣，油田作業越有效率，利潤就越高，而你賺的錢就越多。」

「是的，保羅。」密勒考慮了一下，接著說：「按比例分享利潤比我領取的薪水確實多了一點。但是，保羅，我想得到由我創造的應得的利潤。」

「喬治，你是不是說分成的比例要改變？請開個價。」蓋提謹慎的說。

「保羅，你做了基礎投資，可管理是我一個人做的，所以，至少要按 8：2 分享利潤。」密勒堅定的說。

「好吧，讓我們共同來做一個試驗。」蓋提邊說邊伸出手。

「保羅，你不會吃虧的。」密勒說完伸手與蓋提相握。

協定達成，變化立即出現。密勒開始真正關心降低費用，提高產量。他用一種完全不同的眼光看待油田作業，迅速看出 —— 並且改正過來 —— 以前的那些差錯。為了增加與蓋提共享的利潤，密勒整天泡在工地上，他遣散多餘的工人，把費用降到最低，他憑藉知識不斷改進作業方法，使產量一高再高。總之，為了切身利潤，密勒放手大幹，期望出現奇蹟。

蓋提嘴上說「做個試驗」，心裡想的卻是「吃小虧占大便宜」，耐著性子等了兩個多月之後，帶著挑剔的目光來到油田。他仔細察看作業情況，可素來銳利的眼光卻總也找不出毛病，最後不得不信服的對密勒說：「真的，我自己也不能看到還有

什麼要改進的地方。」

　　油田管理達到如此精良的地步，蓋提的錢袋當然迅速鼓脹起來，可他趕忙遮掩道：「不用說，在很短的時間內，密勒和我，比起他開始分享利潤的方式之前，都多賺了一些錢。」或問：短時間裡蓋提究竟多賺多少？據報界披露是 20 多萬美元。但一年、三年、五年之後的多少個 20 萬卻不見披露了，反正在他 60 億美元的資產中少不了這一塊的。吃小虧著實讓他占到了大便宜。

軟硬兼使整治人

　　請讀者回顧自己的經驗，在什麼情形下你會褒獎或斥責部屬，整理出理由，寫在另一張紙上。領導者目睹對方做了自己喜歡的事，應該會褒獎一番。反之，做了自己不喜歡的事，則會申斥一頓。照這種方式分析，我們可以得知，褒獎與斥責是最適合指導部屬的具體對策。

　　部屬的心中懷有渴望被他人褒獎或認可的心情，因此會產生勇往直前的精神。褒獎與斥責可以指導他們不斷做出回饋褒獎，或是不要再犯的行為。所以，褒獎時不要吝於讚美。注意不要全憑感情的一時喜怒來褒獎（斥責）。正確的褒獎（斥責）足以培育部屬，引發動機。現將對褒獎與斥責應有的基本概念整理如下。

1. 褒獎──首先與部屬一起以喜悅的心情求讚美。如果領導者礙於人情才褒獎，那麼部屬也不會領情的。其次，不要忽視部屬值得誇獎的行為。雖然有時候會褒獎，有時候卻沒有任何動靜。如果反覆持續這種狀態，則部屬會認為領導者是個反覆無常的人。第三，盡可能在其他部屬面前讚美對方。部屬渴望被認可的心情，不以領導者一人認可為滿足。如能獲得工作部門同事的認可，更能獲得最大的滿足。「如果做了那種事就能蒙得領導者褒獎的話，我也……」，於是也給予其他部屬良好的影響。

2. 斥責──首先不能忿怒，領導者必須在情緒平穩後，才想辦法斥責對方。「忿怒」會使人沒有考慮到教育問題，任憑情感越來越高漲，然後一股腦將怒氣發在對方身上。「斥責」是為了指導對方，所以要暫時扼殺自己的感情。其次，

「斥責」必須蘊含教育對方的誠意。不可以抱有想挫對方傲氣等不純正的動機。第三，既然是指導，就應該讓對方明白挨罵的理由。第四，注意不要使對方失望。如果他的心中一直抱有「我很差勁」的想法，則無法健康的成長。要盡量褒獎對方的優點，設法使他精力充沛。第五，斥責的目的是使對方能反省。如果對方能了解挨罵的理由，在反省之餘，就可能激發勇往直前的精神。最後，要避免在他人的面前一對一的斥責。既然希望對方能坦然的接受斥責，就不能忘了考慮部屬的面子問題。

現將為褒獎與責備的基礎，一般場合培育部屬的主要事項整理如下。

1. 領導者要有所覺悟 —— 此覺悟至少要包括兩個項目。一是成為傑出的指導者之覺悟。好的指導得至少要經常在部屬的身上實行本項說明的內容。其二，要有耐性的指導。部屬中，有人率直、富有理解力，有勇往直前的精神，能確實遵守領導者的領導。當然，也有人意態闌珊，死氣沉沉。但請不要捨棄這些不甚令人喜愛的部屬，要有耐性，換個方式指導。

2. 訂立周詳的指導計畫 —— 配合個人的想法、能力，以及領導者的想法等，訂立指導部屬的年度計畫。然後向他本人詳細說明內容，務必使他了解，並影印一份給他。

3. 強調重點，踏實教導 —— 當實際上進行指導時，務必要提綱挈領。有意識到與無意識到重點的態度，兩者所產生的成果迥異。

4. 正確的進行指導 —— 一般人在剛開始時，總是急著想早點完成工作。但是，做得正確比早點做完更為重要。這點必須向對方強調。

5. 運用發問的方式 —— 如果工作的分量一個人就綽綽有餘的話，領導者務必向部屬發問，以確認對方的理解程度。不夠充分理解時，則要再三反覆的指導。

6. 要嚴格的自我反省 —— 在現實中，領導者的指導是不可能得滿分的。不管是褒獎或斥責，只要正確的指導部屬，兩人之間就能培養出信賴感。

第七計　內方外圓

捧人要因人而異

　　恭維的話人人愛聽，你對人說恭維的話，如果恰如其分，適合其人，他一定十分高興，對你便有好感。最奇怪不過的，越是傲慢的人，越愛聽恭維的話，越喜歡受你的恭維。有的人辭嚴義正，說自己不受恭維，願聽批評，這是他的表面話，你如果信以為真，毫不客氣的率直批評他的缺點，他心裡一定老大不高興，表面上未必有所表示，內心卻十分不安，對於你的感情，只有降低，絕不會增進，試看古來犯顏直諫的忠臣，有幾個不吃苦頭。

　　每個人都有希望，年輕人希望寄於自身，年老人希望寄在子孫，年輕人自為前途無量，你如果舉出幾點，證明他的將來，大有成就，他一定十分高興，引你為知己，你如說他父親如何了不起，他未必感到多少興趣，至多你說他是將門之子，把他與他的父親，一齊稱讚，才配他的胃口。但是老年人則不然，他自己歷盡滄桑，幾十年的光陰，並未曾達到預期的目的，他對自己不抱有十分希望，他所希望的，是他的子孫，你如說他的兒子，無論學問能力，都勝過他，真是個跨世紀之才，雖然你是抑父揚子，當面批評他，他不但不怪你，而且十分感激你，口頭連說，你說得好，太誇獎了，他的內心，卻認為你是慧眼識英雄呢！這是說恭維話時，對於對方的年齡，應該特別注意的一點。

　　對於商人，你如果說學問好，道德好，清廉自守，樂道安貧，他一定不高興，你應該說他才能出眾，手腕靈活，現在紅光滿面，發財即在日前，他才聽得高興。對於官吏，你應該說他為國為民，一身清正，薪俸太少，不易維持，他才聽得高興。對於文人，你如果說他學問淵博，妙筆生花，思想先進，寧靜淡泊，他聽了一定高興。他做什麼職業，你說什麼恭維話。

　　最後講個老笑話，某位拍馬屁專家，連閻王都知道他的大名，死後見閻王，閻王拍案大怒，「你為什麼專門拍馬屁？我是最恨這種人！」馬屁鬼叩頭回道：「因為世人都愛拍馬屁，不得不如此。大王是公正廉明，明察秋毫，誰敢說半句恭維話！」閻王聽罷，連說是啊是啊！諒你也不敢！實則閻王也是愛聽恭維話，不過說恭維話的方式，與普通人不同罷了。這個故事，是說明了世人之情，都愛恭維，你的恭維

話有相當分寸，不流於諂媚，可是得人歡心的一種方法呢。

　　普通人對自己，總是拚命抬高身價，對別人，總是吹毛求疵，其實你求他的疵，他當然也要求你的疵，相互求疵，結果是各自打消了自抬身價的成績，認清了這一點，才可以談捧捧人家的問題。捧就是宣傳，捧就是廣告，捧人家的辦法，自古有之，叫做互相標榜，但是所謂捧，並不是瞎吹，並不是胡說，也要根據對方的實際，每個人都有所短，也都有所長，只要你先存著「三代以下無完人」的思想，原諒他的短處，看重他的長處，可捧的資料正多著呢！而且你捧某甲，並不是欺騙大家，而是使大家注意某甲的長處，同時使某甲對自己的長處，因為大家的注意，格外愛惜，格外努力，養成比目前更為優越的長處。可見捧是成己成人的工具，絕不是卑下的行為，俗話說，人捧人，越捧越高，你也高，他也高。

　　捧有幾種捧法，最要不得的是在某甲一個人面前來捧他自己。應當當著大家來捧某甲，把他的長處，做一次義務宣傳，他一定非常高興，只要捧得不過火，大家也不會覺得你在有意的捧。或者在甲的背後，宣傳他的長處，把幾件具體的事實，加幾分渲染，使得聽的人，對於某甲產生良好的印象，事後傳到某甲那裡，他一定會很高興，比當面捧，更是有力，俗話說，有錢難買背後好，足見背後捧人的妙處。如果你會寫文章，那麼寫文章也是捧人的一種方法，把某甲的長處作為你的文章中的例子，說出他的真實姓名，你的文章，有一百人讀，就是向一百人捧他，有一千人讀，就是向一千人捧他，被你捧的某甲，該有多少高興，多少得意，對你的感情，一定大有進步。聯絡感情，原不是一件容易的事，用捧來聯絡感情，是最簡便，最有效的方法，而且就道德論理，正與古人揚善之說相合。

話到嘴邊留半句

　　俗話說，「逢人只說三分話」，還有七分話，不必對人說出，你也許以為大丈夫光明磊落，事無不可對人言，何必只說三分話呢？細察老於世故的人，的確只說三分話。

　　說話須看對方是什麼人？對方不是可以盡言的人，你說三分真話，已不為少。孔子曰：「不得其人而言，謂之失言」，對方不是你相知的人，你也暢所欲言，以

第七計　內方外圓

快一時，對方的反應是如何呢？你說的話，是屬於你自己的事，對方願意聽你說嗎？彼此關係淺薄，你與之深談，顯出你沒有修養；你說的話，是屬於對方的，你不是他的諍友，忠言逆耳，顯出你的冒昧；你說的話，是屬於國家的，對方的立場如何，你沒有明白，對方的主張如何，你也沒有明白。所以逢人只說三分話，不是不要說，而是不必說，而是不該說，與事無不可對人言並沒有衝突。事無不可對人言，是指你所做的事，並不是必須盡情向別人宣布。老於世故的人，是否事事可以對人言，是另一問題，他的只說三分話，是不必說，不該說的關係，絕不是不誠實，絕不是狡猾。說話本來有三種限制，一是人，二是時，三是地。非其人不必說，非其時，雖得其人，也不必說。得其人，得其是，而非其地，仍是不必說。非其人，你說三分真話，已是太多；得其人，而非其時，你說三分話，正給他一個暗示，看看他的反應；得其人，得其時，而非其地，你說三分話，正所以引起他的注意，如有必要，不妨擇地長談，這叫通達世故的人。

　　人在滿懷喜悅或滿腔憂愁的時候，總是會想找一個可以傾訴的朋友宣洩一下。人們可以在傾訴中發洩自己的情緒，也可以在傾訴中整理自己的思緒。審視自己的行為。通常人們需要一個安靜、理智的傾訴對象，需要他同情和沉穩的目光。如果人們的傾訴被一次次的打斷，那麼他的傾訴心理就得不到滿足。美國的女企業家玫琳‧凱曾說：這種藝術的首要原則，就是你全神貫注的聽取對方的談話內容，其次，當別人請教你的時候，你最好的回答就是：你看怎麼做？她舉了一個例子：有一次，公司裡的一位美容師來向她傾訴自己婚姻的不幸，並問她，自己是否應提出離婚。玫琳並不熟悉她的家庭，不可能為她拿主意，只好每次在美容師問她的時候，反問一遍「妳看應該怎麼辦？」她每問一次，美容師就認真的考慮一下，然後說出自己應該如何如何。每二天，玫琳就收到了美容師的鮮花和感謝信，一年以後，玫琳又收到了她的信，說他們的婚姻已十分美滿，感謝玫琳為他們出的好主意。事實上玫琳什麼主意也沒有出，只是以足夠的耐心和沉靜的態度感染了當事者，讓她能夠從非理智的情境轉換到理智的情境，像思考別人的事那樣思考自己的事，從而尋找出適合於她自己的解決方法。這就是「聆聽」的魅力所在。

　　當然，上述的「聆聽」只是一種情況。實際上聆聽是一種以守為攻的主動性行

為，並非始終一言不發。對談話的對方的談話表現出驚奇有趣的表情，以使他的談興大增。更主要的是仔細聆聽，可以了解對方的秉性和愛好，從而選擇自己的談話內容。

第七計　內方外圓

第八計　等待時機

劉備不做天下英雄

　　劉備依附曹操時，暗得漢朝天子血書密詔，並參加了國舅董承等人組織的「奉詔討賊（曹操）」行動。劉備為防備曹操謀害，就在後園種菜，並且親自澆灌，以為韜晦之計。一天，曹操邀請劉備入其府，在後花園中小亭處盤置青梅，一樽煮酒，兩人對坐暢飲。

　　酒至半酣，忽陰雲壓頂驟雨將至，從人遙指在外龍掛，曹操與玄德憑欄觀之，曹操曰：「使君知龍之變化否？」玄德曰：未知其詳。」曹操曰：「龍能大能小，能升能隱；大則興雲吐霧，小則隱介藏形；升則飛騰宇宙之間，隱則潛伏於波濤之內。方今春深，龍乘時變化，猶人得志而縱橫四海。龍之為物，可比世之英雄。玄德久歷四方，必知當世英雄。請試指言之。」玄德曰：「備肉眼安識英雄？」曹操曰：「休得過謙。」玄德曰：「備叨恩庇，得仕於朝。天下英雄，實有未知。」曹操曰：「既不識其面，亦聞其名。」玄德曰：「淮南袁術，兵糧足備，可為英雄？」曹操曰：塚中枯骨，吾早晚必擒之！」玄德曰：「河北袁紹，四世三公，門多故吏；今虎踞冀州之地，部下能事者極多，可為英雄？」曹操笑曰：「袁紹色屬膽薄，好謀無斷；幹大事而惜身，見小利而忘命，非英雄也。」玄德曰：「有一人名稱八俊，威鎮九州——劉景升可以為英雄？」曹操曰：「劉表虛名無實，非英雄也。」玄德曰：「有一人血氣方剛，江東領袖——孫伯符乃英雄也？」曹操曰：「孫策藉父之名，非英雄也。」玄德曰：「益州劉季玉，可為英雄乎？」曹操曰：「劉璋雖系宗室，乃守室之犬耳，何足為英雄！」玄德曰：「如張鄉、張魯、韓遂等輩皆如何？」曹操鼓掌大笑曰：「此等碌碌小人，何足掛齒！」胸懷大志，腹有良謀，有包藏宇宙之機，吞吐天地之志者也。」玄德曰：「誰能當之？」曹操以手指玄德，後自指，曰：「今天下英雄，唯使君與操耳！」玄德聞言，吃了一驚，手中所執匙筷，不覺落於地下，時正值天雨將至，雷聲大作。玄德乃從容俯首拾筷曰：「一震之威，乃至於此。」曹操笑曰：「丈夫亦畏雷乎？」玄德曰：「聖人迅雷風烈必變，安得不畏？」備將聞言失箸之緣故，輕輕掩飾過了。曹操遂不疑玄德。後人有詩讚曰：勉從虎穴暫趨身，說破英雄驚煞人。巧借聞雷來掩飾，隨機應變信如神。

由於劉備的韜晦之計，使曹操沒有識破劉備的真實企圖，故放鬆了對劉備的防範，後來，劉備終於從曹操的忌諱中平安脫身，做成了一番大事業。

誘敵深入，等待時機

唐肅宗年間，唐將郭子儀奉命收復被叛軍占據的都城長安（今西安）後又率軍乘勝東進，兵指洛陽。

屯兵洛陽的安慶緒聽說郭子儀率軍前來攻打，急忙派大將莊嚴、張通儒帶領 15 萬大軍迎戰。叛軍在新店（今河南省陝縣西）與唐軍相遇。新店地勢險峻，山高壁陡，叛軍依山紮營居高臨下，對唐軍很不利。郭子儀決定趁叛軍立足未穩之機，選派 2,000 名英勇善戰的騎兵，向敵營衝擊，又派 1,000 弓箭手埋伏山下，再令協助作戰的回紇軍從背後登山偷襲，自己則率主力與叛軍正面交戰。

戰鬥打響後，叛軍從山上猛衝下來，郭子儀佯裝敗退，且戰且退。叛軍大喜，傾巢出動，企圖一舉消滅唐軍。戰鬥到黃昏，暮色蒼茫，叛軍傷亡數萬，餘者也精疲力竭。這時，突然殺聲如雷，唐軍埋伏的弓箭手像神兵一般從四面而降，只見萬箭齊發，無數的箭矢像雨點一樣射向敵群。郭子儀指揮主力又回軍猛烈反擊。這時，叛軍的背後突然傳來高呼聲：「回紇兵來了，快投降吧！」叛軍前後被包圍，左右遭打，進不得，退不能，風聲鶴唳，草木皆兵。在唐軍和回紇軍的夾擊下，叛軍一敗塗地，莊嚴拚命逃回洛陽，急忙向安慶緒建議棄城北走，安慶緒只得放棄洛陽，北渡黃河，退守相州（今河北成安一帶），洛陽遂告收復。

司馬懿以退為進等待時機

權勢過大，也會給人帶來許多麻煩。三國末期，司馬懿權傾朝野，可謂勢力強大，招來了別人的嫉妒和懷疑。為了長遠利益，他能忍強不露，假痴假癲，以圖大事復興。

三國末期，魏明帝逝世，曹芳即位，就是魏少帝。魏明帝死前委託太尉司馬懿和太將軍曹爽，共同輔佐朝政。少帝年幼，無力親理政事，曹爽和司馬懿集侍中、

第八計　等待時機

持節等軍政大權於身，共掌朝政。

司馬懿為曹家天下立過汗馬功勞，德高望重，權傾朝野，在朝中有很大的潛在勢力。曹爽則是皇親國戚，甚得魏明帝的寵信，勢力也是很大，與司馬懿不相上下。初時二人共掌朝政，同心同德，曹爽很敬重司馬懿，遇事多作商量，不擅權專行。後來曹爽逐漸權高勢重，架空司馬懿，只讓他掛職太傅之職。二人之間，為權力之爭出現間隙，久而久之，發展到水火難容。司馬懿雖然大為不滿，但他深知曹爽重權在手，自己一時難以抗衡，只好暗中組織人馬，以待機行事。為防不測，迷惑曹爽，便稱病回家，對朝政不聞不問，並告誡二子司馬師和司馬昭，安分守己，不可爭強鬥勝。

時隔不久，傳來邊境告急的軍情，東吳軍隊兵兩路進攻六安和淮南，請求朝中發兵邊關救急。一時間急得曹爽不知所措，趕緊召集眾臣商議對策。退兵之計還未落實，又傳來急報，樊城又遭東吳攻擊。連連告急，使曹爽如同火上燒油，無計可施，只好以皇帝的名義派人去請司馬懿來朝議事。

司馬懿老謀深算，對戰局瞭若指掌，同時也料定曹爽必來相請，認為藉此時機出戰，一來可以打擊曹爽的氣焰，二來可以樹立自己的威望。司馬懿來到朝中後，決定親自帶兵出征。無計可施的滿朝文武，見司馬懿親征邊關，深信定可退敵，人心振奮，為司馬懿舉行了隆重的出征儀式，曹爽親自將他送出津陽門外。司馬懿率軍直奔樊城，對東吳部隊採取出其不意的突襲，很快打敗了圍城的吳軍，然後又轉戰六安，解了重圍。前後不足一個月，司馬懿就解了邊關之危，班師回朝，聲望大增。

曹爽為了奪取皇位，進一步獨專朝政，排斥異己，在軍機要地安置親信。朝中大臣對曹爽的專橫和野心，看得清楚但敢怒不敢言。曹爽唯一的顧忌就是司馬懿。他命心腹河南尹李勝，藉出任荊州刺史之機，讓他以向司馬懿辭行為由，前去探聽虛實。

司馬懿自上次邊關出征得勝回朝後，兵權又被曹爽剝奪，一直採取忍耐退讓的策略，稱病居家，不問政事。很知李勝來訪，便知其實質用意，於是做了一番苦心安排。

李勝來到司馬懿的居室，司馬懿正在侍女的服侍下更衣，只見司馬懿渾身顫抖，久久穿不上衣服。司馬懿又稱口渴，待侍女捧上粥來，司馬懿以口去接，將粥弄翻，流了一身，樣子十分狼狽。李勝說：「聽說太傅風痺舊病復發，沒想到病情竟這樣嚴重，我受皇帝恩典，委為荊州刺史，今天是特來向太傅告辭的。」

司馬懿故意做氣力不濟的樣子說：「我年老體衰，活不了多久，你調任并州，并州臨近胡邦，要多加防範，以免給胡人製造進犯的機會啊！恐怕我們今後再難相見，拜託你今後替我多照顧兩個兒子司馬師和司馬昭。」

李勝說：「我是出任荊州，不是并州啊！」

司馬懿說：「我精神恍惚，沒有聽清楚你的話。以你的才能，可以大建一番功業。」

李勝回去後，將所見所聞的詳情告訴了曹爽，並說：「司馬太傅不過是一具沒有斷氣的軀殼而已，身體極其虛弱，神志恍惚不清，這樣的人還有什麼值得顧慮呢？」

曹爽聽後大喜，從此對司馬懿消除戒心，不加防範。

不久，魏少帝曹芳前往洛陽南山拜謁魏明帝高平陵，曹爽以及他的弟弟曹義、曹彥和心腹親信一同隨行。

司馬懿見時機已到，就以太后的名義發布詔令閉鎖城門，發動了兵變。派其子司馬師、司馬昭統領數千禁軍。迅速占領城中要害部位，解除曹爽的親信的兵權。城中控制後，親自出城勸降曹爽，並向曹爽保證只要投降，絕不傷害他的性命。曹爽部將力勸曹爽調兵平叛司馬懿，曹爽猶豫再三，終究投降。曹爽自以為免除官職後，也可當個富家翁，坐享清福，然而，事出所料，時過不久，司馬懿以曹爽大逆不道，圖謀篡位的罪名，連同親信黨羽全部誅殺。

這場為期長達數年的爭權，最終以曹爽慘敗而告終。曹爽失敗的致命錯誤是緊要關頭缺乏冷靜，過於輕信司馬懿的計謀。但司馬懿以忍為退的策略，巧妙的迷惑了曹爽，使其解除戒心，疏於防範，從而贏得了時間。不失時機的斷然起事，則是致勝的關鍵所在。

等待也能成功

川普最初曾醉心於旅店業，後來一次偶然的機會改變了他的經營方向，轉入遊樂場經營。

1975 年的某一天，川普驅車去飯店途中，聽到了兩則新聞：一則是「內華達州拉斯維加斯飯店員工舉行罷工」；另一則是「擁有兩個遊樂場的希爾頓飯店股票價格下跌驚人」。

川普深感震驚，在世界上至少擁有一百家飯店的希爾頓公司，怎麼可能因為兩家飯店罷工而使股價嚴重下跌呢？

經過仔細研究，川普很快找到了答案：希爾頓在世界各地擁有一百五十家飯店之多，但拉斯維加斯的兩個遊樂場飯店卻占公司利潤的 40％。希爾頓在紐約的飯店 —— 曼哈頓大飯店一直經營非常成功，是川普暗暗仿效的對象，然而核查一下它的利潤卻只占公司利潤的 19％ 不到。

兩個懸殊龐大的利潤指數，使川普得出了一個很清醒的認知，即在世界最大的城市建成大飯店，還不如在偏遠的小鎮上建遊樂場賺錢。

此時的川普正在全力以赴準備在紐約 42 街興建大飯店，分析了這兩則新聞後，他暫時放下手中的事，南下大西洋做了一次短暫的旅行。

一年前紐澤西州的賭博已經合法化了。川普此次想要考察這個位於紐澤西的南海濱，距紐約 120 英里的大西洋城是否適合發展遊樂場。

很久之前，那裡曾是旅遊勝地和集會中心，但當交易會遷移到氣候溫和的大城市後，大西洋的繁榮就一落千丈了。

1980 年冬季，那位受委託的建築設計師向川普打來電話，說能買到一塊相當不錯的木板路地段。

大西洋城已處於又一個蕭條的時期，熱衷於遊樂場的第一個浪潮已經過去，有五六個懷揣藍圖的冒險家在這裡受到挫折，有的被貸款和領執照的種種難題所嚇倒，有的則被鉅額造價和貽誤時期弄得焦頭爛額。

這一年大西洋城的冬季特別寒冷，朔風凜冽，海濱木板路上連人都站不住，熱

鬧了幾年的城已靜寂下來，沒有人再去談論興建遊樂場。

大蕭條孕育著大繁榮，是做大買賣的天賜良機。

川普得知：那塊擬定購買的土地恰巧在木板路的中心，是兩條交通幹線的交會處，位置是再好也沒有了。然而，那裡也有個幾乎無法解決的大難題，土地已被好幾個買主分別占有，零零碎碎，相互交錯，產權協議中的問題猶如一團亂麻，令人望而生畏。

這樣的事已經有先例了，一個叫湯姆的投資商無論怎樣也無法遷走幾間單身住宅。因此，至今那未竣工的豪華建築之間還屹立著破爛不堪的小木屋。湯姆投資的一大筆錢，最終幾乎被一個不讓步的住戶榨乾，所有的心血均付之東流。

建築師和朋友們均勸告川普不要冒這個風險，寧可位置差一些也要去買一塊完整的土地，和一位房地產商較量總比面對好幾個地主要穩妥得多。

川普生性倔強，越是棘手的生意越對他產生異乎尋常的吸引力。當然，他絕不會蠻幹，他會巧妙利用法律的效力和幾位地主的互相牽制力。

川普採用了與眾不同的收買方式。一般的投資商為了避免麻煩會盡可能的完成全部產權轉移，川普卻並不急於購買這幾塊地，那樣地主會聯合抬高地價，他耐心的與各集團的負責人談判，尋求土地的長期租用權。川普這樣做可以減少一大筆前期投資，同時根據法律他又有能購買特權的後期租約。這樣一來，所有的主動權都掌握在川普的手中了。

1980 年 7 月，是這筆房地產交易最後成交的一天，這是星期五下午，在大西洋城的一間律師辦公室裡，等所有的文件簽完字蓋好章整整花費了 28 個小時，大家都精疲力盡，幾乎到了神智不清的地步。

唯有川普非常清醒，他終於得到了大西洋城的最佳地產，而且價格非常便宜。

長期以來，川普一直密切注視著大西洋城的一切，他深知申領該地的遊樂場經營執照該有多麼艱難。

《花花公子》的海夫納沒領到執照，這是一家經營酒吧和遊樂業的大公司，他們在大西洋城被控曾為申領執照行過賄。

還有幾椿控告申領執照人與犯罪組織有關聯的案件，其中有些人最終領到了執

第八計　等待時機

照，但他們都分別找了「代罪羔羊」。

　　川普可不願與法庭有什麼牽連，更不願以犧牲什麼人為代價，他要為自己製造一個絕對清白的歷史，否則將會遇到數不清的麻煩。

　　川普與律師商量了一個對策，先拿到執照後再進行施工。

　　以前的那些投資商，一般採用和施工同時進行的辦法，如果按正常邏輯，這似乎是最簡便的，申領執照所耽誤的時間正好由工程所彌補。但這裡是大西洋城，什麼意外都可能會出現。川普可不想拿幾億美元去冒險，如果一旦投入鉅資，那麼你就得被許多人牽著鼻子走，不能後退，不能說「不」，不能對形形色色的挑剔表示異意，而且時時刻刻心有餘悸。

　　等待營業執照則意味著要付出一筆地上財產的維持費，並且會推遲獲得利潤的時間。但是川普認為這值得等，因為許多投資商都把在紐澤西申領執照看成一場惡夢。

　　川普將遊樂場施工的全部準備都停下來，然後專心一意的與相關的政府官員周旋。

　　大西洋城市政府和紐澤西州的官員都急於向公眾表達他們的政績，急於證明這裡是投資的好場所，大西洋城的經濟也急待振興。新遊樂場施工停頓無疑使他們心神不安，這正是川普想要看到的情景。

　　川普面對州司法部長、遊樂場執法董事絲毫沒有低聲下氣的哀求，反而慷慨陳詞：「如果事實證明辦理執照手續很難或要拖很長時間，那麼我寧可離開大西洋城，不做任何投資，也不再施工，直到執照有了結果再說，不管是什麼結果。」

　　川普勝利了，在不到六個月的時間內領到了遊樂場經營執照，這在大西洋城簡直是個奇蹟。

　　成功要等待最佳時期。兵家作戰，最忌諱的是急躁冒進。不分析具體情況，只是想盡快消滅對手，這樣反而容易讓對手抓住弱點反攻。成吉思汗曾經多次忍住急性子，以慢對急，克敵致勝。

　　成吉思汗，名叫鐵木真，他出身於蒙古貴族家庭。少年的鐵木真遭遇坎坷，多次受到異族敵人的襲擊和搜捕。後來他起兵統一蒙古各部落，經歷了無數次戰爭，

征服了一個個對手，成為蒙古族的民族英雄。

南宋寧宗嘉泰年間，活動在蒙古西部的乃蠻部落實力越來越大，部落酋長不欲魯汗非常囂張，經常帶兵騷擾邊境，掠奪鐵木真的部族。嘉泰2年春，乃蠻部落首領不欲魯汗大舉入侵鐵木真部，諸將無不驚恐。鐵木真鼓勵將士，奮勇殺敵。他率軍以賀蘭塞為壁壘，在闊亦壇曠野與乃蠻軍展開大規模的殊死搏鬥。這時天氣陡變，狂風捲著鵝毛大雪，呼嘯而來，兩軍不能交戰。一下子，風向直撲乃蠻陣地，乃蠻軍欲戰不能，撥馬而逃。鐵木真驅兵掩殺，大敗乃蠻。乃蠻部急功近利，過於急躁，只想獲勝，不考慮實際的可能性，仗著自己勢力強於對手，想一舉殲滅鐵木真，結果大敗。

不久，太陽汗接替哥哥不欲魯汗的酋長職位，決心重振乃蠻部落。他聯合周圍部落，招降納叛，實力逐漸擴大。太陽汗又派使者與白達達部主阿剌忽思商量，要阿剌忽思助他一臂之力，共同打敗鐵木真。阿剌忽思不但沒有聽他的話，反而投向鐵木真，向鐵木真告了密。鐵木真非常氣憤，誓滅乃蠻。

南宋開禧元年春，鐵木真在貼麥該川舉行大會師，討論攻伐乃蠻的計畫。有的說，乃蠻部落勢力大，戰恐不勝；有的認為，眼下是荒春，不宜出征，等秋高馬肥再作打算。鐵木真果斷的說：「該做的事情應該及早做出決斷，何必以馬瘦為辭？乃蠻驕橫放肆，我們志在必滅，關鍵是如何消滅他們！」大將別里古台說：「乃蠻多次掠奪我們部族的弓馬，這是藐視我們。只要我們同仇敵愾，視死如歸，出其不意，攻其不備，就一定能夠消滅他們。」鐵木真的弟弟鐵木哥斡赤斤接著說：「乃蠻網羅了不少烏合之眾，實際上是外強中乾。如果我們在戰略戰術上認真對待，知己知彼，打敗乃蠻還是有把握的！」

鐵木真聽了二人的意見，高興的說：「用這樣的將士與敵作戰哪有不勝的道理？」於是任命虎必來、哲別二人為先鋒，率軍數萬進剿乃蠻。鐵木真滿懷信心的說：「我們選擇建忒該山的有利地形，誘敵深入，必獲大勝！」太陽汗會合蔑里乞、克烈、猥剌、朵魯班、哈答斤、散只兀各部，在沆海山結營拒敵，兵勢強盛。兩軍對峙，劍拔弩張。

仲春的建忒該山，杜鵑花漫山遍野，一片火紅。山坡下到處生長著嫩嫩的、茸

茸的綠草，正是放牧、演武的好地方。這時清風傳來一陣急促的馬蹄聲，蒙古營中有一匹瘦馬跑入乃蠻營中。太陽汗對眾將說：「原來蒙古的馬是這樣的瘦弱！現在，誘敵深入，定可一戰而勝，擒獲鐵木真。」部將大力速八赤進一步鼓動說：「兵貴神速。先王作戰勇往直前，哪像現在盤馬藏弓，偃旗息鼓，拖延逗留，貽誤戰機。難道是心中害怕？如果心中害怕，何不讓后妃女子來統籌呢？」只知兵貴神速，卻忘了躁兵必敗的道理，想的是一鼓作氣消滅對方，但實際上卻是盲動。

太陽汗被激動了，揚鞭躍馬，出營挑戰。鐵木真以逸待勞，以靜制動。敵將札木合看見鐵木真軍容整肅，便對左右說：「乃蠻初起兵的時候，視蒙古兵好像羔羊，而今看來他們看錯了。」於是帶著本部人馬逃去。

太陽汗氣憤極了，拍馬舞馬，奮勇進攻。鐵木真見太陽汗率領怒師拚命，決定採用「避其銳氣，擊以惰歸」的戰術，選擇有利的地勢依山布陣，伺機打擊敵人。太陽汗仗著勢眾，便上山討戰。蒙古軍誘敵至山坳之中，居高臨下，聲東擊西，四面夾攻。太陽汗漸漸勢孤力窮，支撐不住。蒙古軍慢慢的縮小包圍圈。最後，太陽汗勢盡力絕，鐵木真活捉並殺掉了他。其他部落的軍隊全被打敗，四處逃命。朵魯班、塔塔兒、哈答斤等部落，都投降了鐵木真，鐵木真大獲全勝。乃蠻部落的主力遭到毀滅性的打擊，從此一蹶不振。鐵木真正是利用了太陽汗等人急於求成，自恃力量強大的弱點，等待作戰的最佳時機，結果打敗了對手。

第九計　成功交際

第九計　成功交際

友善的待人準能得到回報

　　人性本身充滿了矛盾——真與假，善與惡，醜與美。而一個人要想活得更加幸福而有意義，就應該使自己多一點真、善、美的東西。有些人似乎生來就惡，他們對待別人，對待周圍的世界，對待生活，甚至對待自己，似乎充滿了惡意。讓我們試想，如果你對他人沒有真誠，毫不友好，又怎能期望從他人身上得到友善的回？當你與人相處時，請記住「投之以桃，報之以李」這一準則。

　　如果你發起脾氣，對人家說出一兩句不中聽的話，你會有一種發洩的痛快感。但對方呢？他會分享你的痛快嗎？你那火藥味的口氣，敵視的態度，能使對方更容易贊同你嗎？

　　「如果你握緊一雙拳頭來見我，」威爾遜總統說，「我想，我可以保證，我的拳頭會握得比你的更緊。但是如果你來找我說：『我們坐下，好好商量，看看彼此意見相異的原因是什麼。』我們就會發覺，彼此的距離並不那麼大，相異的觀點並不多，而且看法一致的觀點反而居多。你也會發覺，只要我們有彼此溝通的耐心、誠意和願望，我們就能溝通。」

　　工程師史德伯希望他的房租能夠減低，但他知道房東很難纏。「我寫了一封信給他，」史德伯在講習班上說，「通知他，合約期一滿，我立刻就要搬出去。事實上，我不想搬，如果租金能減低，我願意繼續住下去，但看來並不可能，因為其他的房客都試過——失敗了。大家都對我說，房東很難打交道。但是，我對自己說，現在我正在學習為人處世這一課，不妨試試，看看是否有效。」

　　「他一接到我的信，就和祕書來找我。我在門口歡迎他，充滿善意和熱忱。一開始我並沒有談論房租太高，我強調我是多麼的喜歡他的房子。我真是『誠於嘉許，惠於稱讚』。我讚稱他管理有道，表示我很願再住一年，可是房租實在負擔不起。

　　「他顯然是從未見過一個房客對他如此熱情，他簡直不知道該怎麼辦才好。

　　「然後，他開始訴苦，抱怨房客，其中一位寫過 14 封信給他，太侮辱他了。另一位威脅要退租，如果不能制止樓上那位房客打鼾的話。『有你這種滿意的房客，多令人輕鬆啊！』他讚許道。接著，甚至在我沒有提出要求之前，他就主動要減收

我一點租金。我想要再少一點，就說出了我能負擔的數字，他一句也不說就同意了。

「當他離開時，又轉身問我：『有沒有什麼要為你裝修的地方呢？』」

「如果我用的是其他房客的方式要求減低房租的話，我相信，一定會碰到同樣的阻礙。但我用的是友善、同情、稱讚的方法。」

再舉一個例子。這次是一位女士 —— 一位社交界的名人 —— 戴爾夫人，來自長島的花園城。戴爾夫人說：

「最近，我請了幾個朋友吃午飯，這種場合對我來說很重要。當然，我希望賓主盡歡。我的總招待艾米，一向是我的得力助手，但這一次卻讓我失望。午宴很失敗，到處看不到艾米，他只派個侍者來招待我們。這位侍者對第一流的服務一點概念也沒有。每次上菜，他都是最後才端給我的主客。有一次，他竟在很大的盤子裡上了一道極小的芹菜，肉沒有燉爛，馬鈴薯油膩膩的，糟透了。我簡直要氣死，但我盡力從頭到尾強顏歡笑，我不斷對自己說：等我見到艾米再說吧，我一定要好好給他一點顏色看看。

「這頓午餐是在星期三。第二天晚上，聽了為人處世的一課，我才發覺：即使我教訓了艾米一頓也無濟於事。他會變得不高興，跟我作對，反而會使我失去他的幫助。我試著從他的立場來看這件事：菜不是他買的，也不是他煮的，他的一些手下太笨，他也沒有辦法。也許我的要求太嚴厲，火氣太大。所以我不但準備不苛責他，反而決定以一種友善的方式作為開場白，以誇獎來開導他。這個方法效驗如神。第三天，我見到了艾米，他帶著防衛的神色，嚴陣以待準備爭吵。我說：『聽我說，艾米，我要你知道，當我設宴請客的時候，你若能在場，那對我有多重要！你是紐約最好的招待。當然，我很諒解：菜不是你買的也不是你煮的。星期三發生的事你也沒有辦法控制。』我說完這些，艾米的神情開始放鬆了。

「艾米微笑地說：『的確，夫人，問題出在廚房，不是我的錯。』」

「我繼續說道：『艾米，我又安排了其他的宴會，我需要你的建議。你是否認為我們再給廚房一次機會呢？』」

「『呵，當然，夫人，當然，上次的情形不會再發生了！』」

「下一個星期，我再度邀人午宴。艾米和我一起設計菜單，他主動提出把服務費

減收一半。

「當我和賓客到達的時候，餐桌上被兩打美國玫瑰裝扮得多彩多姿，艾米親自在場照應。即使我款待瑪莉皇后，服務也不能比那次更周到。食物精美滾熱，服務完美無缺，飯菜由四位侍者端上來，而不是一位，最後，艾米親自端上可口的甜美點心作為結束。

「散席的時候，我的主客問我：『妳對招待施了什麼法術？我從來沒見過這麼周到的服務。』她說對了，我對艾米施行了友善和誠意的法術。」

那年頭波士頓的報紙充斥著江湖郎中的廣告——墮胎專家和庸醫的廣告。表面上是替人治病，骨子裡卻以恐嚇的詞句，類似「你將失去性能力」等等，欺騙無辜的受害者。他們的治療方法使受害者滿懷恐懼，而事實上卻根本不加以治療。他們害死了許多人，卻很少被定罪。他們只要繳點罰款或利用政治關係，就可以逃脫責任。

這種情況太嚴重了，波士頓很多善良的民眾激起了義憤。傳教士拍著講臺，痛斥報紙，祈求上帝能終止這種廣告。公民團體、商界人士、婦女團體、教會、青年社團等，一致公開指責，大聲疾呼——但一切都無濟於事。議會掀起爭論，要使這種無恥的廣告不合法，但是在利益集團和政治的影響力之下，各種努力均告徒然。

華爾醫師是波士頓基督聯盟的善良民眾委員會主席，他的委員會用盡了一切方法，都失敗了。這場抵抗醫學界敗類的戰爭，似乎沒有什麼成功的希望。

接著，有一天晚上，華爾醫師試了波士頓顯然沒有人試過一個辦法。他所用的是仁慈、同情和讚美。他企圖使報社自動停止那種廣告。他寫了一封信給《波士頓先鋒報》的發行人，表示他多麼仰慕該報：新聞真實，社論尤其精彩，是一份完美的家庭報紙，他一向看該報。華爾醫師表示，以他的看法，它是新英格蘭地區最好的報紙，也是全美國最優秀的報紙之一。「然而」，華爾醫師說道，「我的一位朋友有個小女兒。他告訴我，有一天晚上，他的女兒聽他高聲朗讀貴報上有關墮胎專家的廣告，並問他那是什麼意思。老實說，女兒的這種提問使父親很尷尬。他不知道該怎麼回答。貴報發行到波士頓所有的上等人家，既然這種場面發生在我的朋友家裡，在別的家庭也難免會發生。如果你也有女兒，你願意她看到這種廣告嗎？如

果她看到了，還要你解釋，你該怎麼說呢？」

「很遺憾，像貴報這麼優秀的報紙 —— 其他方面幾乎是十全十美 —— 卻有這種廣告，使得一些父母不敢讓家裡的女兒閱讀。可能其他成千上萬的訂戶都和我有同感吧！」

兩天以後，《波士頓先鋒報》的發行人，回了一封信給華爾醫師。日期是 1904 年 10 月 13 日。

親愛的先生：

十一日致本報編輯部來函收納，至為感激。貴函的正言，促使我實現本人自接掌本職後，一直有心於此但未能痛下決心的一件事。

從下週一起，本人將促使《波士頓先鋒報》摒棄一切可能招致非議的廣告。暫時不能完全剔除的廣告，也將謹慎編撰，不使它們造成任何不快。

貴函惠我良好，再度致謝，並盼繼續不吝指正。

伊索是希臘國王克里薩斯宮中的一名奴隸，在西元前 600 年，講述了很多不朽的寓言。但他所講的有關人性的真理適用於波士頓，正如 25 世紀前適用於雅典。仁厚、友善的方式比任何暴力更易於改變別人的心意，使你達到目的。

謙遜要恰如其分，稱讚要適可而止

有些人很自豪於自己的說理能力，這類人很擅長在自己的談話之中運用三段論法及辯證法，自以為所說的話是井然有序而且沒有破綻。然而，這種人經常把別人批評得體無完膚，周圍的朋友往往也被批評得避之猶恐不及。這麼一來，他根本交不到一個朋友。

世上有太多愛講大道理的人，這當中自然不乏口才特別優異，能夠談笑風生的人。這類人尚不足以說是善於辯論，頂多是充滿熱情的年輕人。

清晰的口齒、滔滔雄辯的口才，這種人的確能夠讓人覺得英氣煥發。實際上，這只是一種感覺，而不是具體的事實。對任何事有獨到的見解，是現代人常有的現象，並不是什麼壞事，但這只不過是自己的感想罷了，還稱不上具有完整的見解與見識。

這種人大多喜歡以自己一知半解的認知強出風頭，這不過是「半桶水」，但世上卻有太多這種好出風頭的人。凡是善辯的人大多喜歡賣弄這種技術，結果形成了陶醉於自我主張而妨己見的性格。對話一定要有對手，一心一意的想要扳倒對方，這樣只會摧毀彼此的情誼。

古聖先賢教導我們要「謙虛為懷」，並告誡我們「滿受損謙受益」。然而，若是過度的謙虛又會形成另一種自我表現。這也就是說，過度的謙虛所產生的影響和自我誇張一樣。每個人的立場、職責都各不相同；在有些情況之下，過分謙虛反而會讓人產生不信任。

如果是違背事實的情況很明顯，而他人，尤其自己的部下或晚輩，卻假意的替你戴高帽子，這種不符合事實的稱讚就是逢迎拍馬。

如果別人對你讚不絕口，你可別信以為真的沾沾自喜，但也不必反應太過頭，不妨若無其事的回答：「你這麼說，我可是愧不敢當。」這種坦白的回答方式不但可以讓對方鬆了一口氣，也可以表示親近之意。

總之，對於不是推心置腹的朋友或比較疏遠的上司，過分的謙虛會產生反效果。

學會說對不起

「對不起」這三個字看來簡單，可是它的效用，不是別的字所能比擬的。這三個字，能使頑強者點頭，能使怒氣消減。

你在公車上誤踩了別人的腳，你說聲「對不起」，被踩的人自然不會計較什麼了。人的心理原是這樣，對於許多事情皆可原諒。若因為你的過失，使別人吃虧，而你還不承認自己的不是，好像別人的吃虧是咎由自取似的，這就不能使別人原諒你了。

消除惡感，避免傷害對方的感情，最聰明的辦法是自己謙遜一點。自己有過失的時候立刻道歉，別人會給你同情。

反之，不承認過錯，就難怪對方生氣，君不見許多口角最後變成打架，或因一兩句話而釀成命案的，皆由此而起嗎？倘若我們大家都不忘記這三個字的巧妙，我們的生活將會減少很多不愉快。

「對不起，害你等了許多時間。」「對不起，你可以替我把茶水遞過來嗎？」在日常生活中，這三個字真是用途太多了。

　　「對不起」三個字，意思無非是讓別人占上風，你既然讓他占了上風了，他還有什麼更多的要求呢？息事寧人，莫善於此。要使家庭不失和，朋友不交惡，這三個字真是百效的靈藥。下次在電影院裡要經過別人座位時，請先說聲「對不起」，那麼讓路的人一定不會把眉頭皺起；如果你招待你的顧客時多說兩聲「對不起」，那麼，交易十之八九會成功的。

第九計　成功交際

第十計　集思廣益

第十計 集思廣益

眾人拾柴火焰高

領導者雖位在眾人之上，但也並非是萬能的，畢竟他一個人的力量是有限的。俗話說得好，「三個臭皮匠，勝過一個諸葛亮」，那麼就需要領導者集思廣益，以補自己的不足之處，這樣做既顯得民主又顯得胸懷廣闊。

常言道：「人非聖賢，孰能無過」，許多人就拿這句話當作擋箭牌來防衛自己，原諒自己。是呀，甚至聖賢都會做錯事，何況我們凡人呢？你也不必太苛責自己嘛。

但是我們在這裡說這句話無意替犯錯誤的人開脫。因為，雖然領導者都會犯錯，但錯誤就是錯誤，錯誤必須找出來，必須改進，必須防止再度發生。至於追究責任，只是懲前毖後，或是殺雞儆猴的消極作用而已，並沒有積極的作用。

一個成功的領導者，一定是一個能夠隨時檢討自己、隨時改正錯誤而不是「沒有錯」的領導者。事實上世界上沒有不犯錯誤的領導者，而只有不知錯誤、知錯不改或知錯改錯的領導者。一個領導者可能犯錯誤的地方太多了。比如進貨是不是太多，造成滯銷？是不是貨色太偏了，致使縮小了顧客群？是不是服務態度怠慢了，引起了顧客的不滿？是不是商品的陳列太過凌亂，以致引不起顧客的消費欲？是不是管理作風惡劣，致使員工工作情緒低落？

錯誤的種類繁多，但是總歸一句話，最大的錯誤莫過於經營失當。

一個領導者最大的錯誤就是剛愎自用。這種人總以為員工是我用錢請來的，我叫他們怎樣他們就該怎樣。把員工的勞力當成商品，可以用錢交換，而不是把員工當成和自己一樣有感情、有眼光、有智慧、有創造力的人。

事實上人不是神。再怎樣偉大的「董事長」都不可能是三頭六臂、全知全能的「超人」。因此不能一眼洞察明日的流行趨向，一眼看透消費者的心理，更不能準確的掌握經營方針。

唯一能夠彌補「董事長」能力不足的辦法，就是以民主作風，集思廣益，察納雅言。一家公司如何走上軌道，如何遵循既定的經營方針穩定前進而不出軌道？經營發生困難時，如何檢討出錯誤？如何在知道錯誤之後懸崖勒馬、改弦更張？所有經營上的祕訣都在這裡。

當然員工所提的諫言、建議未必都是正確、有用的，但是經營者的風度就表現在對於那些錯誤的、無用的諫言之包容力。因為如果你不能包容那些錯誤的、甚至有害的發言，那麼那些正確和有用的建議就不會從員工的口中吐出來，那麼員工的眼光、智慧、創造力都被扼殺，而不能對你的經營有絲毫的幫助。

凡事都是相輔相成，好的和壞的都是同時存在的。一個經營者負責整個事業都不能絕對正確，那麼又怎樣以絕對正確要求員工呢？

就像獨裁的政府必然要走向滅亡的道路，獨裁的經營者也必然要走向破產的道路。

民主是社會組織通用的原則，政府需要它，企業更需要它。因此，工作中要尊重每一個員工的意見，集思廣益一定能獲得成功。

發揮群體智慧

假若一個領導者獨斷專行，忽視群體智慧，那他的領導能力是不可想像的。故此，人生在世，事業上要成功，非發揮集體的智慧不可，無群力難以過關，所以人要人幫，方能共同發展。作為手下有幾十個人的部門主管，若不諳於此道，實乃大錯也。

領導者一般在公司處於絕對領導地位。所謂領導者，是以使用他人的智慧與能力為專業的人。這裡所指的使用他人，並不僅指實際工作上督促他人行動，還應該包括使用他人的智慧在內。從來沒有一項條文規定說：「最初的構想，一定要領導者自己擬實。」有很多領導者，由於太傑出，太聰明，樣樣決策都自己解決，於是把部下思索的機會都剝奪光了，把部下的智慧都埋沒掉了。這種領導者實在不能算作最優秀的經營人才，他所做的決策也不是英明的決策。

最初的構想是出自誰，是無關緊要的，採用與否才是領導者的職責。那些唯恐貶低自尊、不敢採用他人智慧的領導者，真是大錯特錯。其所犯這種嚴重的錯誤的原因，有些是由於缺乏擔任領導者的自信，想掩飾自己而恥於求問，這種心理真是不可救藥。

作為領導者，就應從長計議，把眼光放遠放大，用他人之長，補己不足。

第十計　集思廣益

發揮智囊團的作用

眾所周知，產生新構想的好方法之一是成立智囊團。

首先是由小團體提出構想。然後再針對此構想予以組合或改良，如此便能得到新的構想。這種方法常使用在各種行業的企劃會議中。

某企業的市場調查部卻因採用此法，成為一種人眼中不合常理的部門。原因是該部門的工作內容似乎是從早到晚 —— 甚至到深夜，只是在街上閒逛。

原來，該部門工作人員的任務是打聽什麼地方成立了新的商店，並在開店時前往拜訪，主要目的在於調查什麼商品在日後可能暢銷。結果這項工作在外人看來只是每天在街上閒逛而已！

提出這項構想的職員當時的想法是：「只是坐在辦公室，未必能想出新奇的點子。如果能夠與消費者接觸，並配合季節的變化推出不同的商品，必能受消費者的歡迎。但這項市場調查工作若受到上下班時間的束縛，就很難展開了。」

據說，當時大部分的中層職員聽到這項企畫時，均不以為然。因為即使他們能夠理解該公司同僚的用意，他們的頂頭上司也可能不會同意。

但出乎意料，當該經理得此構想後，竟立即指示設立新的部門，並由該名職員全權負責。

令人欣慰的是，隨著他們不斷產生新的構想，新的產品也接二連三的銷售成功了，更有數項產品成為超級暢銷品！

從這個事例中，我們可以了解到，由於上司的寬宏大量，樂意聽取下屬未成熟的構想，並願意一起討論，終於創造了成功的奇蹟。

事實上，每位下屬必然都有各自不同的看法和構想，然而，當他們發言的時候，卻一再遭到否定，如此他們必須心灰意懶，日後便可能不再費心思考，而成為被動、消極的職員。

反之，不管下屬所提出的方案是否不可思議或別出心裁，只要被上司接納過一次，則他對自己的發言必然信心十足，執行時也能負責到底。這樣，也足以促使他產生更多的新構想。

智囊團是個好東西，企業領導者的決策離不開智囊團的幫助。但下述六種不正確利用「智囊」的傾向，則須加以警惕糾正：

1. 臨渴掘井，匆匆召集「智囊」決策：某些主管在重大決策方案上報前，鬆鬆垮垮、拖拖拉拉，決策工作不按科學決策程序進行，遇到上級領導者催報決策方案時，才火燒眉毛、臨渴掘井，匆匆召集「智囊」會議，當場就拍板敲定決策方案。

2. 只求單方案決策，無多種方案比較擇優決策：某些主管在對一項重大工程項目諮詢時，以「為省事」、「圖方便」、「節約經費」作為藉口，只求「智囊」提供一個決策方案，然後急不可待的批准實施，魯莽行事。

3. 強烈的個人感情色彩，排斥異己意見：某些主管表面上很尊重「智囊團」的獨立性，把集思廣益掛在嘴上，但實際上，在進行決策諮詢時，缺乏理性的思考，喜歡挑選一些符合自己心意的「智囊」進行決策諮詢，把持有不同意見或相反意見的「智囊」加以排斥。

4. 過分依賴「智囊」決策：有些主管膽小怕事，懶於思考，不敢決斷，完全消極的依賴「智囊」決策。他們對「智囊」唯言是聽，唯計是從，沒有主見，毫無異議，「智囊團」也就「越俎代庖」，這是違背領導科學基本原則的。

5. 對「智囊團」的期望值過高：某些主管把「智囊」看作「萬能博士」、「智慧之神」，認為其意見或建議是「萬全之策」。其實這種看法是錯誤的、片面的。「智囊團」並不是十全十美、萬無一失的「神人」。

6. 不辨「智囊」品質之良莠：有些主管在進行決策諮詢時，雖有虛心求教於「智囊團」的「熱心」，卻缺少認真鑑別其真偽、判斷其優劣的「細心」。他們往往是病急亂投醫，不辨「智囊團」的良莠，結果勞民傷財。

第十計　集思廣益

第十一計　果斷決策

第十一計　果斷決策

果斷決策成大事

　　埃爾莫爾‧彼得森（Ellmore C. Patterson）是 J‧P‧摩根公司（Morgan & Co.）的董事長兼執行長。摩根公司是世界最大的金融企業之一，資產價值兩百五十億美元。彼得森曾說這麼一段話：「打從一開始，我就向每位新進員工明白的表示，這個環境隨時存在著不穩定及不可測的因素。我要他們搜集所有重要資訊，經過仔細研讀再下決策。」

　　威廉‧克勞海軍上將（Admiral William Crow）曾擔任過美國參謀長聯席會議主席，這是美國軍中最高的職位。他在接受《時代雜誌》的一次訪問中說：「我認識一些人，他們在做重大決定時，連考慮都不考慮一下。我卻不是如此，要是遇到重大問題時，我連覺都會睡不好。」

　　軍事領導人物常會遭遇一些重大問題。西元前 1100 年，以色列軍隊的領導人基甸要戰勝敵人所需要的士兵遠遠未超過他的敵人。在一次戰鬥中他面臨的是守在堅固營地的米甸人，米甸人裝備精良，受過良好的訓練且具有豐富的作戰經驗，而基甸將軍的部隊是些沒有經過訓練的烏合之眾。面對強大的敵人他只說了一句話：「不願作戰的可以離開。」立刻有 23,000 名士兵回家，這是他軍隊三分之二的人數！

　　接著基甸必須做更快的決定。他的解決方法是進一步將軍隊減少到 300 人，但這些都是勇敢的核心分子。他給每一個士兵一支號角、一把火炬和一只空罐子，然後將這些人分成 3 組。到了夜裡，這 3 組人包圍了米甸軍的營房。他們先是將空罐蓋住火光，然後在基甸的一個信號下，他們打破空罐，吹起號角，然後大聲吶喊：「上帝的劍和基甸的劍。」你可以想像得出遭到突然襲擊的米甸人的營地會是個什麼樣的景況。通常一支火把是代表 100 人，看到以色列人有那麼多火把，他們認為遭到幾萬人的攻擊。《聖經‧士師記》第七章告訴我們當時的情況：「……耶和華全營的士兵用力擊殺，然後逃到西利拉的伯哈示他，最後逃到亞伯米何拉，以色列人就從拿弗他利、亞設以及瑪拿西全地聚集來追趕米甸人。」

　　如今在以色列陸軍中，仍然以基甸的作戰事蹟作為部隊作戰的範例。

　　在你向目標前進的路上，一定會遭遇到許多障礙。這是抵達成功目標必須經歷

的過程。有問題屬於正常現象，但作為一位領導者，在這些問題發生時，你必須設法解決。

你要如何才能解決這些問題呢？首先你要明白問題可分為兩種：一種是不必你親自去解決的問題，另一種是必須你自己解決的。讓我們來看看這兩種問題。

很多你遭遇的問題，是應該讓團體中其他人去解決的。這裡有好幾種原因。假若你成為解決團體內日常問題的人，你會發現，團體裡其他的人都會將越來越多的問題推給你。沒多久，你的全部時間都要花在解決這些瑣碎的小問題上，再也沒有時間來做策略計畫或是全盤考慮。你會將時間全部用在「救火」上，而且大多數都不是你自己的火災。

另一個原因是：你不應該將所有的問題解決掉，應該留下一些來讓屬下作為磨練，應訓練他們也有解決問題的能力。很多領導者都沒有這樣做，因此他們成為團體中不可或缺的人。等到有一天，領導者無法再親自解決重大問題，而屬下又都無能解決，最後會弄得情勢不可收拾，或者是由於屬下平時缺乏訓練，解決的方式也甚為惡劣。

最後，要是你能訓練屬下都能成功的解決分內工作的問題，他們會有種成就感，更會增加他們的自信。這能加強你團體未來整體的工作能力。凡是問題都親自解決，等於剝奪了屬下的這些利益。

不過，這不表示有問題出現時，你只是微笑袖手旁觀。當然你得協助那些負責解決問題的屬下，在他們提出要求時，你應該提供他們意見或是你的想法。你要盡量讓他們容易解決問題。但絕對要將問題留給他們，而不要變成你的問題。正如史密斯將軍（Perry M. Smith）所說：「領導者必須做一個最後問題解決者，這有助於團體的發展和興盛。」

在另外的情況下，你必須親自解決問題。這與你的工作層次完全沒有關係。資訊公司總裁 E‧M‧李說：「執行長應該是問題解決者。他必須將問題剖開，然後找其他專才，將問題降低到能夠解決的程度，最後發展一個判斷架構。」

遇到下列的一些情況，你應該親自解決問題。

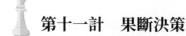

1. 有關你團體領導方面的問題。
2. 你擁有解決這些問題的特殊專長、知識或經驗。
3. 情況緊急時。
4. 屬下都無法解決時。

決策有時候可以相信直覺

　　直覺或許代表一度意識到、後來又內在化了的過程。一些人確實根據經驗做出直覺判斷。億萬富翁哈里‧赫爾姆斯利宣稱，「你必須具有一種感覺。是的，我猜想，到現在我應該對這一行有了一點感覺，我做這一行已有 50 年了，不過，從一開始，我就對這一行始終具有一種非常良好的感覺。」

　　傑基‧斯圖爾特說：「我所發展的是對看到的事實進行非常澈底的消化，這些事實得到非常清楚的分析。我變得能夠非常迅速的處理掉某種無關緊要的因素，挑選只是我所需要的東西作為輸入信號，以便能夠看到跑道上我可利用的一切相關的有利條件。」

　　「現在，如果前面有一輛行駛緩慢的汽車，一個經驗欠缺的賽車選手或許說：『啊，一輛慢吞吞的車。』而我或許會說：『為什麼這裡有一輛慢吞吞的車？是否引擎出了毛病？（一旦引擎故障，你通常會把跑道上弄得全是汽油。）油在哪裡？在發生故障時，這輛車在什麼位置？』以及別的問題，並利用這些情況……我的決策已變得極有分析能力。這是我勝過他人的優勢之一 ── 我能夠匯集我所見的東西，清楚的分析它們，將它們分門別類，並處理它們。

　　「你說到百分之一秒的決定，而這與一個經驗豐富的賽車選手說『嗨，一起事故！』完全不一樣。當你碰到事故時，你通常會愣住。優秀的賽車選手不會愣住，他們是積極的採取行動，毫不遲疑的……人們認為你必須具有迅速的反應。對反應能力或能夠注意到悄悄反映在你手指之間的一次衝擊，你毫無辦法 ── 對此我不很擅長 ── 我的駕駛反應能力，如果加以分析，或許不是很迅速。我的反應不慢，但也不是快得超常。」

　　如果一個人長期以來都是用某種類型的思考方式，這些思考過程就會變得內在

化，就像設計的計算方法能夠作為程式編寫進電腦軟體。這時的思考或許就不像過去那樣是有意識的了。事實上，該思考者已養成一種更高階的思考習慣。因此，一種複雜的思考習慣可以被「按通」，就像在一部電腦中接通一套程式。

僅僅因為這種思考在每一步都不再是有意識的，就猜想它是預感或直覺的，這是一個錯誤。訓練思考的目的之一恰恰是獲得內在化的習慣和技術，以便它們以這種方式得到運用。這個論點得到了吉姆‧羅傑斯的闡明。

「在兩、三個小時內，我會吸收進一切東西，而且似乎把這些東西扔進一部電腦，我就像是走到這部電腦前說，『算出 X』── 這就是我所做的東西。我盡可能的把一切東西扔進我的頭腦，排除我生活中的其他一切，一個決定就會出現。它或許是逐漸形成的；它是有機的。一個決定多少會從我的頭腦中出現，而我會說：『這就是我們下一步應該做的。』

「今天，輸入的東西大大的減少了，但我仍能信任我的決定。這是建立在十一年至十四年『教育』基礎上的本能。這就像是我去醫學院念了八年書，而做出決定是根據我多年受到的教育。我做決定的基礎或許比我一開始念醫學院時更強，因為我知道的東西更多得多。這是一種用每天十二小時的十二年歲月磨練而成的本能。我不相信預感。預感總是導致破產。本能總是容忍災難。」

在另一些場合，直覺幾乎被視作一種審美價值：這好像不錯。

泰倫斯‧康藍爵士說：「人們不會認知到他們需要什麼，直到所需東西放在他們面前。這就是為什麼市場研究全是空說。我非常善於摸到觀眾的脈搏，我不知道我實際上是怎麼做到這一點的，但或許是因為我非常廣泛的旅行，閱讀大量的東西，觀看不少電視……各式各樣的傳播工具有整整一大堆。我觀看，我有意無意的聽。」

這種天生善於監督市場的人是否還需要某種直覺形式？有些人認為需要。曾有人說：「在演出中，當觀眾與你融為一體時，你所做的就是開發聽眾的集體意識。搖滾樂的音調規則非常簡單。我從內心創造這種規則。看到兩萬人以完全同樣的方式對這種音符做出反應，這真是令人吃驚。」我認為，這是一種通靈能力。你也可把這種能力與企業連結在一起 ── 預測市場需求的能力。在這裡面要有一定數量的靈感。

第十一計 果斷決策

在泰倫斯‧康藍爵士看來，直覺是一種複雜的判斷，它把微細的趨勢、變化、洞悉、見解、經驗和評論匯集在一起，產生一種新的設計 —— 但不是太新。這種設計將被他這一行的所有組成部分所接受 —— 消費者、評論員、零售商。你不能透過詳細分析一個朋友的鼻子長度和兩眼間隔認出他來。這是一種複雜、混成的判斷。我們十分清楚，為了理解這種類型的判斷，大腦是如何工作的。這與我們的線式推理完全不同；這是模式推理。

對設計師來說直覺具體化成設計（或設計趨向）可能有三種方式。第一種是依據自我標準，這設計是該設計師自我意象的視覺延伸 —— 從評論的喝彩聲來看是最有用的。在第二種標準中，發揮最好影響的是設計本身。結果可能是一件引人注目的設計，但缺乏那個設計師的特徵。在第三種標準中，發揮影響的是「使用者認可」，而且最終設計顯然是有銷路的。

米基‧達夫回憶說，他早年的最大成功之一是策劃英國重量級拳擊冠軍比利‧沃克的拳擊比賽，他說：「他的確是個有直覺感的人。你不得不發展你認為大眾將追逐的什麼東西。我從來不認為沃克是個偉大的拳擊家，但他具有一種難以確切表達的品質 —— 一種明星品質。他是個英武的男子漢，擁有非常好的票房號召力。我們售出了在溫布利體育館舉行的比利‧沃克的連續十一場比賽的票。

「我總是記得，在貝克街乘上地鐵前往沃克與卡爾‧米爾登正在比賽的溫布利體育館，我正在看報。在同一節車廂內，一群拳擊愛好者在談論這次拳擊賽。他們沒有一個認為沃克有獲勝的絲毫機會。有人說：『那麼，我們大家在這裡做什麼？』

「這時另一人說：『我不知道你的目的，但我去看他是因為無論是贏是輸，你將用你的錢欣賞到一場好得要命的拳擊賽！』他具有魔力。這就是比利‧沃克具有的東西。」

維麗蒂‧蘭伯特說：「我得從手稿或構思中獲得某種果實。我得有某種感覺……甚至在我有幾分仔細的考慮手稿或構思之前，我就不得不用某種方式，如果你願意，可以說從情感上，本能的，對正在推出的東西作出反應。這是最初的事……我不認為眼光來自認識。我不知道它來自什麼東西。我認為這是難以解釋清楚的。」

諾曼‧利爾說：「作家和藝術家們在肚子中都有他們自己的計算尺。」

哈樂德‧埃文斯說：「我認為，在我進入新聞界後，最強有力的事可以說是我能夠自由的同情。我同情創傷，我能感覺什麼是正義或非正義……錯在什麼地方。我會覺得憤怒！我嘗試把慈悲心腸與技術力量結合起來。」

　　「我最困難的決定或許是發表《混血兒日記》並因此而蔑視政府。這是重要的，因為如果我弄錯了，並且報紙受到損害，或者我受到控告，我想我可能失去曾經從湯普森和漢密爾頓那裡的支持。對有幾件事我是確信不疑的，這些信心產生非常迅速。我絕對相信，我無論如何必須發表《混血兒日記》。如果你願意，可以把這稱作直覺感，直接的、本能的，後來得到理論根據的證實。

　　「對其他事情，對是否提升 A 或 B 做出一個決定，我會煩惱很長一段時間……在《星期日泰晤士報》，我最終學會了說：『我想我們應該把頭版給布里茲涅夫；這是我目前的感覺。』但這可能發生變化，而且常常發生變化。隨著一週時期的推延，我隨時準備改變主意……但在許多決定上，我絕對是不可通融的。」

　　黛安‧馮‧菲斯滕伯格說：「我應付的是婦女的市場，因此，我的女性直覺能向我提供我的消費者直覺。這就是為什麼我覺得我不需要市場研究的原因。如果我聽從自己所考慮的東西，懂得我需要的是對我自己來說最好的東西，那麼，我想這已很了不起了。所以說，因為我與婦女打交道，我是一個婦女，我所做的是為了婦女，使婦女的生活變得便利和美就是本能的事。」

　　亞歷克斯‧克羅爾說：「對我來說，歸根究柢，一個領導者所做的重大決定是性格的決定。我們假定他或她具有所需的其他所有特徵。但是，最後的決定卻是最獨特的決定，只有這個領導者能夠做出這些決定。這在書上讀不到，沒有先例。最終，理解他或她的性格才是根本的。我深信這是一個可靠的辦法。」

　　在這方面，風格、審美觀和性格，或許全都與同一件事有關。一個複雜的思考過程可能內在化，結果是，它似乎作為本能運作，但實際上是一個過程。當決定關係到風格或性格時，就可能發生這種情況。有時，一個決定的情感內容需要性格 —— 樂意冒險或創新。

　　審美觀對設計師、藝術家或建築師產生作用。例如，奧維‧阿勒普爵士作為建築工程師，不得不在需要精確思考的領域工作。他的團隊負責安裝雪梨歌劇院的

非常難弄的屋頂，當時，其他人似乎都無力完成這項任務，而他了解邏輯的局限和「審美」輸入的價值。

　　奧維・阿勒普爵士說：「僅僅靠邏輯思考是不夠的。相關資料絕不可能『全部』集合起來；它們捉摸不定的向四面八方散開。我們只能估算我們行動的短期結果。而且，重要的是，做出決定總是涉及價值判斷、倫理和審美考慮，以及對人的抱負和行為的理解──所有這些都不能從邏輯上加以推斷。我們需要直覺，需要德國人稱為內在關聯或我們──冒著聽上去言過其實的風險──可能稱為愛戀的東西。」

果斷決策會有意外的收穫

　　「敲石橋再過河的話，永遠都過不了」（連再安全不過的石橋都不放心的敲過之後才過的人，就一輩子過不了橋）──這是日本南極探險隊隊長西堀榮三郎寫的書名。

　　通常我們會稱讚一個小心謹慎的人「敲了石橋再過」，但是西堀卻頗不以為然。他認為：

　　「在決定做與不做之前，一般而言，如果你調查的資料越詳盡，往往跡象就越顯示應該放棄這個計畫。『敲過了石橋再過』或者是『不要過』，我想，如果你仔細敲完了這個石橋之後再決定過不過這座石橋的話，大概一輩子也過不了這個橋了。我們沒辦法做到完全預防冒險工作的調查。從事任何新工作註定會有新的風險，正因為如此，這才算是新的工作……」

　　正如西堀所言，如果做事怕冒險的話，就沒辦法把事情做好了。而要冒險，一定要有足夠的勇氣及資本（所謂的資本也可能是指偶爾從上司或部屬那裡得來的幫助）。光憑著第六感或運氣，是沒辦法安然度過大大小小的風險的。話雖如此，如果一切都在計畫之內、意料之中的話，也就算不上什麼冒險了。從不確定的資料中計算某種程度的成功率之後再去冒險，只有果斷決策成功的機會才會比較大，不過，偶爾也會失敗。

　　你面對這種挑戰時，必定會受到上司和部屬們的嚴厲的批評，然而好不容易一個機會在面前招手，卻避開這個新挑戰，後來竟眼睜睜的看著這個得之不易的機會

在眼前溜走，被其他公司搶走，這種例子在我們現實的社會中實在是很多的！

　　這種怕事、保守的傾向和該公司的風氣、領導者的性格等有極密切的關係。有很多公司的主管在部屬們一做錯事後就馬上就記上一筆，而當他們表現突出時卻吝於讚美、褒揚。這種主管似乎覺得成天加加減減實在麻煩，因此他覺得只要記一下什麼人出過什麼差錯，差錯多的人，地位自然會降低，這麼一來，在決定部屬們的功過優劣時，手續自然簡便許多。

　　然而這種光貶不褒的做法，明顯的會阻止部屬們的上進心。保守、退縮的人自然會大幅度的增加了。身為一名管理者，還是需要適時的給予那些勇於接受挑戰、嘗試新方法、勇於決斷的部屬們一些適當的讚許。至少，對自己的部屬們不能只看他的過失、不看他的成就。在他成績不錯時，還是應該給他一些適當的嘉獎才對。

不失時機果斷決策

　　公司老闆已將自己的全部財產投入到公司，公司的命運與自己緊緊相連在一起。如果在重大問題上判斷有誤，將失掉自己的全部財產。以下五種情況需要老闆做出果斷決策：簽字、中止某項工作、進攻、人事、投資等。決策的準確與否關係重大，判斷錯誤和坐失良機將造成不可挽救的損失。請注意如下要點：

1.　是非迷惘時的決斷。是非很清楚時，決斷並不難，難的是是非曲直難辨時的決斷，在遇到這種情況時最好退一步，心平氣和的考慮好之後再做決定。對那些需要馬上決斷的項目，應以閃電式的決斷為好。因為當時已無考慮的餘地，只有憑自己的直覺做出決斷。如果時間允許，也可找一些信任的人商談，聽取意見。

2.　中止某項工作的決斷。半途中止某項工作是最難決斷的。對一個自營公司來說，有的老闆礙於情面，總是千方百計的想辦法挽回以往的損失，結果損失更重。如果公司出現了這種情況，老闆應該首先丟掉面子，果斷的決定撤銷出現赤字的部門，以避免更大的損失。

3.　進攻時的決斷。進攻的決斷比較容易做出，因為這時利弊已經很清楚了，問題

第十一計　果斷決策

是怎樣做好進攻的準備工作。例如，新產品的開發、推銷員的培訓、銷售管道的開拓、廣告宣傳、特約經銷店、零售點的設立等，都是在進攻時應該決斷的事項。這個時候，老闆須特別注意的問題是：如果失敗，怎麼辦？要設想一些假定的問題，找出相應的決策。另外，虛心徵詢意見也很重要，哪怕是反對的意見也要認真的聽取。

4. 人事上的決斷。人事上的決斷，最重要的是不徇私情。用人的問題是個非常重要的問題。一般的自營公司，裙帶關係嚴重，因此對這個人的判斷標準首先是忠實。如果把工作能力低下的人提升為要職就會釀成悲劇。用人適當是個很重要的問題。有的人事往往牽涉到血緣關係和姻親關係，企業內有的主要職務常常是被那些沾親帶故的人占領，但是如果做得太過分，不是親屬就不能提升，就很容易使一般員工失去進取的希望，從而消極下去。因此，安排人事，一定要好好的注意這些問題。

5. 投資時的決斷。投資決斷一定要慎重，投資前一定要明確自己所希望的效益，並盡可能的用數字表現出來。如果沒有具體的立項資料則不可貿然的做出決定。必須堅持以用充分的數字加以證實的好計畫為基礎，否則投資就會失敗，那時追究責任也無濟於事。如果抓住了時機，有價值的投資一定會使公司發展壯大，所以老闆的投資決斷關係到公司的命運與前途。

第十二計　贏得權力

第十二計　贏得權力

玩好權力這個遊戲

　　權力是場殘酷的遊戲，但又是每個領導者不得不傾盡全力去玩的遊戲。這場遊戲自有它的規則，但對你來說，千千萬萬的規則只用兩個字便可概括，那就是「獲勝」。為了這兩個字，你應該為你的行動制定周密的計畫。例如，在你準備替自己加薪時，你應當知道相關做決定的那些人應如何補償，他們的個性如何，以及可能發生的反應等多種情況，並對反對與贊同你的人的力量加以衡量。但當你完全了解這些事情時，你仍須去了解該怎樣做。「行動較謹慎更能賺錢」是一句值得記住的忠言，不管你是否不想做事，行動所產生的結果總是比不行動來得有趣。你不動棋子或不冒險的話，就無法玩權力遊戲。從某種觀點來看，權力的理論知識必須引導成為實際的決定。

　　為實現權力目標所使用的權力遊戲的玩法是難以數計的，同時也是品質的問題，而非研究的問題。但某些玩法是基本相同的，所有其他的玩法不過是從中變化出來的東西而已。事實上，可供玩遊戲者玩的基本玩法仍是有限的，重要的劃分是「弱勢遊戲」與「強勢遊戲」，「弱勢遊戲」相當的受人低估，特別是男人，因為他們似乎缺乏技巧。

　　以色列人是以高超的技術來玩弄強勢遊戲與弱勢遊戲的高手，那是一種稀有的結合。當需要時，他們以武力及暴力來採取行動，以優越的軍事力量來迫使阿拉伯人就範；在另一方面，當條件適合時，他們就玩弱勢遊戲，威脅著說，除非他們收到所需的武器及金錢，他們只有讓阿拉伯人來吃掉。對於一個相同的國家，能一方面慶祝軍事勝利，另一方面以弱小的姿態博取同情，這似乎是很特別的；是否我們大家都能以較小規模的方式十分成功的來做相同的事情。例如婚姻就是經常玩這種遊戲的舞臺，夫妻中的一方總是用抱怨的方式，說他或她沒有權力以求保有控制對方權力。按照老莊的說法，是「以柔克剛，以弱戰強」。

　　一個剛單槍匹馬談判一宗四十二萬五千元交易的人，他會為了替自己加薪，不惜在董事會上，除了暴力外，做出任何事情來，但當別人要求每週加薪一千元時，他為了避免介入，就會推託說是自己無能、疲倦、工作太忙，以及最重要的是無

權。他雙手上舉而手掌向上，兩肘斜翻，肩膀下沉，擺出一副要辭職的姿態，那表示無能為力的同情，亦是弱勢遊戲中本能的肢體語言。

當要加薪時，牽涉的數目越小，則越難通過。將負責人的薪水從 100,000 元提高到 150,000 元是件很容易的事，甚至會感到要是年終不給他們 50,000 元紅包的話，即使不是一種侮辱，也是一種即將予以辭退的警告。相反的，把一位祕書的薪水從 27,000 元調高到 28,000 元，顯然會牽涉到痛苦的掙扎，並需要情緒上的懇求、敲詐，以及私人的承諾。負責人的薪水不管是如何的大，會被看作是公司的反應，因此它是群體的決定；但較小薪水的增加，很自然的是個人的請求，需要相關負責人以自己的聲望來解決。於是，同一個人就可以問了：「你認為業務副總經理的薪水應該怎麼辦？你是否認為我們應該替他加薪 5,000 元？」當問到較小金額的加薪時，他會不得不這樣說：「我願意為某先生一月另加 1,000 塊錢。這是應當的，也會使我的工作輕鬆些，行嗎？」錢的數目越小，越顯得是個人的事，這可解釋為什麼多數的負責人都不樂意擔任這種工作，為什麼獲得鉅額加薪的最佳方法是已經賺了很多的錢。

弱勢遊戲的主要用處是當你說「不」時，實際上並不需要說它；加薪問題就是一個很好的例證，它說明了在什麼範圍內採取弱勢姿態的好處。你的上級在評判你的表現時，部分是看在你的直接責任區內你能把加薪幅度減低到什麼程度；至於那些職位較你為低的人，他們對你的忠誠是以你是否有能力獲得他們所需要的東西來決定。當處在這種地位時，你所應採取的好姿態是對上級表現得絕不妥協，對下級則盡量使用低姿勢。

遊戲權力的做法在許多方面都可獲得豐碩的成果。任何能幹的談判者都知道最好用咒罵管理的不當，炫耀自己的能力，譴責董事會的任何一件事情，以及用加入敵方等方法來暗示他們雙方都是同一類公司的受害人，希望對每一宗交易能協商出一個較低的價格。

千方百計贏得權力。有許多人會運用貶低自己的方法去賺取同情和讓步，從而贏得自己需要的東西。在權力遊戲中，這也是弱勢者常用的手法。

人們甚至把這種策略運用到足以形成一種可作預防的障礙物，他們痛苦的抱怨

自己的命運，使別人感到不好意思而不敢提出令人困擾及困難的要求。這種巧妙的自我屈辱方式在很多辦公室裡都很容易看到。要不停哎聲嘆氣，把頭埋在雙手中，做出極端疲倦及失敗的姿態，傳達自己的痛苦，用以防止下屬提出類似他已有兩年未曾加薪等問題來增加自己的負擔。有的人已經把自己訓練成能裝出疲倦及精神緊張的態度，把這些表演發展成一種經過精密調整的反應，使它們能適應所有的情況及需求。

一群男人可以舒適的坐在辦公室裡，假裝是在開會。當有位女子進入這間屋子時，他們的腳就會迅速的從辦公桌上或咖啡桌上放下來，好像是受到反射作用的影響。他們會向前彎腰，擺出痛苦沉思的模樣，緊張的抓緊雙拳，採用了負責人在緊張時所有的那些重要姿勢：移動眼鏡，用大姆指及食指按摩鼻梁，以表示眼球緊張及精神疲憊；閉上眼睛，好像在沉思中；提高嗓音，表示所發生的事情是重要的、緊急的。

有一位態度溫和的負責人，他訓練自己去摔破菸灰缸及咖啡杯，表示他的神經已經緊張到了崩潰的邊緣，另外一個人假裝手指頭發抖，口吃得屬害，表示疲倦難受；再還有一個人，使用簡單而有效的方法，要求任何纏擾不休的下屬給他三顆止痛藥，而使那個下屬沒有機會說出心中要說的話，這種詭計就是在下屬還來不及表明意思前，就把自己裝成是個受害者，表示自己是弱小的，無助的及可憐的。不要讓自己顯出一副權威姿態，陷入必須回答對方問題的困境。

某公司老闆魏某，他的身體壯得像頭牛，說得溫和一點，是鬥志旺盛。但他以患上了憂鬱症來作為他的擋箭牌。他可以利用重感冒敲定三宗好的交易，否決四件請求加薪案，並使他的下屬不好意思不留下來加班趕工。他的本能驅使他去指揮人家，如果向他請求加薪，他就問你有沒有噴鼻子的藥，皺著眉頭，對要命的鼻竇炎深感痛苦。

逼真的表演已經成為非常有用的東西。某些事情是無法作假的，其他的事情做了也沒有什麼效果。例如，一條斷了的腿，不但假裝起來很麻煩，還須打上石膏，而且通常亦被認為是健康良好及熱衷運動，引不起別人的同情。肺結核、性病及傳染病等亦都出局了，因為沒有人想被董事會隔離。所有輕微的疾病，特別是食物中

毒，流行性感冒，重感冒，背痛，頭痛等在那些知識豐富而玩權力遊戲的人當中非常普遍。目前氣喘病可能是最流行去假裝的病症。有一位編輯，在僅僅提到重新商談一件合約，或提高作者的版稅時，就退到辦公室的長沙發上，咳個不停，轉動眼睛，捏住喉嚨，好像是在扮演一個垂危的老人。在那個時候為了要去替他倒冰水，找治支氣管的噴藥，幫助他吞藥丸，你就很難坐下來，繼續向他解釋你所提出的那些要求究竟是怎麼一回事。

在某市最著名的女企業家當中，有位女士很有權力，她的胃口似乎總是很大，她整天下來好像都在臨終所睡的床上來經營她的生意，她很少打電話或接電話，她透過祕書來傳達令人失望的消息。祕書總是這樣開始：「喔，她今天不舒服哩，沒有來，但是就在醫生來看病前我已經告訴過她了，她說 15 萬元是不夠的，請你考慮再加一點。」偶而碰到她親自接電話時，她會清楚的告訴你，在你這邊任何不同意的事情，對她來說都是重要的，假如你喜歡的話，你可以跟她辯論，但你願意擔負起殺掉她的責任嗎？你要是繼續在這方面跟她爭論，馬上就有雙方都認識的朋友一連串的打電話來，問你怎麼可以那樣對待一個有病的女人？你知不知道當她放下電話時她是在流淚？你知不知道她的病又復發了？你究竟是什麼樣的人？

對這種自我貶抑的人沒有可以致勝的方法，除非你願意拿更嚴重的東西來對抗，否則你就輸了。有位英國作家，他感到自己沒能得到美國出版商的較多注意，在到達大樓的休息室時，就拿起電話宣稱自己患有電梯恐懼症。由於無法在雪茄及報紙櫃旁會談，編輯只好下來接他，並一起走上十五層樓梯。這可把編輯累得要死，以致使得每一個爭論之點他都不願讓步，事實上，在第五到第十樓之間，當他喘氣休息，小腿互相顫抖時，大部分的爭論之處都已經讓步了。

權力就是管人，沒有必要事必躬親

管理與人事部門間的所有爭鬥是「不可缺少」的問題。員工必須認為自己是不可缺少的，即使懷疑是否是真的如此；而管理部門則持相反的意見。許多人每天不停的工作，就是想使自己成為不可缺少的人，尋求絕對的保障，但很少人能達成這個目標。首先，管理部門的意見在基本上是正確的：不管你是如何重要，但沒有

第十二計 贏得權力

一個人是不可缺少的，把你更換掉，最壞也不過是個不方便、費用及時間的問題。試圖證明自己是不可缺少的人，不得不以幾何率來求擴張。他們絕不會有足夠的工作、頭銜及責任來達成他們不可缺少的目標，就好像沒有一個需要愛來感到安全的人能有足夠的愛。以擴張來獲得較多的權力，較多的金錢，或較高的聲望是一種易於實現的野心。在每個公司裡，認為自己是不可缺少的人，而他的同事通常亦認為是如此的人，最後必遭辭退。然而沒有一個公司會相信公司的存在是依賴少數人的健康、心智健全及善意，尤其是假若真的如此，公司更不會相信。

王先生計劃使自己成為公司所不可缺少的人，他亦幾乎辦到了。不僅是他做出來的方案都可獲得鉅額的利益，而且逐漸發展成一種有效控制整個公司的方法。重要的檔案都鎖在他的抽屜裡，董事會會議室的一張古老紅木桌子在一個早晨變成了他的辦公桌。他換掉了辦公室旁邊洗手間的門鎖，想去洗手間的人就必須向他要鑰匙。他經常感到疲倦，煩惱並抱怨，他把自己捲進了每個問題中，從公司郊遊到年度報告的排版印刷。不僅如此，他把不可缺少的最重要策略已經攬得精通，使他在外面成為一個傳奇性的人物。他的大部分時間消耗在接見來賓，參加宴會、以及在電視上亮相。同時由於任何管理部門都寧可相信他們從外面所聽到及看到的事情，而不相信他們自己所能觀察到的東西，以致他的不可缺少的要求就不會受到挑戰了。

誠如他的一位同事所說的，「我們跟這位人物一起生活了三年。所有權力都被攬到這個傢伙身上。假若你要反對或跟他爭辯的話，他就解釋他是如何的疲倦，他用取下眼鏡，按摩鼻梁來表示他的疲憊，然後他會告訴你別人堆積在他身上的這些工作不知道要多久才能辦完。他可能會問，『血肉之軀究竟能再承受多少？』但是，假如你不問過他就去做最小的事情的話，他會平靜的不去做你所做了的事情，同時會讓你按照他的方法去做。沒有東西能夠阻止他，假如你推他推得太厲害的話，他會躺在地上，說是心跳過快症發作，一直等到你走開為止。你不可能獲勝的。要是你早晨八點鐘進來，他會說他清晨四點鐘前就起床了。總之，他是在告訴別人，不管什麼事情，沒有他來『救』，就不會辦好的。然後有一天，他離開公司去擔任另一件工作，就像世界末日的來臨。沒有一個人能知道檔案裡是什麼東西，或是什麼意思，我們甚至找不到它們。每件事情都是集中管理，當他帶走他的有地址的小筆

記本時，我們就無法找到我們客戶的電話號碼，我們甚至很難知道他們究竟是誰。然後我了解為什麼他會有權，是我們太懶了。我們曾經很高興讓他來接管。那意味著減輕了我們的工作，更重要的是，解除了我們的責任，因為他畢竟願意承擔每件事情的責任。我們讓他變成一個巨人。在一兩個禮拜內，好像他從來沒有到過那裡。日子繼續的過，事實上比以前好得多，我們並沒有破產，也沒有粉身碎骨。」這個故事告訴我們一個道理：即沒有人是不可缺少的，它一點都沒錯，這不是管理部的人患了妄想症。一旦你認為你是不可缺少的人，你做的工作就遠超過他們所支付給你的薪水。這是一種失敗者的遊戲。

你越想證明人家是多麼的需要你，就越可能引起人家的注意，他們會首先懷疑你所做的工作是否的確需要。

某些想使自己成為不可缺少的人就像游泳的人一樣，在暴風雨中，緊緊的抓住遇難船的一塊殘骸，在水中這樣的飄浮或游泳可能會比較安全。世界上有許多人為了保住飯碗願意一天工作十四小時，實際上那件工作可能輕易的用七個小時就可做好，以致把他們自己搞得精疲力竭，並且刺激了上上下下的人，目的無非想證明沒有他們，生活就過不下去，事實上都是徒勞無功。我們最好把它搞清楚，有許多人也許都能做你的工作，甚至會做得更好，但現在是你在做這件工作。

為了保住權力就得學會說不行。只有學會說「不」，才可能建立起一種具有獨特影響力及權威的地位。這種權力通常是財務方面的。同時在大多數公司裡，它表現為一種「吝嗇鬼的權力」。因為有關金錢方面的任何請求，不管是投資、費用或加薪，都會自動的至少被批駁兩次，即使那些請求也許是合理，甚至有利可圖。你對所有的請求先說「不行」，然後在你必須說「可以」時再說可以，如果你先說「可以」，你就不能再說「不行」了。

一個天生的「說不行的人」可以爬升得很快，因為大多數負責人都喜歡找到一個能替他們說「不行」的人。上司聆聽下屬提出一項令人興奮的新計畫，或要求加薪 5,000 元，或請求作一次花費頗大的市場調查，或買部電腦等等，然後說：「是的，你對，那很有意義，我贊成；但先得向某先生問清楚預算的情況，我們會馬上進行。」當然，某先生的工作就是默不作聲的聽，並說「不行」，絕不受懇求、威

脅及常識的感染。

對想玩「說不遊戲」的人而言，最重要的事情是要有連貫性。一旦你對某些事情開始說「可以」時，你就需要做價值的評判，並對某些合理的請求給予承認，你簡直成為另一位做決定的人了。

能夠說「不」的人通常是生來就很吝嗇。而有資格說「不」的地位的人，想要做得成功，就必須對節儉有某種程度的尊敬。大多數玩「說不遊戲」的人，對事情的輕重並沒有什麼觀念；他們會為了節省迴紋針而浪費很多時間，或者為了一張複寫紙可使用幾次而操心不已，或下達辦公室間公文往來用的信封不要用過一次就丟的指示。他們對管理的價值觀是基於一項簡單的事實：即迴紋針對他們來說是跟任何別的東西同等重要；他們固然會對一項可能使公司獲利倍增的計畫予以否決，亦以同樣的冷漠的態度來拒絕發給一盒迴紋針。

事實上，迴紋針對玩「說不遊戲」的人而言是一種強有力的象徵。當你看到某個人把舊而彎曲且用壞了的迴紋針收存起來，並且用力使它們回復原來的形狀以便再用一次時，你可以確定他準是一個玩「說不遊戲」的好對象。

燈光是另一種強有力的象徵。喜歡說「不」的人對關掉燈光通常是有強迫性的。有這樣一位負責人，他在下班時間離開時，到各辦公室去把燈關掉，即使那裡還有人在辦公，不用說，他對每件事情都說「不」。不論一項交易是如何誘惑人及有利，他都是先靜靜的聽，然後把它否決掉。

某些身體上的徵兆可以從說「不」的人那裡辨認出來，最明顯的是他們在遇到熱誠、激情及衝動時，仍能保持不為所動。大多數說「不」的人都喜歡大而重的辦公桌，由於他們事先知道他們要說些什麼話，所以他們通常都很有禮貌。禮貌的確是一種跟你說話的人已經決定該做些什麼的徵兆。

跟說「不」及「不可缺少」有密切關係的是權力遊戲中的所謂「責任」。它簡單的說是對每件事情都感到似乎該負責任。例如你對不在你控制下的事情表示關切，你就有理由去辯明事情為什麼會變成這樣。好像每個人對與其他人相關的工作都是完美主義者，每個人都有權去關心不是他所負責的事情，並對不須由他們解決的問題表示嚴重的關切。玩權力遊戲的一項基本規則是當他們看起來關心時，他們

是在關心你所做的事情，而不是關心他們所做的事情。玩責任遊戲的人幾乎總是顯得比實際上負責任的人要更關心，其實他們的目的是要表示至少他們的確很關心。同時，假如他們是幸運的話，他們就可以使自己有資格去關心辦公室內真正重要的事情。就好像有個地方可以讓人說「不」，亦有另個地方可以使他讓人看來似乎頗關心，縱使每樣事情進行得都很順利。

為了權力踢開絆腳石

在企業裡，妨礙或影響領導者事業發展和個人成長進步的往往是當年一起創業時的夥伴功臣。這些人常常以功臣自居，以老大自居，位高而不實心辦事，自滿而不求進步，但知道營私結黨，傾軋圖利。他們的能力、素養不但早已趕不上公司的發展，而且已經成為公司進步的「絆腳石」。領導者痛心疾首，深惡至極，但卻不能卸下感情的包袱，既無壯士斷腕的勇氣，亦無其他治本的良策，此時該如何呢？最有效的辦法是給「絆腳石」另換一個辦公室，讓其遠離權力中心，斷絕資訊來源；或明升暗降，讓他一點實權也沒有；或讓他出一個長長的差，派他出國考察。一兩個月後，他回來時發現整個大勢已去，工作已由他人代替，自己的權力所剩無幾，除了拿一份穩妥的退休金，已別無他路。這樣，「絆腳石」才能踢開。

一家機械廠的董事長兼總經理李先生，是一位善於踢開事業「絆腳石」的老手。

機械廠創業之初，李總和現在的副總經理石先生都盡心盡力，流血流汗。當時設計圖紙、安裝機械、招聘主要技術人員等，都是石先生一個人獨立完成的。經上級慎重考察，任用了為人沉穩、善於經營管理、群眾基礎較好的李先生為主管，而石先生則為副手。

自從李先生當上了機械廠董事長和總經理後，石先生心裡想不通，感到建廠之初他的功勞比誰都大，他付出的比誰都多，總經理的位置本該就是他的。有了這種心理作祟，石副總以功臣自居，該請示報告的不請示報告，不屬自己職權範圍的事隨意拍板。並在廠裡拉攏了銷售科長、材料供應站主任、財務科長等有實權的部門頭頭，營私結黨，另立山頭。李總經理不是寡恩薄情之人，實在不忍心將當年與自

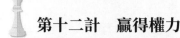

己同甘共苦的夥伴一腳踢到門外。儘管其禍已害得全廠上下離心離德。後來，李總想出了一個兩全其美、圓滿解決問題的辦法。李總首先替石先生換了一間辦公室，表面上看，石副總的新辦公室光線明亮、寬敞、透風，實際上已經遠離機械廠的權力中心。調換了辦公室之後，李總開始想辦法斷絕石副總的資訊來源。每當有重要的會議，或者商談大型經營項目，總讓石副總出差，使他失去參與決策的機會，一些財務報告、業務報告不再給他過目。並採取明升暗降的方法，讓石先生擔任全企業的高階技術總顧問和某分廠的廠長，這樣就使他高升而無為。

石副總不甘心自己的權力被削弱，多次找各個階層的主管，告李總的黑狀。

最後，李先生派石先生到美國、日本等地去考察兩個月，在這兩個月期間，李總將石先生的人際網絡全部打掉，撤換了銷售科長、材料供應站主任、財務科長等實權部門的主管，換上了一些自己親自挑選的親信，石先生從國外考察回來頓時傻了眼。最後，他不得不自己提出提前退休。

一塊「絆腳石」終於被踢開了。

第十三計　笑對挫折

挫折是成功的必由之路

逆境和順境是相對而言的，逆境它是一種艱難困苦的生存環境，或者說是一種與你的理想相背離的生存環境。這種環境，對於懦弱者來說是一種壓力，而對於一個堅強者來說則是一種動力。在逆境中，堅持者不僅不會被壓垮，而且會促使他不斷的奮鬥，以期擺脫或突破它，向自己的奮鬥目標邁進 —— 這就是逆境對人的一種鍛鍊和促進。

失敗是成功之母

拿破崙‧希爾對失敗有一種與眾不同的看法，他說：「這裡，先讓我們說明『失敗』與『暫時挫折』之間的差別。那種經常被視為是『失敗』的事，實際上只不過是『暫時性的挫折』而已。還有，這種『暫時性的挫折』實際上就是一種幸福，因為它會使人們振作起來，調整我們的努力方向，使我們向著不同的但更美好的方向前進。」

大發明家愛迪生對失敗的解釋更讓我們得益匪淺，一位年輕記者問他：「愛迪生先生，你目前的發明曾失敗過一萬次，你對此有何感想？」愛迪生回答說：「年輕人，因為你人生的旅程才起步，所以我告訴你一個對你未來很有幫助的啟示。我並沒有失敗過一萬次，只是發現了一萬種行不通的方法」。

這一萬次「行不通的方法」就是愛迪生寶貴的經驗，這些經驗告訴他哪些材料、方法不適宜製作電燈。而排除了這一萬種「行不通的方法」，接著不就是成功嗎？

成功與失敗是事物發展的兩個輪子，失敗是成功之母，是成功的先導。這些話可以說人人皆知。但在實際生活中，只有自信主動、心態積極、堅持開發自己潛能的人，才能真正領會它的含義。你做一件事情失敗了，這意味著什麼呢？無非有三種可能：一是此路不通，你需要另外開闢一條路。二是某種故障作怪，應該想辦法解決。三是還差一兩步，需要你做更多的探索。這三種可能都會引導你走向成功。失敗有什麼可怕呢？成功與失敗，相隔只是一線。即使你認為失敗了，只要有「置

之死地而後生」的心理態度、自信意識，還是可以反敗為勝的。有人說，過分自信也會導致失敗，但所否定的只是「過分」，而不是自信本身。如果我們不怕丟面子，不怕別人說三道四，那麼失敗傳遞給你的訊息只是需要再探索，再努力，而不是你不行。

失敗和挫折並不可怕，可怕的是對自己失望。所有的偉大人物都是從來不對自己失望的，政治家邱吉爾就是這樣的人。邱吉爾的偉大成就是舉世公認的，但他在學生時代的學業也沒有什麼成就。他每科成績都差，唯有作文曾得到過老師的讚賞。畢業時，老師們對他已經「蓋棺定論」，公認他以後不會有什麼出息。父親見他不行，只好送他到軍校，隨後他便從軍了，隨軍隊到過印度、古巴等國的許多地方。他進不了大學深造，但軍隊的生活卻成了他開闊視野，增長見識的大學。於是他明確了自己的方向，一頭闖入了政治領域。

邱吉爾當然是 20 世紀偉大的政治家和演說家，但他初次在議會的演講卻狼狽的失敗了。當時，他儘管一連幾天背誦講稿，反覆練習，生怕出差錯，可是他越怕越驚慌，講了沒幾句，思路中斷，腦子一片空白，滿面通紅，尷尬極了，無力挽救自己，只有頹然坐下，這次慘敗使他醒悟了。從那以後，他從頭做起，從不怕失敗、不怕出醜做起。他再也不背講稿，而是當眾講出自己想說的話。我就是這樣，讓你們笑話吧！這樣一來，他反倒成功了。

在享受和平的時刻，有誰提出戰爭的警告，是最不受歡迎的人。邱吉爾就吃過這種苦頭。當希特勒擴大軍隊時，邱吉爾喊出戰爭的危機，英國的政客們一笑置之；當德軍侵入奧地利，英國首相張伯倫與希特勒簽署了以犧牲捷克斯洛伐克換取歐洲和平的《慕尼黑協定》，得意洋洋的向英國人民宣布：戰爭不會發生了！但邱吉爾卻警告說，戰爭快要來臨了！政客們對他一怒斥之。邱吉爾因而競選失敗，他堅持己見，又引起公憤，以至於被報紙指責為「缺乏謹慎和判斷力」。

邱吉爾的遠見卓識竟被因循守舊、缺乏遠見的一些人當成了一文不值的垃圾。這種失敗的境遇足以使任何一個人垂頭喪氣或是一蹶不振，可是邱吉爾卻像得勝回朝，依然銜著雪茄，悠然自得，還跑回家鄉的別墅度假去了。他興致勃勃的畫畫、看書、寫作，好像他從來都一帆風順，從未失敗過似的。第二次世界大戰爆發了，

人們才想起有邱吉爾這個不受歡迎的人。因為他是唯一能在和平時刻洞察戰爭危機的人，於是 1940 年邱吉爾不容置疑的當上了英國首相。

邱吉爾成為戰時的民族英雄，傑出的政治家，他以其精闢的演講振奮了英國軍民的士氣，和蘇、美等國人民一起戰勝了希特勒法西斯。這就是一個被人們認為平淡無奇而又多次失敗的人所創造的奇蹟。如果他害怕失敗和孤立呢？歷史上便不會有一個偉大的政治家和演說家邱吉爾。

從邱吉爾的經歷中我們也能再一次體會出這樣的道理：「失敗並不可怕，因為失敗和挫折往往是成功的先導。」

挫折激發你的潛能。成功者大都歷經坎坷、命途多舛，是不幸的境遇中奮起前行的人。而且也不可否認，對成功者來說，處境的艱險、失敗的打擊和對於新事物沒有經驗、缺少把握的特點，也會相應的為他們帶來困擾、憂慮、苦惱和煩躁不安。但成功者不怕這些艱難，不會被困苦的處境壓垮。成功者最可貴的信念和本事是變壓力為動力，從荊棘中開出一條新路。

貝佛里奇說得好：「……人們最出色的工作往往是在處於逆境的情況下做出的。思想上的壓力，甚至肉體上的痛苦，都可能成為精神上的興奮劑。很多傑出的偉人都曾遭受心理上的打擊及形形色色的困難。若非如此，他們也許不會付出超越所需的那種勞動，」他還指出：「忍受痛苦而不氣餒，是年輕科學家必修的嚴峻的一課」。

19 世紀末，美國康乃爾大學做過一次有名的青蛙實驗。他們把一隻青蛙冷不防丟進煮沸的油鍋裡，這隻青蛙在千鈞一髮的生死關頭突然用盡全力，一下子躍出那必使牠葬身的滾燙的油鍋，跳到鍋外的地面，安然逃生！

半小時後，他們使用同樣的鍋，在鍋裡放滿五分之四的冷水，然後把那隻死裡逃生的青蛙放到鍋裡。接著他們悄悄在鍋底下用炭火慢慢燒熱。青蛙悠然的在水中享受「溫暖」，等到牠感覺到熱度已經熬受不住，必須奮力逃命時，卻為時已晚，牠欲躍乏力，全身癱瘓，終於葬身在熱鍋裡。

這個實驗為我們揭示了一個殘酷無情的事實──當生活的重擔壓得我們喘不過氣，挫折、困難堵住了四面八方的通道，我們往往能發揮自己意想不到的潛能，殺出重圍，開闢出一條活路來。可是在耽於安逸，貪圖享樂或是志得意滿，維持功名

的時候，反倒容易陰溝裡翻船，弄得一敗塗地，不可收拾！

1958 年，陳聖澤離開故鄉到香港闖天下時，年僅 12 歲，陳聖澤不勝感慨的回憶往事：「幼時，我家境十分貧窮，父親耕田養活我們三兄弟，我排行第二。小學畢業後，父親認為我已可以自立，便設法替我申請前往香港學習一門手藝，那時，我背起了包袱便孤身上路，旅程上只感到前途路茫茫，來到香港這塊陌生的地方後，便投靠在親戚家裡。」

抵達香港後，陳聖澤經親友輾轉的介紹，在一間小型的手飾工廠學學徒，想不到，他的第一份職業，竟也是他終身的職業。1963 年，陳聖澤存下了數千元，便離開「山寨」首飾工廠自闖天下。他找了一間不到 60 坪的房間，請了一位學徒工。便做起家庭首飾加工業，替客戶加工鑽石及設計首飾，為了節省成本，食、宿也是在工廠裡。那時，陳聖澤這位老闆，才年僅 18 歲。

雖然陳聖澤雄心勃勃的要創業，但由於缺乏資金周轉，客戶又不足，以及缺乏管理經驗，屢戰屢敗。工廠雖然一度聘請了 10 個工人，但是在一兩年間，最終仍是「全軍覆沒」── 所有資金虧蝕淨盡。不過，在「嘗試成功」的歷程中，陳聖澤卻汲取了很多寶貴經驗。更重要的是多次的失敗和資金的虧盡，激發了他心底的潛能，他拿出了成就大業的人所特有的魅力與雄心，發誓要在珠寶首飾行業闖出一條路來。

經過一段時間的「休養生息」之後，他又「重振旗鼓」，這一次他向朋友借了一萬多元，重建首飾工廠，像「草履蟲」一樣，慢慢的摸索前進。由於感到業務沒有突破，他腦海中忽然泛起了一個念頭，就是到外國闖一闖，汲取先進國家珠寶業的優點，以改良自己的生產方式，主意立定之後，陳聖澤把公司留給太太及得力助手打理，自己則「前路茫茫」的跑往美國碰機會。

陳聖澤驕傲的描述當年明智的決定：「當年到了美國之後，便翻查當地的最大的珠寶首飾工廠的名字，並毛遂自薦，經過即席的表演技藝之後，我獲得在美國一家首飾工廠工作，在那裡學習了一年，首次接觸到先進國家的流水作業過程，又了解到美國人對珠寶首飾的品味，最重要的是對自己的創作意念有所啟發，為我後來的成功奠下了基礎。」

回香港後，陳聖澤計劃大展拳腳，但資金不足。這時免稅店有意請他創辦一個珠寶加工部門，薪酬出得很高，陳聖澤便決定試一試，看看自己的實力，亦希望藉此得到一筆資金發展。他微笑著說：「這份工作的薪酬對我很有吸引力，其他老闆絕對不會出得起這麼多錢，做了幾年，我懂得了管理的經驗以及大公司的運作，綜合美國學到的知識，對我後來開『恆和』踏上成功之途很有幫助。」

1975 年，陳聖澤離開了免稅店，用數萬元資本開辦了恆和珠寶公司，頭 6 個月只有 20 個人，他引入美國的「流水線作業」生產方式，並取消學徒制度，以分工制度自行訓練學徒，大大縮短了訓練學徒的時間，令生產效率大為提高。

有了資金及經驗後，當然要靠點運氣，陳聖澤這時時來運轉。一天，他在美國的珠寶公司的舊雇主參觀他的工廠，並願意發給他一些珠寶加工生意。如此，陳聖澤在珠寶行業站穩了陣腳。由於訂單日增，一年之內，員工數暴增至百多人。一年半後，再增至 300 人。1976 年，已經穩坐香港珠寶首飾出口美國市場的第一把交椅。

勇歷艱險，不怕挫折，這是所有有志於成功的人必修的一課。當我們面臨叢生荊棘的時候，應該想到這是摘取成功之花的必由之路。

笑對挫折獲得新生

查理・華德出身貧寒。他在讀小學時，曾在西雅圖濱水區靠賣報和擦皮鞋來養家糊口。後來，他成了阿拉斯加一艘貨船的船員。17 歲高中畢業後，他就離開了家，加入了流動工人大軍中。

他的同伴都是些倔強的人。賭博，與下等人 —— 所謂「邊緣人物」 —— 混在一起。軍事冒險者、逃亡者、走私犯、盜竊犯等等一類人都成了他的同伴。他參加了墨西哥潘穹・維拉的武裝組織。「你不接近那些人，你就不會參與那些非法活動，」查理・華德說，「我的錯誤就是與這些不良的夥伴混在一起。我的主要罪惡就是與壞人糾纏在一起。」

他時常在賭博中贏得大量的錢，然後又輸得精光。最後，他因走私麻醉藥物而被捕，受到審判並被判了刑。

查理・華德進入萊文沃斯監獄時 34 歲。以前儘管他和壞人在一起，但從未因此

而入獄。在監獄中他遭受到磨難，他聲言任何監獄都無法牢牢的關住他，他尋找機會越獄。

但此時發生了一個轉變，這一轉變使查理把消極的心態改變為積極的心態。在他的內心中，有某種東西囑咐他，要停止敵對行動，變成這所監獄中最好的囚犯。從那一瞬間起，他整個的生命浪潮都流向對他最有利的方向。查理‧華德的思維從消極到積極的轉變，使他開始掌握自己的命運了。

他改變了好鬥的性格，也不再憎恨將他判刑的法官。他環視四周，尋找各種方法，以便在獄中盡可能的過得愉快些。

首先，他向自己提出了幾個問題，並在書中找到這些問題的答案。此後，直到在 73 歲逝世的日子，他每天都要讀書，求索激勵、指導和幫助。

他的行為由於態度的轉變而有所不同，因而博取了獄吏的好感。一大，一個刑事書記告訴他，一個原先在電力廠工作的受優待的囚犯將要獲釋。查理‧華德對電懂得不多，但監獄圖書館藏有關於電的書籍，他就借閱了一些。在那些懂得電學的囚犯的幫助下，查理掌握了這門知識。

不久，查理申請在獄中工作，他的舉止態度和言談語調都讓副監獄長留下了深刻的印象，博得了他的好感，他得到了工作。

查理‧華德繼續用積極的心態從事學習和工作，他成了監獄電力廠的主管，領導著 150 個人。他鼓勵他們每一個人把自己的境遇改進到最佳的地步。

美國中北部明尼蘇達州首府聖保羅市「布朗比基羅公司」經理比基羅因被控犯了逃稅罪，進入了萊文沃斯監獄。查理‧華德對他很友好。實際上，查理已越出了自己的處事範圍，他激勵比基羅設法適應自己的環境。比基羅先生十分器重查理的友誼和幫助，他在刑期將屆滿時告訴查理：「你對我十分關心。你出獄時，請到聖保羅市來，我們將為你安排工作。」

查理獲釋出獄後，就來到了聖保羅市。比基羅先生如約為查理安排了工作，週薪為 25 美元。查理在兩個月之內就成了工頭。一年後，他成了一個主管。最後，查理當了副會長和總經理。比基羅先生逝世後，查理成了公司的董事長。他擔任這個職務直到逝世為止。

第十三計　笑對挫折

在查理的管理下，布朗比基羅公司每年銷售額由不足 300 萬美元上升到 5,000 萬元美元以上，成了同類公司中最大的公司。

失敗是成功階梯。我們這一時代的最偉大的發現就是，人類可以透過他們的想法來改變他們的生活。

這是因為，人的想法是萬物之因。你播種一種想法，就收穫一種行為；你播種一種行為，就收穫一種習慣；你播種一種習慣，就收穫一種個性；你播種一種個性，就收穫一種結果。總之，一切都始於你的想法。

因此，想要在自己的生活和事業中獲得成功，我們必須弄清楚什麼是成功，怎樣衡量我們的成功。

因為生活中的成功並非取決於我們與別人相比做得如何，而是取決於我們所做的與我們能夠做到的相比如何。一個成功的人，總是與他們自己競賽，不斷創造新的自我紀錄，不斷改善與提升。

一個人想要在自己的生活和事業中獲得成功，必須弄清楚什麼是成功，並怎樣衡量。真正的成功是以知道你已很好的完成了一件事，並達到了你的目標時的感覺來衡量的。成功不是靠我們在生活中所處的位置來衡量我們的成功，而是以我們在達到目標過程中所克服的障礙的多少來衡量。

生活中的成功不取決於與別人相比我們做得如何，而是取決於我們所做的與我們能夠做到的相比如何。成功的人與他們自己競賽，他們不斷的刷新自己的紀錄，不斷改善與進步。

成功不以在生活中我們升到多高來衡量。而以我們在跌倒後再爬起來的次數來衡量。正是這種倒下後再爬起來的能力，決定了成功與否。

老湯姆・沃森說：「如果你想獲得成功，那就請加快你失敗的速度。」如果你研究一下歷史就會發現，所有成功的故事同時也充滿了許多失敗的故事。但人們並不看待失敗的一面。他們只看事物成功的一面，並就此認為那些成功者運氣好：「他一定是生逢其時。」

讓我們來看看某人的生活歷程。

有個 21 歲時在生意上遭到失敗，22 歲參加議員競選失敗，24 歲再次生意遭受

挫折，26 歲時經歷了心愛的人離世，27 歲時精神崩潰，34 歲時參加國會競選失敗，45 歲時競選總統受挫，49 歲時競選參議員失敗，52 歲時當選美國總統。這個人就是亞伯拉罕・林肯。

難道你會說他是一個失敗者嗎？他可能退縮過，但林肯始終堅信，失敗只是暫時的曲折，絕不是死路。

1913 年，真空管的發明者李・德富雷斯特被當地律師控告，說他宣稱自己能夠把人的聲音傳過大西洋，從而誤導大眾購買公司的股票。他為此受輿論的譴責。但你能想像假如沒有他的發明，我們現在會怎麼樣嗎？

1903 年 12 月 10 日，一位《紐約時報》的編輯在報上對萊特兄弟試圖發明一種比重比空氣還大的飛行器表示懷疑，認為他們很不明智。而一個星期後，萊特兄弟在基蒂霍克展示了他們的飛機。

桑德斯上校在 65 歲時，只有一輛老爺車和一張 100 元的社會保險支票，他意識到自己做食物到外面去賣。你能想像在他得到第一份訂單之前，他敲了多少家的門嗎？據估計，在他得到第一份訂單之前，他至少敲了 1,000 家的門。而我們有多少人在嘗試了 3 次、10 次、100 次之後就放棄了，認為自己已經盡了最大的努力了呢？

作為一個年輕的漫畫家，華特・迪士尼曾多次因被認為沒有才華而遭到報社的拒絕。一天，一個教堂的牧師僱他去畫一些卡通畫，當迪士尼在教堂附近的一個老鼠洞旁工作時，看到一隻小老鼠，於是突發靈感。就這樣，米奇（米老鼠）誕生了。

成功的人並沒有做大事，而只是用一種不尋常的方法來做小事。

一天，一個 4 歲的耳朵有點聾的小男孩從學校回到家裡，口袋裡裝著他老師寫的一張紙條，上面寫著：「湯米太笨了，無法到學校學習，把他領回家吧。」他的母親看了這張紙條後說：「我的湯米並不笨，他能學習，我自己來教他。」後來湯米成了一個偉大的發明家 —— 他就是湯瑪斯・愛迪生。湯瑪斯・愛迪生只受過 3 個月的正規學校教育，而且他還有點聾。

你是否把這些人看成是失敗者呢？他們在困難中獲得成功，而不是輕而易舉的獲得成功。但對外面的人來說，似乎只是他們的運氣比較好。

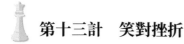

第十三計　笑對挫折

所有成功的故事都伴隨著一些失敗的故事，兩者的唯一不同就在於，那些最終成功的人們能在每次失敗之後都重新站為。這就是所謂的在失敗中前進，而不是退縮，從失敗中學習就能不斷前進，你從失敗中學習了經驗，你就能不斷前進。

1914 年，在湯瑪斯・愛迪生 67 歲時，一場大火把他價值數百萬美元的工廠燒得一乾二淨。他只得到了很少的保險賠償。這時的愛迪生已不再是年輕人，看到自己花費一生心血苦心經營起來的工廠，在一片火光中變成廢墟，他並沒有氣餒，反而說：「這場災難有很大的價值。因為我們所有的錯誤都被燒掉了。感謝上帝，我們又可以有一個新的開始了。」儘管經受一場災難，但在 3 個星期後，他又發明了留聲機。這是一種多麼值得效仿的態度啊！

在生活中，挫折是不可避免的。挫折並不總是不斷的，它們能產生推動的作用，同時教會我們要謙虛，不要驕傲。遇到挫折時，我們要在悲傷之餘，找到克服挫折的力量和勇氣，我們需要學會成為戰勝挫折的勝利者，而不是成為挫折的犧牲品。猶豫和膽怯都只能使我們目光短淺。

每經過一次挫折後，不妨問一問自己：在這次經歷中，我學到了什麼？只有這樣，你才能把每一塊絆腳石變成一個個成功的基石。

失敗型個性也有徵兆。我們有必要認清自己所表現出來的失敗徵兆，以便採取相應的行動。當我們認出某種個性的特點是失敗的標誌時，這些徵兆就自動作為「否定資料」予以回饋，指導我們走上通向創造性目標的道路。不過，我們不僅需要知道它們，而且每個人都應該「感覺到」它們。我們需要認清它們是我們不希望的、不想要的東西。最重要的是，我們要深切的相信，這些東西不能帶來幸福。

誰也不可能有超乎這些否定的感情和態度之外，即使是最成功的個性也時常經歷它們，重要的是要認知這些徵兆的後果，並採取積極措施予以糾正。

・挫折

挫折是一種情緒上的感受，只要某種重要目標不能實現或某種強烈欲望受到壓抑時，這種感受就會產生。我們所有的人都會受到一定的挫折，因為作為人來講總是不完美、有缺陷的。年紀大一些之後，我們就會懂得，一切欲望不可能立即得到滿足。我們還會懂得，我們的「行為」永遠不可能像預期的那樣出色。我們也會接

受這樣一個事實：我們不一定要強求自己對任何事都做得盡善盡美，能近乎完美就足以滿足實際的目的。我們應該懂得忍受一定的挫折，而不要因此灰心喪氣。

連續不斷的挫折，往往意味著我們為自己確立的目標是不現實的，或者是我們形成的自我意象不適當，或是兩者兼而有之。

· 進取心

過度的和錯誤的進取心緊緊跟在挫折之後，就像黑夜緊緊跟著白天一樣。

進取心本身並不像某些精神醫學家認為的那樣，是一種不正常的行為模式。要達到一種目標，進取心和情感上的動力是十分必要的。追求我們所需要的東西，必須採取進取的方式而不是防禦的或躊躇的態度。我們必須進取性的處理問題。確立一個重要的目標，就足以在我們的鍋爐裡產生感情和蒸汽，造成進取的熱能。然而，我們在達到目標的過程中，如果受阻礙或受挫折，就要發生故障。感情的蒸汽受阻塞，需要尋找排洩口，如果得不到利用或者被利用，就會變成一種毀壞性的力量。一個工人如果想在老闆的鼻子上揍一拳但又不敢下手，他可能會回家去打他的妻子，或者踢貓罵狗以圖發洩。他也可能把攻擊力轉到自己身上，就像南美洲的一種毒蠍在發怒時會叮咬自己、死於自己的毒汁那樣。

當然人不可能沒有進取之心，在你追求上進的過程之中，應注意以下幾點：

1. 集中火力，不要盲目出擊 —— 失敗型個性不能把他的進取性用之於一個有價值的目標。相反，他的進取心用在類似於潰瘍、高血壓、焦慮、抽菸過度、強迫性工作過度之類的自我挫折行為之上，或者表現在對待別人時不安、生硬、嘮叨、挑剔、吹毛求疵。如果他的目標是不現實的和不可能的，這種類型的人遭到失敗時會「比以前更賣力」。對待進取心的方法並不是要消滅它，而是理解它，提供適當的管道讓它表現出來。

2. 知識就是力量 —— 只要了解相關的機制，就可以幫助人處理好「挫折 —— 進取」這個循環。

3. 情緒蒸汽的安全閥 —— 遇到阻礙而達不到重要目標時，你會像一個蒸汽火車頭，充滿了蒸汽卻無處發洩。你需要一個排出過量感情蒸汽的安全閥。

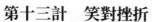

利用進取心最好的管道，就是按照它原來的用途，在朝著某一個目標前時發洩。工作也是一種最佳的治療，也是對付煩惱的心靈的最有效鎮靜劑。

· 不安定

不安定的感覺建立在內心不適應的觀念或信念之上。如果你覺得「不配」達到要求，就會不安。很多不安的感覺不在於我們內在能力真的不適應，而在於我們錯用了衡量的尺度。我們拿自己的實際能力與一個想像的、「理想的」、完美的或絕對的自我相比。用絕對化的標準考慮自己必然造成不安之感。

不安定的人覺得他應當「美好」，應當「成功」，應當「幸福」，認為他們有能力，泰然自若……只是應當而已。這些都是有價值的目標，但它們應當被看作、至少在絕對意義上應當被看作能夠達到的目標，而不僅僅是「應當」。

由於人有一種追求目標的心態，所以只有人朝著某種事物前進時，自我才能充分實現。人只有在向前運動，有所追求時，才能保持他的平衡、鎮定和安全感。如果你認為自己達到了目標，你就變為靜止的，從而失去前進時的安穩與平衡。深信自己絕對「完好」的人，不僅沒有得到更好的機會，而且會覺得不安定，因為他必須保護自己的虛假偽裝。

想要站在山巔之上是不安全的。從心理上說，從高高的馬背上爬下來，你會覺得更安全。這說明了體育中的「劣勢心理」。一支冠軍隊伍把自己看成「冠軍」時，他們就沒有再需要奮鬥的地方，只能處於防衛的狀態。冠軍是為了防衛，為了保有某種東西；處於劣勢的人是為了爭取某種東西，所以常常能使局勢顛倒過來。

釀成不安的那種心理狀態本身就是一種「方法」，是用虛偽造作取代現實的一種方法，是一種向自己、向別人證明你優勢的方法。但是這種方法只能導致自己的失敗。如果你現在就是完美和優越的，那就沒有必要再奮鬥、努力和嘗試事實上，如果有人看見你在賣力，可能就會把它當作你並不優越的證據，所以你就乾脆「不賣力」。你在戰鬥中必然失敗，因為你失去了獲勝意志。

沒有人一貫正確。我們應當意識到，要求一個人永遠百分之百的正確是不可能、也沒有必要的。我們透過自己的行動前進，犯錯誤，然後糾正前進路線，這是符合事物本質的。魚雷最終能擊中其目標，就是不斷的犯錯誤，又不斷的糾正路線

的結果。如果你原地不動，就無法糾正自己的路線。「零」是無法改變或糾正的。你必須考慮一種情況下的既成事實，想像各種行動路線可能帶來的後果，選擇一條提供最佳解決辦法的路線……然後孤注一擲。你在前進中才能糾正自己的路線。

失敗是一個逗號

美國思想家杜威說過：「失敗是有教導性的。真正懂得思考的人，從失敗和成功中索得的一樣多。」

石油大王洛克斐勒的同事貝特福特，是幫助洛克斐勒創建標準石油公司的老夥伴之一。但是有一回，他竟因為急功近利而在經營中慘遭失敗。

然而，接著發生的事情卻使他驚訝不已。

貝特福特說：「一天下午，我在路上走著，我已經注意到洛克斐勒和潑拉脫兩位先生就在我的身後不遠。但我並沒有回頭，照樣向前走著，因為我實在不願意細說我失敗的情形。可是他們在後面叫住了我。洛克斐勒在我背上誠摯的拍了一下說：『好極了，貝特福特，我們剛才聽人說起你在南美的事情。』我心想他們或許要責備我，或者已聽到一些不準確的消息。我說：『但是，那實在是一個極大的損失，我們只想辦法保存了 60％ 的投資。』『不錯，那已是難能可貴的了。全靠你處理有方，才替我們保全了這麼多投資。能做得這樣出色，已出乎我們的意料了。』他就是這麼讚美我的。」

洛克斐勒本應對他嚴加責備，但他卻一反常情，找出了一些值得讚美的地方，使其得到一些安慰。

讚美是一種博取好感和維繫好感的最有力的方法，但其深長的意義，還不止於此。恰當的讚美，是促進人繼續努力的最強烈的興奮劑，有助於下屬獲取成功的自信心。這種自信心，在下屬的心中最易滋長，只須你給他們以讚揚和信任。

雷・邁耶是位帶傳奇色彩的籃球教練，執教於帝博大學，他曾率隊贏得過 37 次冠軍。有一年，他的球隊從冠軍寶座上跌了下來，當人們問他有什麼感想時，他的回答是：「太好了，今後我們又可以集中精力研究如何贏得第一，而不是怎樣保住第一了。」

第十三計　笑對挫折

對許多人來講，失敗一詞意味著完結。但是，對那些有所成就的領袖人物來講，失敗是新的開始，是達到新高度的跳板，這些人根本不把失敗放在心上。我們調查研究過 90 名這類人物。其中有總經理、參議員、教練等，更加深了這種感覺。他們甚至不用失敗這兩個字眼，而是代之以失誤、受挫和「新起點」等詞。

一家麥片公司曾收購過一家電子遊藝機商店和一家化妝品商店，後來因生意不好均關閉了。公司董事長威廉承擔了這兩次「失誤」的責任，事後他對職員們說：「我要求你們要勇於去冒險，本公司的高階經理人員沒有一個沒犯過類似的錯誤，包括我本人在內，這就如同我們學滑雪，不栽跟頭，永遠學不會。」

我們並不是說所有這些被採訪的頭面人物都為失敗而自鳴得意。他們只是相信自己，相信自己的下屬能從失敗中吸取成功的經驗而已。幾年前，IBM 公司一位很能幹的經理在一次冒險嘗試中，讓公司損失了數百萬元，公司老闆把他召到自己的辦公室，年輕的經理脫口說道：「老闆，你要炒我的魷魚嗎？」老闆回答說：「你不必把這件事放在心上，就算公司為你付了幾百萬學費。」

所有這些人都具備的特點是，他們都勇於為自己追求的目標盡最大的努力，冒最大的風險。奮鬥和冒險這兩種特質在他們身上有機的結合在一起。他們更喜歡為眼下進行的工作操心，而無暇為過去的失敗煩惱。他們毫無畏懼的航行在風險惡浪之中。

也不可否認，人生最大的悲劇，就在於盡了自己最大的努力而慘遭失敗，這悲劇充滿在絕大多數失敗者的身上，成功者在比較之下很少有這些特質。

對數千男女進行分析後發現，其中有 98% 被歸類在「失敗者」。

分析證實有 31 種招致失敗的主要原因，當你檢查這份清單時，要用它逐點的來檢查你自己，以便發現在你成功之間究竟有多少失敗的因數存在。

1. 不良的遺傳背景：如果任何事情能用來補救天生腦力不健全的人，那也是極少極有限的。這是 31 種失敗因素中，唯一不能輕易改變的一項。

2. 缺乏良好而固定的生活目標：我分析的人中有 98% 是沒有中心目標，或固定的，永遠沒有成功的希望，也許這就是他們失敗的主要因素。

3. 缺乏達到中等以上目標的雄心：對生活不願意付出代價，而且冷淡到不想上進

的人，我們對這種人是沒有什麼可指望的。

4. 沒有充分的教育：這種困難可能是比較容易克服的。經驗證實，受最好教育的人時常是那些稱之為「自學的人」或「自我教育者」。教育並沒有很多的知識，它所包括的僅僅是有效和不斷被運用的知識，我們不僅僅因為他們的文憑而付錢，更對那些能運用知識的人付給代價。

5. 缺少自律：自律是經由自我控制產生出來的，這是說一個人必須控制所有的消極特質，在你能夠控制環境之前，你必須首先控制自己；自我主宰是最困難的，如果你不能征服自己，你就被自己所征服。在鏡子面前看到的，既是你最好的朋友，也是你最頑強的敵人。

6. 健康情況不佳：沒有良好的健康，大概無法享受輝煌的成功。許多不健康的因素源於自我約束不夠。

    A. 飲食過度

    B. 錯誤的習慣，表現消極的一面

    C. 性過度沉迷和錯誤使用

    D. 缺乏適當的運動

    E. 新鮮空氣的不當利用，不適當的呼吸

7. 孩提時代遭受不良環境的影響：許多有犯罪傾向的人，完全是孩童時代不良環境和不好同伴所造成的後果。

8. 拖延：這是失敗最普通的因素之一。「老年人的拖延」是占據著每個人內心的陰影，因等待機會而破壞了成功的機會。大多數的人一生過著失敗者的生活，只因為我們等待著「時機轉好」。不要守株待兔，永遠不會有「剛剛好」的時間。從你站的地方往前邁步，運用你現有的工具工作，當你繼續做下去的時候，將會找到更好的工具。

9. 缺乏恆心：我們做每一件事情時，大多數是好的「起始者」，卻是一個不好的「完成者」；此外，一般人大都第一次碰到挫折，就產生放棄不做的傾向。恆心是沒有東西可以代替的。

10. 消極人格：成功是運用權力而獲得的，權力由別人的通力合作才能得到，消極人格不會導致合作。

11. 缺乏控制性衝動的能力：性的力量是一切刺激中具有最大威力者，它可能推動人採取行動。它是最強有力的情緒力量，因此它必須轉移至別的通道而得到控制。

12. 不能控制「不勞而獲」的欲望：賭博的本能把數百萬人驅向失敗的深淵，關於這一點，或許可以研究 1929 年，當數百萬人嘗試在股票盈利上下賭注而賺錢時，造成了華爾街的大破產。

13. 缺乏下決心的固定力量：成功者迅速的下決心，而改變得非常緩慢。失敗者下決心時非常緩慢，而改變得很快很頻繁。

14. 一種或多種的基本恐懼：在你能夠有效的推行你的服務之前，它們都必須加以控制。

15. 結婚時選錯了對象：這是最普通的失敗因素。婚姻把人帶進一種默許的契約，除非這種關係是和諧的，否則失敗就跟在後頭。它是一種悲慘、不幸的失敗形式，摧毀人的全部的雄心。

16. 過分謹慎：抓不到機會的人，通常只是抓到別人挑選後剩下來的機會。過分謹慎和草率從事都是不好的，兩者都是防衛的極端，而生活本身卻充滿了各種機會。

17. 選錯了合夥人：這是事業失敗最普通的原因。在推行個人服務的時候，一個人應集中心思去選擇一個鼓舞人的老闆，他必須是個勝任而明智，值得模仿的老闆。

18. 迷信和偏見：迷信是恐懼的一種形式，它同時也是愚昧無知的標誌，成功人物永遠持有開放的心智，一無所懼。

19. 選錯了職業：沒有一個人從事他不喜歡的工作而獲得成功。應選擇你能全心全力去奉獻的工作。

20. 缺乏專注的精神：什麼都會的人，很少能精通任何一種行業的。

21. 揮霍無度：揮金如土的人無法成功。因為他永遠為貧困而恐懼；要養成從收入

中以固定比例儲蓄的習慣；銀行的存款使一個人在推行他的個人服務時，有一種極為安全的勇氣基礎，沒有錢，一個人就不得不抓住每個機會，而且樂意去獲得它。

22. 缺乏熱情：沒有熱情，一個人就不能被人信服。熱情是容易傳染的物質，能掌握它的人，通常會深受任何團體或個人的歡迎。

23. 頑固不化：對任何事情都關閉心智，絕對不會進步。

24. 放縱無度：放縱無度與狂吃、酗酒和性活動有關，過度沉迷其中任何一項，都是成功的致命傷。

25. 無法與別人合作：許多人在一生之中，因為這項缺點而失去了他們的職位及大好機會。

26. 不是本身努力所獲得的權勢（富者的子女，以及其他繼承他們所不必賺取的金錢的人）：一個人的權勢不是逐漸得來的，往往是成功的致命傷，急促得來的財富比貧窮更加危險。

27. 故意不忠實：誠實是無法取代的，一個人或許因為環境的逼迫而暫不誠實，這不至於會有長久的損害，但是對於自願選擇不誠實的人，對他是沒有什麼指望的；遲早，他的事業會被自己斷送掉，他將付出身敗名裂的代價，甚至失去自由。

28. 自大及虛榮：這些特質就像紅燈，警告別人遠離你，它們是成功的致命傷。

29. 用猜測代替思考：大多數人因太冷漠或懶惰，而不去獲取可以正確思考的事實，他們喜歡由猜測或草率的判斷所產生的「意見」來行事。

30. 短缺資金：這是一項普遍的失敗因素，存在於那些第一次開創事業，而又短缺周轉資金用來彌補失誤之時，這種現象要拖延到他們的聲譽已經建立起來之後才會消失。

31. 此項為任何特殊的失敗因素，你已因此遭遇到痛苦而未列入前述。

在這 31 項失敗的因素裡，可以看到悲劇性的描述，它幾乎是從每一個嘗試過而失敗的人身上找到的。如果你能夠誘導某些很要好的人跟你一起研究這份清單，並用 31 項失敗的因素來協助你分析，對你將會更有助益的；如果你單獨嘗試，對你也

第十三計　笑對挫折

許會有幫助的。大多數人不能像別人看他們那樣的看清楚自己，你也許就是其中的一個。

第十四計　自我激勵

第十四計 自我激勵

用積極的心態消除恐懼

塞謬爾·斯邁爾斯認為，消極的東西對人是有害的。但是，它們有時候是否也有益呢？

是的，消極的情緒、感情、思想和態度在使用得適當和正確的情況下，是有益的。

一種東西如果對於人類是有益的，那麼，它對個人也是有益的。很清楚，在進化的過程中，消極的思想、感情、情緒和態度也保護了個人。事實上，這些消極的東西也在阻止人類絕滅。個人的這些消極的東西，像磁鐵的負極力量，能有效的排斥別人的消極力量。這幾乎是一個普遍的定律。

現在，教養、高雅和文明，像人類本身一樣，也從原始狀態發展起來了。一個社會或環境越是有教養、越高雅和越文明，個人也就越不需要這些消極的東西了。但是在一個消極的痛苦環境中，一個通情達理的人該抱著積極的心態，用那些消極的力量，來抗拒他所面臨的罪惡。

現在讓我們弄清楚這些消極的概念。我們且以憤怒、憎恨和恐懼為例：

憤怒和憎恨。反對邪惡的正當的義憤，是憤怒和仇恨的一種形式。當一個人的國家被敵人攻擊時，保護他的國家的願望，或者保護弱者、反抗狂人的罪惡的攻擊，以拯救人類的生命的行動，便都是良好的。必要時則用屠殺來完成這個使命。這是使用消極的情緒和感情的最壞的一種形式，來達到一個極有價值的目的的例子。在我們的社會中，一名戰士進行愛國主義的戰鬥，或者一名警察履行維護治安的職責，都是合乎高尚道德的。

恐懼。當你處在新的經歷和新的環境中時，自然就會透過某些恐懼的情緒警告你保護自己免遭潛在的危害。你可以確信，即使最勇敢的人處在新的環境中，也會首先經歷一種有意識的或下意識的膽怯或恐怖的感受。如果他發現恐懼對他是不利的，而他又具有積極的心態，他就會消除恐懼，用積極的情緒來代替不稱心的消極情緒，透過不斷的自我激勵，走向事業上的成功。

學會控制情緒和感情

　　人是動物界中唯一有意識的成員，只有人才能透過有意識的心理，自覺的從內部控制情緒，而不是受外界的影響被迫去這樣做。

　　斯邁爾斯發現只有人才會有慎重的改變情緒反應的習慣。你越是文明、有修養、有教養，你就越能控制好自己的情緒和感情。

　　把行動和理智結合起來，從而就可控制住情緒。例如當你證明了某種恐懼是不恰當的或有害的時，你就能消除這種恐懼。

　　雖然你的情緒不一定總是能立即受理智的支配，但它能立即受行為的支配。因為你能用理智確定不必要的消極情緒，從而激勵你行動起來，用積極的感情代替恐懼。

　　要做到這一點，一個有效的方法是使用自我暗示，也就是使用自我命令，說出一句能表達你想要成為什麼樣的人的話。這樣，如果你懷有恐懼，而又想成為一個勇敢的人，你就可發出自我命令：「要勇敢！」並且迅速的重複幾次。緊接著就進入行動。要成為勇敢的人，就要勇敢的行動。

　　在本文中，你將弄明白如何應用自我暗示法控制你的情緒和行動。同時要讓你的想法集中到你所應當做和想要做的事情上。只要應用成功公式，你總會獲得成功！

　　你是否讀過《富蘭克林自傳》，或者讀過《我怎樣在銷售中從失敗走向成功？》如果你沒有，我們就建議你閱讀這兩本書。因為這兩本書包含著一個成功公式。

　　富蘭克林在自傳裡表達，他力圖幫助他自己。他寫道：

　　我的目的是為了養成所有這些引起美德的習慣。我認為最好不要立刻全面的去嘗試，以致分散注意力，而在一個時期內集中精力掌握其中的一種美德。當我掌握了那種美德之後，接著就開始注意另外一種，這樣下去，直到我掌握了 13 種為止。因為先獲得的一些美德可以便利其他美德的培養，所以我就按照這個主張把它們像上面的次序排列起來。……

富蘭克林所列舉的 13 種品德，以及他為每種品德所注的箴言（自我暗示）如下：

1. 節制。食不過飽；飲酒不醉。
2. 寡言。言必於人於己有益，避免無益的聊天。
3. 生活秩序。每一樣東西應有一定的安放地方；每件日常事務有一定的時間去做。
4. 決心。當做必做；決心要做的事應堅持不懈。
5. 儉樸。用錢必須於人或於己有益，換言之，切戒浪費。
6. 勤勉。不浪費時間；每時每刻做些有用的事，戒掉一切不必要的行動。
7. 誠懇。不欺騙人；想法要純潔公正；說話也要如此。
8. 公正。不做損人利己的事，不要忘記履行有益而又是你應盡的義務。
9. 適度。避免極端。人若給你應得的處罰，你當容忍之。
10. 清潔。身體、衣服和住所力求清潔。
11. 鎮靜。勿因小事或普通的不可避免的事故而驚慌失措。
12. 貞節。除了為了健康或生育後代起見，不常舉行房事，切戒房事過度，傷害身體或損害你自己或他人的安寧和名譽。
13. 謙虛。仿效耶穌和蘇格拉底。

透過自我激勵主宰自己的命運

對一個人來說，可能發生的最壞的事情莫過於他的腦子裡總認為自己生來就是個不幸的人，命運女神總是跟他過不去。其實，在我們自己的思想王國之外，根本就沒有什麼命運女神。我們是自己的命運女神，我們自己控制、自我激勵，主宰著自己的命運。

在每個地方，儘管有一些人抱怨他們的環境這也不行那也不行，他們沒有機會施展自己的才華，但是，就是在相同的條件下，也有一些人卻設法獲得了成功，使自己脫穎而出，天下聞名。

對一個自認為天生就是失敗者的人你能做什麼呢？成功是不可能來自於這種失

敗思想的，就好像玫瑰是不可能來自於長滿薊草的土壤一樣。當一個人非常擔心失敗或貧困時，當他總是想著可能會失敗或貧困時，他的潛意識裡就會形成這種失敗想法的印象，因而，他就會使自己處於越來越不利的地位。換句話說，他的想法、他的心態使得他試圖做成的事情也變得不可能了。

我們的幸運，或是我們自己認為的所謂「殘酷的命運」，其實與我們自己有莫大的關係。我們經常看到有些能力並不十分突出的人卻做得非常不錯，而我們自己的境況反不如他們，甚至於一敗塗地，我們往往認為有某種神祕的命運在幫他們，而在我們身上總有某種東西在拖我們的後腿。但是，實際上卻是我們的想法、我們的心態出了問題。

可以這麼說，我們面臨的問題便是我們根本不知道該如何提高自己。我們對自己不夠嚴格，我們對自己的要求不夠高。我們應該期待自己有更加光輝燦爛的未來，應該認為自己是具有超凡潛質的卓越人物。一定要對自己有很高的評價。

假定你已成為你心中的理想人物，假定你已獲得你渴望的那些品質，這樣的話，你就會感到有一種強大的魔力，你就會感到有一種真正的創造力。你還要全心全意的希望自己健康，絕不能容許你自己去想可能會有意外的不幸發生到你的頭上。一定要擁有健康的心態，你所思考的、所談論的都要與健康有關。一定要對自己說，健康是你生來就該享有的權利。

你也該以同樣的態度對待成功。除了成功之外，你絕不應該再想別的事。一定要有成功的心態、成功的思維和成功的行為舉止。一定要像一個成功者、一個傑出人物的樣子。務必相信，你心中的圖景、你的心態，你的自我激勵便是你將可能使之變為現實的藍圖。

如果你希望自己成為英雄人物，你一定要堅定的擁有無所畏懼的想法，你絕不能害怕任何事情，你絕不能使自己成為一個懦夫、一個膽小鬼。

如果你一直膽小怯懦，如果你容易害羞，那就不妨使自己昂起頭、挺起胸來，你不妨宣稱你的男子漢氣概或是巾幗不讓鬚眉的氣概。一定要痛下決心加強你個性中的薄弱環節。

對畏縮、膽怯和害羞的人來說，如果能展現出另外的神態，如果能表現出自信

的樣子，對他們往往大有裨益。膽怯害羞的人不妨對自己說：「其他人太忙，不會來操心我或看著我、觀察我，即使他們看著我、觀察我，對我來說也沒有什麼大不了的。我將按自己的方式行事和生活。」

如果一個人顯得孤僻、畏縮和害羞，那麼，這種不斷的宣稱「我是……」的哲學，這種不斷的激勵自己：「我天生就是有所成就的人，我是將會有很大成就的人」的態度，和一點點的日常訓練 —— 即培養自己承擔責任的勇氣和自信心的訓練，無疑都會使一個膽怯懦弱的人以令人驚訝的速度成長為一個堅強勇敢的人。

如果你的父母和教師說你是一個笨蛋，是一個傻瓜，那麼，每當你想到這一說法時，你要堅決否認。你要不斷的宣稱，你並不愚蠢，你有能力，你將向那些不相信你的人們表明，你能做成其他人能成就的任何事。

無論別人如何評價你的能力，你絕不能容許自己懷疑能成就一番事業的能力，你絕不能對自己能否成為傑出人物心存疑慮。要盡可能的增強你的信心，在很大程度上，運用自我激勵能使你成功的做到這一點。

個人的自我暗示中蘊藏著一筆很大的財富，蘊藏著一筆極大的資本。你在立身行事時，要不斷的透過自我激勵暗示自己一定會成功，會獲得發展、進步。光是這種發展的名聲，光是這種積極進取的名聲，光是這種能有所成就的名聲，光是這種在社會中舉足輕重的名聲，就足以抵得上任何事情。

不管你是否意識到，每次當你遇到一個熟人時，你在他評價你的階梯上又有了一個新的定位，與上次遇到你相比，他這次對你的評分或是高了，或是低了。要知道，你遇到每個人都會對你品頭論足一番。

如果人們遇到你，他們會仔細觀察你是否積極向上，你是否又獲得了一點進步，你是否長高了一點，你是否又長大了一點，你是否比上次他們見到你時又成熟了一點，他們會仔細觀察你將來是否會長成他們所意料的樣子。

絕不要自輕自賤，絕不要把自己視作一個軟弱無能的、不健康的人，而應該把自己視作是完整、完美和完善的化身。絕不能容許自己產生可能會失敗的念頭。

看到了自己身上如上帝般崇高的那一面的人，一直與神性不斷溝通的人是絕不會感到失敗和痛苦的。失敗和痛苦是專為那種不能發掘自我潛能的人和那種不能發

現自身神聖品質的人準備的。

堅定的宣稱自己在世界上將占一席之地，自己將在這一席之地上像一個真正的人一樣生活。在行為舉止中，絕不要表現出你似乎認為自己一生不會有什麼作為的樣子。如果你躬行踐履並毫不動搖的堅持這種積極的、建設性的想法，那麼有朝一日，你的這種心態會使你獲得一席之地，並會創造出你所渴望的東西來。一定要相信，世上沒有無緣無故的好事，發生好事的原因便是特定的心態或想法。

想法就是力量，正是透過這種想法的力量，我們塑造了自己，也塑造了環境。這些細小的力量不斷的雕刻、塑造人的品格，不斷的塑造人生。其實，我們不可能擺脫自己的想法，我們最終必定會像自己的想法一樣。

有人曾經說過：「人類的所有職責歸根到底便在於此，就是學會思考什麼並不斷的思考它。」聖保羅深諳正確思考之道。他懂得，心中不斷樹立的那些理想將潛移默化的影響人的整個品格，並將重塑生命。我們開始懂得他提出的忠告中所蘊含的深刻哲理。他的忠告是：「無論有什麼真實的事情，無論有什麼公正的事情，無論有什麼正義的事情，無論有什麼純潔的事情，無論有什麼充滿善意的事情，無論有什麼美名遠揚的事情，無論有任何美德，無論有任何頌揚，一個人一定要思考這些事情。」

「要思考這些事情」，他不是指浮光掠影、蜻蜓點水式的隨便想一想這些事情，而是指要仔細探究和沉思默想這些事情，一直到把這些事情滲透到生命中，並成為一種永恆的習慣，成為一個人真正本質的一部分為止。

請想一想那種相反的勸告，即勸告人們細想或使心中裝滿那些汙穢、墮落和道德敗壞的事情——淫猥、仇恨、怨憤、不和、妒忌，以及聖保羅曾經談到過的各式各樣的衝動情緒，就請想像一下這種相反的勸告將意味著什麼吧！

可恥的思想終將產生可恥的人，淫猥的念頭終將產生品行不端的人。聖保羅深知，是我們仔細思考、沉思默想的內容的性質，是我們長期思考、專心致志的事情的性質決定了我們人生的品質。任何其他人提出的忠告絕對沒有聖保羅提出的這一忠告來得好。

第十四計　自我激勵

第十五計　自我形象

**第十五計　自我形象**

好形象能成為賺錢的資本

　　形象的好處是把人的特點放大，加以包裝，達到突出優點，容易辨認的效果。如能樹立好的形象，不但會使自己充滿自信，也令周圍的人對你刮目相看，令你更容易捕獲機會。

　　好形象有以下特點：

1. 積極進取：做事採取主動，走在別人的前頭；凡事多出一分力，多走一步路；嘗試一切方法，去把工作做到最妥善。

2. 樂觀：多往好處想，懂得激勵自己；不被困難嚇倒，反而在困難、挫折中尋找機會，化弱點為優點；深信艱辛的日子終會度過，前途將會更璀璨。

3. 成就感：確立事業方向，制訂目標，然後全力以赴，力求達到目標，爭取成功；這是一種「我做得到」的自豪感。

4. 自信：相信自己只要拚搏努力，便能夠應付困難，完成任務；相信只要自己肯努力，環境就會改善，對自己有利。

5. 態度開放：不隨便或胡亂排斥新想法、新作風，相反的，能夠廣泛吸收新知識，容忍不同意見、風格，吸取對自己有用的東西。

6. 創新：有目標的求變、求新；承認自己有不足的地方，勇於改善；並不胡亂排斥舊東西，但勇於嘗試新方法，學會隨時改變方向，尋求更有效的做事方法。

7. 冒險：在努力、探索階段，能夠忍受種種不確定的因素；經過周密的形勢分析，自信對自己有利的條件即將出現，於是不管路上有多大障礙，也勇往直前。

8. 觸覺敏銳：善於辨察事物的細微變化；警覺力強，對各種訊號、徵兆敏感；隨時預備接收不同訊息，並能立即予以歸類分析。

　　樹立好的形象，讓別人看見你渴望成功，為獲得成功竭盡全力的樹立自己的美好形象。這樣做，等於向世界宣布：「我來了！」

自信能樹立強者的形象

有許多人害怕去面對時代的激變，他們總是以為自己會跟不上時代的步伐而被淘汰。他們不知該如何去面對變化，也不知該採取什麼樣的行動。當他們看到周圍的人群不斷的調節自己、改變自我以達到適應社會發展的最佳的狀態時，除了焦慮、猶豫與堆積許多的不安壓力之外，一無所穫。

但是試想一下，若是完全沒有了挑戰和應對挑戰的改變，世界將是多麼單調和沒有活力。我們憑著科學的力量可以將人類的壽命延長至80歲、90歲，甚至更長。但是，若過著失去了挑戰性的平淡人生，再多的時間對我們來說又有什麼用呢？一年等於一天，一世等於一天，只是徒然的浪費著光陰。生命只有一次，失去便永遠不會歸來，當我們在生命彌留之際，往事如電影一般滑過腦海，若其間沒有五彩繽紛的絢爛和充滿活力的熱情，只有一堆枯燥而乏力的蒼白，我們豈不是捨棄了這僅有的一次機會，讓自己像一顆新星照亮歷史夜空的希望如泡影般幻滅！

所以，與其虛度、浪費和濫用了人生，不如自由的做自己想做的事，主動的向著目標進軍，讓自己的生活充滿活力與熱情，勇敢的接受挑戰和改變自我是獲得成功的前提，也只有這樣，才能描繪出一幅美麗而完美的人生圖畫。

要緊的是你要自信！

有些人常埋怨自己平凡、而不能成為一個勝利者，其實我們已經知道，每個人的發展潛力相差並不是很大。其實，成功者的祕訣就在於盡量的使用時間，去發揮這些基本的共有的天賦。

在成功者中，有一個簡單的共同原則，即是「不輕易放棄」。在每一個方面都是如此，比如說一個非常有名、業績輝煌的運動員，他總有陷入低潮的時候，在這時，只有堅持下去，絕不放棄的人，才能保持昔日的輝煌，獲得最後的成功。

在其他方面也是這樣，所謂的成功者都是永不放棄的人，我們可以看到，造成中途放棄的因素很多，有些是因為感覺到自己的才能無法得到發揮，有些是沒有勇氣與信心堅持下去……而這些原因歸結到一點就是缺乏自信。因此，若要避免「放棄」，就必須要對自己的能力有信心，同時要經常想像自己成功時的模樣，這樣，

第十五計　自我形象

你就會感到有一種動力支撐著你鍥而不捨的努力下去。

　　另外還有很重要的一點便是真正的認知到自己在社會中的定位。了解自己是實現對自己有信心的基礎，同時也可以避免自大、自傲。比如在擇業的時候，了解自己適合於做什麼工作，在哪方面才能做出業績，為自己找一個適合的定位，那麼，才有可能在自己最拿手的行業中獲得成功。相反，如對自己認識不夠，去選擇那些「熱門」但卻不適合自己的工作，是根本不可能成為一個成功者的。

　　事實上，自信是成功人生的最初的驅動力，是人生的一種積極的態度和向上的熱情。尤其對於女人，顯得特別重要。當然，並不是男人不需要自信。因為，女人的自信已經被世俗的偏見給抹殺了，儘管女人有種種渴望成功的衝動，卻在一閃之間歸於沉寂，她們在相當長的一段時間裡甘心充當男人的附屬。由此可見，當社會轉變的大時代來臨之際，面對平等的社會地位和相同的機運，女人讓自信的熱情點燃自己，是多麼至關重要。

　　要學會用自由與積極的態度去直面人生。所謂「自由」，就是要有自主性，把握自我，由自己來決定、來行動；所謂「積極」，就是要有向上的熱情。

　　雖然我們好不容易才處在一個自由的世界之中，但是仍有許多的人由於受這受那的影響羈絆，而無法達到「自由」這一境界。其實，「自由」是一種心境、一種樂趣，若是不能由著自己來生活，那麼「自由」的樂趣也就消失殆盡了。只有掌握了自由之後，才能去體味、去完成一件屬於自己的事，才能勇敢且剛毅的面對生存的挑戰，從中體會到生命的歡樂與報效。 時代變革的本質和基礎是個人的變革，我們創造著歷史，時代隨著我們的改變而改變。因此，個體的重要性越來越顯現出來，作為社會存在的一分子，就必須要自己確定生存的方式，要用「自主性」來引導生活，再融入到社會的洪流中，讓自己改造著社會，也讓自己適應著社會。

　　人類的能力是有限的，態度積極的人總是希望能盡量的擴充它。他們下決心，努力去做，往往會收到意料之外的收穫。但是相反，有另一種人在什麼也沒有開始之前就已經喪失了信心，失敗了一次之後甚至就不願再嘗試。他們沒有應變的能力，缺乏向上的鬥志，這樣的人往往一事無成。

有時不好惹的形象也能幫助你成功

　　吃柿子撿軟的捏，生活中一些蠻橫霸道的惡人之所以有得意一時，就因為社會上老實人太多。他們作威作福、發火生氣往往找那些軟弱善良者，因為他們清楚，這樣做並不會招致什麼值得憂慮的後果，在我們身邊的環境裡到處都有這樣的受氣者，他們看起來軟弱可欺，最終也必然為人所欺。一個人表面上的軟弱，事實上助長和縱容了別人侵犯你的欲望。

　　人是應該有一點鋒芒的，雖然不必像刺蝟那樣全副武裝，渾身帶刺，至少也要讓那些凶猛的動物們感到無從下口，得不償失。

　　樹立一個不好惹的形象，是確保自己不受欺侮的一條很重要的處世技巧。這一形象在時刻提醒別人，招惹我是要承擔後果並付出代價的。

　　在社會中生存，事實上，只要你顯示出你是一個不受欺侮的人，你就能夠做到不受氣。也許你不必處處睚眥必報，只要你能抓住一、兩件事，大作文章，讓冒犯者品嘗到你的厲害，你就立刻能收到一種「殺雞給猴看」的效果，發揮某種普遍性的威脅作用。這就好像是原子彈的發明，除了在「二戰」中牛刀小試外，沒有在戰後的任何一次戰爭中使用過，但它的威力卻是有目共睹的，只要你擁有了原子彈，你即使不去使用它，也會對別人產生震懾作用。

　　哪些形象最不易受欺侮呢？這裡不妨略舉一二：

1. 潑辣的形象。所謂的潑辣，便是敢說別人不好意思說出口的話，敢做別人不好意思表現的舉動。誰敢讓他受氣，誰當面就會下不了臺。他敢哭敢鬧、敢拚敢罵，口才好，又敢揭人底牌，所以，很少有人敢引火燒他的身，自討沒趣。

2. 愛玩命的形象。其實，人類一切的弱點都可歸結為一個「怕」字，而怕死則是人們最本能的一種東西。而愛玩命的人，往往喜歡用武力解決問題，以玉石俱焚的態度來實現自己的意志，這種遊戲自然是常人不敢玩、也玩不起的。

3. 有仇必報的形象。人人都知道，仇恨是一種非常可怕的東西，而其最可怕的地方莫過於它的爆發沒有時間的限制，令人防不勝防。有仇必報的小人形象就是非常令人側目的。而對正人君子來說，在大是大非問題上能夠做到還以顏色是

非常必須的。

4. 實力派形象。塑造實力形象就是要你在平時就要注意展示你雄厚的力量，比如：令人可羨慕的專業本領、廣泛的人際關係網、神祕莫測的後臺等，這些都會在周圍的人群中造成一種印象，即：你是一個能量強大的人，不發威則已，一旦發威則後果難當。所以，人們一般不敢招惹這類人物，持有這種形象的人也很少受氣。

總而言之，樹立一個不好惹、不受氣的形象是很重要的，有了這一形象，就好比是種下了一棵大樹，從此，你便可以在樹蔭下納涼了。不好惹的形象也能幫助你事業上成功。

包裝自己的好形象。佛靠金裝，人靠衣裳。人類都有以貌取人的勢利天性，你的外在形象直接影響著別人對你的印象，你穿得氣派，無言中就抬高了自己的身分，別人覺得有利可圖，就容易答應你所求。你衣著寒酸窩囊，別人認為無油水可撈，可能一口回絕你的請求。

一個人的外貌的確有影響，穿著得體的人給人的印象就是好，它等於在告訴大家：「這是一個重要的人物，聰明、成功、可靠。大家可以尊敬、仰慕、信賴他。他自重，我們也尊重他。」

反之，一個穿著邋遢的人給人的印象就差，它等於在告訴大家：「這是個沒什麼作為的人，他粗心、沒有效率、不重要，他只是一個普通人，不值得特別尊敬他，他習慣不被重視。」 譬如，面容方面，疲倦、憔悴或沒刮乾淨的鬍鬚都會帶來嚴重的負面影響；頭髮太長或凌亂不堪亦然；襯衫、尺寸不合的衣領或土裡土氣的領帶，均足以損害到你的清爽形象。

不合身分的穿著，會令人對你產生輕浮的印象。如果一位學生開著名貴汽車，或者使用價格昂貴的打火機，就難免讓人覺得輕浮，因為這種不合身分的舉動極易令人有不舒服的感覺。 身上的服飾，具有「延長自我」的特徵。如果一個人的形象和代表「自我延長」的服飾差距過大，就會令人有「不完整人格」的印象。比如，衣服和鞋子都是高級品，而腰帶卻是廉價品的打扮穿著，就會令人產生不自然的感覺，懷疑是詐騙犯。

此外，體形臃腫、衣著缺乏品味和姿勢不雅等等，同樣是造成負面形象的主要因素。除了經常檢查自己的儀表之外，尚須注重整體的協調感。

　　臉部的表情是影響相貌的重要因素。你可以站在鏡子前面努力練習，如何不讓自己看起來像凶神惡煞似的人。這是任何人都能夠做到的。這種努力將會左右一個人的精神，由此來改變一個人的相貌。

　　人的第一印象是最不容易磨滅的。長相凶惡的人誰也不喜歡，沒有自信的人總是讓人覺得縮頭縮尾；有些人就很容易博得別人的好感，這也不過是長相給人的印象罷了，這正是長相的重要性。

　　長相賊頭賊腦的人總是讓人覺得靠不住，而慈眉善目的人卻很容易贏得別人的信任。

　　作為一個上班族，每天早上一定要站在鏡子前看看自己的臉。是柔和、精力充沛的，還是一副酒醉未醒的樣子？如果早上起來就一臉沒精打采的樣子，那就最好先振作精神再出門。

　　盡量找機會利用鏡子審視自己的臉，尤其是在競爭激烈的環境中，更要隨時保持清醒狀態。即使是男士也要隨身攜帶一面小鏡子，隨時注意一下自己的領帶是不是鬆了，頭髮是不是亂了，自己的臉部表情夠不夠柔和，是不是保持著充沛的活力。

　　交際上很重要的一點就是讓對方鬆懈、失去警戒心。所謂最佳表現就是不要讓對方覺得自己笑容勉強，要保持坦率誠懇的表情。

　　正直的人能給他人安全感，這是贏得他人信任的重要條件。在商業社會中最忌諱的就是過於尖銳的處事方法，所以要讓自己養成保持柔和表情的習慣。如果有了一副好形象，辦事就非常容易成功。

第十五計　自我形象

第十六計　高效技能

慈善事業幫商家賺得滿盆滿缽

　　贊助社會公益事業，是企業的義務，也是樹立企業良好形象，提高知名度、特別是美譽度的一個好辦法。

　　贊助要真誠，真心實意。要有「只奉愛心，不圖回報」的精神。贊助不是不可以宣揚產品，求企業經濟效益，但不能以此為主，只把贊助看作公關手腕、技巧。虛情對假意，真心換真心。好的贊助者只是出於對人才清苦生活的同情而行義舉，並未想「一本萬利」，比起把大把大把的錢扔進歌舞場打水飄，顯得有頭腦、有眼光，也見其赤誠。

　　日本有一家著名的衣料店叫「越後屋」。每逢下雨時，許多沒有帶傘的顧客或路人，紛紛聚集在屋簷下或店堂裡避雨。此時，布料店的老闆會拿出一把把雨傘「借」給他們使用。這些雨傘上都印有醒目的「越後屋」三個大字。顧客們打著傘走了。「越後屋」的名字隨之傳到了各處，即使有人「忘」了歸還也無妨，借傘的人，常懷有感激之情，一想到買衣料，就免不了想到「越後屋」。

　　「越後屋」的名字隨著一把把雨傘傳到了各處，「越後屋」的情義和美譽也傳到了各處。

　　沒有直接推銷自己的衣料而「借」傘，這不能不說是「越後屋」公關技巧的新穎巧妙；但也的確可以看得出他們對遇雨滯留的顧客和路人的需求與心境的體察。「越後屋」與大眾心靈相通，著力於長遠的、永久的情誼的建立，結果「越後屋」的老闆賺得滿盆滿缽。

　　商家經營上要成功，方法、技巧固然重要，但更重要的還是要真誠，以心換心也許你有所失，但終會有所得。

　　民國初年，老北京城每年都要挖城溝。那時沒有路燈，晚上車和行人稍不注意，就會發生事故。北京城有家「同仁堂」藥店，老闆樂印川看到這種情況，大發善心，在四城開溝的地方懸掛燈籠，為行人照亮。每晚，當貼有「同仁堂」三個大字的燈籠高懸溝邊時，過往行人無不讚此善舉，很快就在老北京流傳開來。而「同仁堂」三字，又讓人們留下難以磨滅的印象，其作用影響不亞於今天的電視廣告。

　　除此之外，「同仁堂」藥店還做過不少慈善事業，如為全國各地來京應試的舉

子贈送藥品；冬設粥廠，夏送暑藥；賑濟窮人，捐助辦學等等。「同仁堂」的種種「義舉」使它在老百姓心中樹立了良好形象，進而又推動了「同仁堂」的業務日益發達，迅速擴展到天津、上海、青島、漢口、長春、西安、長沙、福州和香港等地。

不圖利，只重義，服務於社會，多行善事；日積月累，點點滴滴，便能在大眾心中樹立起良好的形象，而且分外穩固。

商到精處是誠實

對顧客要講信譽。一家汽車製造廠可以說做到了這一點。他們非常珍視企業的信譽，把它作為企業經營成敗的重要問題。一旦和客戶簽訂合約，堅決按合約規定辦事，即使在市場非常暢銷，產品供不應求或材料大幅度漲價的情況下，也設法透過內部消化，挖潛革新，保持相對穩定的價格，按期供貨，絕不把困難轉嫁給客戶。他們信守合約，做到供貨及時，只要客戶一封電報，廠裡的長途卡車五天內保證把貨送到客戶手裡。他們急客戶之所急，積極為客戶排憂解難。在顧客心目中樹立了極高的信譽。另一家汽車公司因生產急需，慕名來這家廠簽訂了150套供貨合約，當時庫存的貨量難以滿足客戶需求，廠裡立即調配人力，日夜加班生產，僅用了三天時間，就把貨如數送到客戶手上。

信譽是商業道德之本，競爭獲勝之道，提高經濟效益之寶，「千金買名，萬金買譽」說的就是這個道理。在市場經濟中，我們一定要明確經營方向，樹立「消費者第一」、「顧客至上」的服務觀念，在經營活動中，要努力建立和保持崇高的商業信譽，自覺的養成誠實經營的職業思維和職業行為習慣。

人的個性千差萬別，有的含蓄、深沉，有的活潑、隨和，有的坦率、耿直。含蓄、深沉者可以表現出樸實、端莊的美，活潑、隨和者可以表現出熱誠、活潑的美、坦率、耿直者也有透明、純真之美。人生純樸的美是多姿多彩的。在各種美的個性之中，有一種共同的品性，就是真誠。

所謂真誠就是心術正，表裡如一；對人坦率正直，以誠相見。應該說，真誠是人生的命脈。做人失去真誠，不僅會失去別人信任，而且也會失去自信。真誠首先是人的內在特質中的道德品性，最根本的要求是心正、意誠、做事正派，忠於自己

應負的社會責任，堅持真理和正義的原則。

　　這裡強調了為人真誠的一個基本要求，就是具有社會責任感，忠於自己的社會責任。沒有社會責任感，不忠於自己應負的社會責任，就不會有真誠。真誠固然要自我坦白，自己對得起自己，但它必須先肯定自己的社會責任，在自我與社會、他人的關係中，自見其真誠。真誠不是天生的，沒有所謂「自明誠」的天性。真誠只能是後天的，在社會關係及其所要求的責任中，養成真誠的品格，即所謂「自明誠」，「明則誠」。因此，真誠不但要求一個人明確自己的社會責任，更要用自我犧牲的精神去履行自己的責任。從這個意義上說，否認自己應負的社會責任，只求潔身自好，恰恰表現出脫離人生實際的虛偽。

　　在具體的環境條件下，真誠表現為深度不同的自我意識，也表現著人格、境界的高低。真誠的最低層次的要求是不說謊，直接的說出目的。在複雜的社會事物和人生活動中，目的和手段要有一定的分離，即使用「說謊」的手段，達到更高的正義的目的。醫生為了減輕病人的負擔，以利治病救人，往往向病人隱瞞病情，編造一套謊話欺騙病人。這樣才能使病人早日康復。它表現的不是虛偽，而是更高、更深層的真誠，是出於高度的社會責任的真誠。只有智慧、德性和能力達到高度統一的人，才能表現出這種高深層次的真誠美。

鞭子和糖並用

　　領導者在工作中，不免有生氣發怒的時候，而所發之怒，足以顯示領導者的威嚴和權勢，對下屬構成一種令人敬畏的風度和形象。應該說，對那種「吃硬不吃軟」的下屬，有時發火施威，常常勝於苦口婆心和千言萬語。

　　上下級之間的感情交流，不怕波浪起伏，最忌平淡無味。數天的陰雨連綿，才能襯托出雨過天晴、大地如洗的美好。暑後乘涼，倍覺其爽；渴後得泉，方知其甘，此中包含著心理平衡的辯證哲理。

　　有經驗的老練領導者在這個問題上，既勇於發火震怒，又有善後的本領；既能狂風暴雨，又能和風細雨。當然，儘管發火施威有緣由，畢竟發火會傷人，甚至會壞事，領導者對此還是謹慎對待為好。

· 發火要適度

特別是涉及原則問題並且在公開場合碰了釘子時，或對有錯誤的下屬提供協助卻無效時，必須以發火壓住對方。況且領導者確實為下屬著想，而下屬又固執不從時，領導者發多大火，下屬也會明白理解的。

首先，發火不宜把話說過頭，不能把事做絕，而要注意留下感情補償的餘地。領導者話說出口一言九鼎，在大庭廣眾之下，一言既出，駟馬難追，而一旦把話說過頭則事後騎虎難下，難以收場。所以，發火不應當眾揭短，傷人之心，導致事後費許多力也難挽回。

其次，發火宜虛實相間。對當眾說服不了或不便當眾勸導的人，不妨對他一個大動肝火，這既能防止和制止其錯誤行為，也能顯示出領導者運用威懾的力量，設置了「防患於未然」的「第一道防線」。但對於有些人則不宜真動肝火，而應以半開玩笑、並認真或半俏皮、半訓戒的方式去進行，這種虛中有實、情意雙關，使對方既不能憎愛分明又不敢輕視，內心往往有所顧忌 —— 假如上司認真起來怎麼辦。

另外，發火時要注意樹立一種被人理解的「熱心」形象，要大事認真，小事隨和，輕易不發火，發火就叫人服氣，「拿住人」，長此以往，領導者才能在下屬中樹立起令人敬畏的形象。日常觀察可見，令人服氣的發火總是和熱誠的關心幫助連結在一起，領導者應在下屬中形成「自己雖然脾氣不好但心腸熱」的形象，從而使發火得到人們的理解和贊同。

· 發火不忘善後

領導者的日常發火，不論怎樣高明總是要傷人，只是傷人有輕有重而已。因此，發火傷人之後，需要做及時的善後處理，即進行感情補償，因為人與人之間，不論地位尊卑，人格是平等的。妥當的善後要選時機，看火候，過早了對方火氣正盛，效果不佳；過晚則對方鬱積已久的感情不好解開。因而，宜選擇對方略為消氣、情緒開始回復的時候為佳。

正確的善後工作，要視不同對象採用不同方法，有人性格粗枝大葉，是個粗人，領導者發火他也不會往心裡去，故善後工作只需要三言兩語，象徵性表示就能解決問題。有的人心細明理，領導者發火他也能諒解，則不需要下大功夫去善後。

而有的人死要面子，對領導者向他發火會耿耿於懷，甚至刻骨銘心，則需要善後工作細心而誠懇。對這種人要好言安撫，並在以後尋機透過表揚等方式予以彌補。還有的人量小氣盛，則不妨使善後拖延進行，以天長久見人心的功夫去逐漸感化他。

　　藝術的善後還應表現出明暗相濟的特點，所謂「明」是領導者親自登門進行談心、解釋甚至「道歉」，對方有了面子，一般都會順勢和解。所謂「暗」是指對器量小者發火過頭，單純面談也不易挽回時，便採用「拐彎抹角」或「借東風」法，例如在其他場合，故意對第三者講他的好話，並適當說些自責之言，使這種善後語言間接傳入他的耳中，這種背後好言很容易使他被打動、被感化。另外，也可以在他困難時暗中幫忙，這些不在當面的表示，待他明白真相後，會對領導者由衷感謝。

如何對待惡人

　　俗話說：「人過一百，形形色色」，「林子大了，什麼鳥兒都有」。在公司裡往往也是這樣。一些下屬由於種種社會不良現象的影響或者在利益的驅動下，也會萌發害人的念頭。知人知面難知心，作為一名公司老闆，很難保證自己對所有的員工都了解。

　　因此，總有一些善良的人會被蛇一樣的惡人欺騙、陷害。這些善良的人之所以上當受騙，是因為人們的警惕性不高，總以善心待人。古代寓言中那個救了狼性命的東郭先生和暖活了凍僵的蛇的農夫，就屬於這種人。

　　有的老闆，明知自己的某一位下屬是個壞人，背叛過自己，卻帶著僥倖心理相信他能痛改前非，悔過自新，以致不加提防，再一次吃虧上當。這種人最愚。

　　另有一種老闆，能夠認準陷害過他的惡人，對之拒於千里之外，不會再受其害。但是，對於另一樣式的惡人他卻認識不清。儘管有人一再警告，但他沒有親自領教過這種惡人的狠毒，因而不加提防，直到遭到不測，才痛心疾首，恨之入骨。就像《紅樓夢》中貪淫的賈瑞看風月寶鑑一樣，只掛記美色不相信骷髏，這種人，相信自己的親身體驗而不相信別人，只接受自己的經驗教訓，而不善於吸取他人的教訓，這種人也屬於愚類。

被蛇咬過一次是難免的，重要的是吸取教訓，總結經驗，增強警覺，提高洞察力，對於一時認識不清的人盡量小心謹慎，在使用不了解的人之前，一定要經過嚴格的考驗，遇事多徵求別人意見，不可貿然委以重任。

壓根就沒被惡人陷害過的老闆，寥若辰星。把惡人操縱於股掌之上，這才是商海的勇者，企業界的高手，管理上的菁英。這種老闆一開始就善於觀察學習，注意認清社會上的好人和壞人。善於掌握壞人的活動規律；善於吸取前人的經驗教訓，學會和掌握獵獲惡人、馴服他、操縱他和防止被他陷害的全套本領隨意擺布他，這是使用惡人的最高境界。因為辦企業，有時還真少不了用以惡制惡的手段。

作為一個企業的領導者，你手下難免會有幾個蠻橫的人，這些放肆的人對你非常危險的。他們總是像總經理一樣，到處施展其權威，他發表意見並不是幫助人，而是想駕馭你。對於這種人一定要設法讓其屈服於你的權威之下。

據說托爾斯泰教學生打獵時，先教他們如何駕馭馬。如果馬走斜道而不肯回來，你騙把韁繩向牠偏的那邊拉，讓馬轉個圈回到正面來，所以那匹馬始終都不知道究竟是自己斜著行還是騎馬者拉牠朝那邊走。當你促使馬朝著你想要去的方向走時，你便是馬的主人了。

這對於騎馬者是一個很好的指導，因為騎馬者總是不免要做一個專橫者。但千萬可別使自己成為一匹讓人牽著鼻子走的馬。

如何對待麻煩人物

這裡，所說的麻煩人物就是書裡所說的棘手的下屬，這種人到處都有，每一個公司都有，只要你是領導者，到哪裡你都會遇到他們，這種人甚至專門和管他的人作對，但對與他沒有利益衝突的人還是相當友好的，因此他有他的勢力和人際圈子。他們在有些問題上有與你分庭抗禮的資本。

作為老闆，更應當明白這一點，世界上的人並非都那麼理想，那麼可愛，應當心胸開闊的面對這個現實，做好心理準備，也許在無意中你就會發現一些人已經與你對立起來。

　　在一個企業中，難以對付的下屬稍微多一點，對老闆說是很不利的。一般來說，一千個下屬中有那麼三五個還好對付，這種人再多，麻煩就大了，但是，作為老闆，只要努力克服與這種下屬的對立意識，也能順利的指揮他們。

　　要克服這種對立意識，爭取難以對付的人，首先要認真分析為什麼會產生對立意識，在一個企業裡常會出現這樣的情形，有些下屬總是不能認真的執行老闆的指示和命令，因此，老闆平時就很少把重要的工作委派給這種下屬。長此以往，便會在彼此間產生出對立意識，這種人就成了群體的包袱。

　　在一個群體中出現了「包袱」，上級老闆自然會一目了然，他會認為這個群體的老闆沒有能力。反之，如果你能充分調動難以對付的人，別人自然會對你做出很高的評價。這種差距往往就決定著你的前途。

　　老闆必須清楚，對於那種麻煩的下屬誰也不會輕而易舉的接收。因此，對於這種人唯一的好辦法還是應當考慮如何使用他們，如何讓他們積極工作。

　　如果老闆對這種下屬採取不予理睬，或採取壓制打擊的方法，必會給自己帶來無窮的後患。你不理這種下屬，他會跟你對立，處處耽誤你的工作，拆你的臺，你若想打擊壓制他們，可好了，他們是刺蝟，一腳踩上去，恐怕要讓你叫苦連天，因此老闆要學會使用這種刺蝟型的下屬。

　　既然他們是刺蝟，我們就以「刺蝟的原理」來考慮彼此的心理距離問題。我們知道，刺蝟是渾身長滿針一樣毛毛的小動物。冬天來臨時，若把幾隻刺蝟放在一起，我們就會發現牠們也會彼此傷害對方，如果離得太遠，就又無法取暖。因此，刺蝟與刺蝟相處有一個既定的距離。

　　人們彼此間的心理距離和刺蝟之間的距離有些相似。特別是老闆和刺蝟型下屬之間的距離非常重要。離得太遠，不利於領導。靠得過近，又當心被其傷害。只有在一個合適的距離下，才能牽好這種下屬的鼻子。

以硬碰硬也能成功

　　性格強硬型的人大致可分為兩類：一是蠻橫不講理的人；一是智勇雙全，藝高膽大的人。這兩種人，都以不同的方式、手段在群體中樹立起了不好惹的形象，相

比較而言，都較少受氣。

「軟的怕硬的，硬的怕愣的，愣的怕不要命的」，這是人們在世代相襲的人際爭鬥中演繹出的至理名言。它告訴人們，這「硬」的，「愣」的，「不要命」的，都不是省油的燈。我們說的魯莽的人、麻煩人物、撒潑無賴等皆屬此類。他們依仗自己拳大胳膊粗，似乎腳一跺，一方地皮就不敢不響，說起話來腔調也比別人高八度，動不動橫挑鼻子豎挑眼，捏拳斜眼從鼻子裡哼出一聲：「怎麼，不服？你小子敢跟老子試試？」自然，明智的人此時會念念不忘老祖宗的遺訓：「知己知彼，百戰不殆」，好漢不吃眼前虧。我鬥你不過，惹不起可躲得起。

是的，這種肆意尋釁的無賴之徒，你縱然有一萬個理，他那拳腳哪裡容你進去？此乃一種「強硬」，是一種極淺層的，低層次的硬，在社會低層次的群體中，非常吃得開。

這種類型的人，在他的一方寶地上，天王老子第一他第二，倒是不吃虧，不受氣。但未免對別人施氣太多，眾叛親離。左鄰右舍如躲洪水猛獸，巴不得他暴死。

這種動不動就和人玩命的無賴之徒，無人格之尊，無信義可言，無原則可循，無道理可講，貌似硬氣十足，實則色屬內荏。有朝一日碰到高手，硬對硬較起真來，他會不惜五尺之尊厚顏無恥的趴在地上稱孫子。更有甚者，若對方是一位俠風義骨之士，在凜然正氣的威脅之下，這些平日裡趾高氣揚的「大爺」立時會矮掉一半，其硬氣更在不知不覺間已散到九霄雲外，只剩一副空空的臭皮囊。如果作惡多端，積怨已深，此時便會四面楚歌。如《水滸傳》中被魯智深痛打的鎮關西，強搶楊志寶刀不成反送自家性命的沒毛大蟲牛二，都是這類人物。日常生活中也不難遇到。

這種強硬之人，是糞坑裡的石頭——又臭又硬。萬萬不可效仿而貽誤終身！這是人們對「性格強硬」理解容易出現的一大誤區。

孔子曾告誡後人：「己所不欲，勿施於人。」是的，我們自己不想受氣，也不要施氣給別人。我們講性格強硬不受氣，要的是堂堂正正的硬氣，講的是有理有義的浩然正氣。硬氣猶如一把隨身佩帶的寶刀，為的是保護自己，維持正義，擊退邪惡，而非為虎作倀，亂傷無辜。

第十六計　高效技能

這種強硬型的人，善於把握事物的發展規律，抓住其中的道理，其行為符合絕大多數人的利益。他占據正義的一方，理直氣當然壯。他不是拳大胳膊粗的貌似強大，不是恃強凌弱的無賴之徒。他的威力，來自於正義而英勇的氣勢，來自於其人格的強大威懾力量。這種人，是無賴和邪惡的剋星。他喚醒的，往往是人們的自尊自信和良知，是一種人格的尊嚴和無畏。 這種強硬型的人，在自己的群體中，為人尊敬，一般不會受氣。他不會向困難低頭，不會向惡勢力折腰，即使受到侵害也能妥善處理、化解。因此較少受氣。此之謂：得道多助。

大多數人之所以不敢表現得硬氣十足，並不是他們是非不分，更不代表著他們支持邪惡。只是人們在做事情之前，總要掂量一下，怕付出代價。因此，在很多情況下，明知對方缺乏正氣，也不敢站出來抗爭。而強硬型的人則不同。他們處事是非分明，原則性強，善於利用有利因素，這正是強硬型的力量之所在。

性格強硬的人處事時是否都應以眼還眼，以牙還牙？是不是動不動就捋起袖子指鼻子罵娘，以硬碰硬？其實，強硬是骨子裡蘊含的內在特質，外化為行為並不是粗聲大氣，魯莽行事，鋒芒畢露。也不是得理不饒人，鬧個天翻地覆。不受氣是為了解決矛盾，而不是在於製造矛盾，擴大矛盾。在現實生活中，更多的情況下不宜用硬碰硬的方法。強硬也存在一個策略問題，應該適度選擇。強硬不等於蠻橫，不等於魯莽，更不等於以硬碰硬。

性格強硬是一種不好惹的形象，這種強硬的形象一旦樹立起來，就會變成一種「勢能」和威信，可以收到一勞永逸的效果，也可以助你事業上獲得成功。聰明的人不僅僅拘泥於敢打敢鬧，而是善於「蓄能」，把這種能量轉化為內在的東西，只在必要的時候才表現出強硬的姿態，畢竟，一個人不可能把全部精力都用在對付別人上，多數人都有更重要的正事要去做。

第十七計　竭盡全力

第十七計　竭盡全力

一絲不苟的精神

有一天，一位旅客搭上了一位年約二十四、五歲的車夫拉的人力車。當時的車資是十五錢，可是抵達目的地之後，旅客拿出二十錢遞給了車夫，並轉身就走，但那位年輕的車夫卻拉著他的衣袖不放，硬將多餘的車資找給他，並以堅決的態度說：「我不能多拿你的錢，請你收回去。」於是經過拉拉扯扯後，那位旅客還是將零錢收了回去。

我想一定有很多人會拿那多餘的小費，但那位車夫卻認為他只跑了十五錢的行程，絕不能收取二十錢的代價。爾後，他仍秉持著這種不貪便宜的精神，辛勤的工作。據說，後來他成為社會上相當有地位的人。我們敬佩他這種正直、一絲不苟的態度。

每個人應該都有一份適合自己的工作，或是正在研究各種學問，以便找尋一個適合自己的工作。但是，無論你從事哪種職業，都一定和社會息息相關，所以每個人都必須努力工作，以維護共同安定的生活，並提升工作品質和擴大工作量，如此才能使我們的社會欣欣向榮。

然而，在這其中我們會遭遇到各種縱橫交錯的複雜問題，這時就必須保持著熱忱和光明磊落的精神竭盡全力的工作，這才是最重要的，千萬不可存在著僥倖心理或貪圖額外的報酬念頭。

你可以堂堂正正的接受與自己能力相當的報酬，但接受自己能力所不及的待遇，卻是一種恥辱，而且可能會惹出麻煩，有礙於你的前途。

我們每天都會遭遇一些不盡人意的事情，如同在嚴寒的冬季，人們都希望夏天早日來臨；一旦碰到酷熱的夏季時，卻又厭煩於這種酷暑。這是每個人都有的想法。但是，在人生的道路上我們必須明白只有竭盡全力的工作、學習、做事，才能成功，才能生活得更美好。

埋頭苦幹定會獲得成功

　　電氣工程是極為辛苦的工作。可是一旦接到主管分派的任務，無論天氣如何惡劣，或是在極為骯髒、危險的地方，也必須如期完成使命。松下先生曾經在寒風刺骨的冬天，攀登在電線桿上；更常常在火傘高張的豔陽下，在屋頂上拼命的工作著，松下先生就這樣從見習生成為正式職員，然後在十八歲時，升為工程負責人員。他必須自己負責推進工程，並且完成工作目標，因此他經常用心思考提高工作效率的方法，並謹慎的完成工作。

　　松下先生記得當時是七月的一個豔陽天，他奉命到大阪的下寺町一間古剎正殿安裝電燈。這在五十年前是件新鮮的事。

　　他回憶道：我必須在有兩、三百年歷史的古剎裡進行工程，而那間正殿已是兩百年前的建築物了。

　　首先必須在天井中配線，當我爬進伸手不見五指的天井時，從屋頂逼來一股令人窒息的熱氣。稍微一動，塵埃便會在燭光四周飛舞。雖然在天井裡面，然而堆積了兩百年的灰塵也相當可觀。當我步行在積滿三英寸厚的塵埃裡，便發出「噗、噗」的聲響，塵土於是飛揚起來，當時我汗流浹背，呼吸困難，不知如何是好。

　　可是，當時我年輕力壯，對配線的工作也十分感興趣。因此，當動工時，我忘掉了灰塵、汗水以及呼吸的困難，使工作得以順利的進行著。當我配完線路從天井裡探出頭來的一刻，那種清爽的感覺猶如從地獄登上天堂一般。

　　那種滋味令我永難忘懷。尤其是爬出天井時，有一種不可名狀的喜悅與愉快的感受油然升起，這的確是種寶貴的體驗。以後當我碰見類似的工作環境時，就會想起這段經驗。

　　當你集中精神埋頭工作時，必定會將各種困難、辛苦拋諸腦後；當你終於完工，必定會感到無比的欣慰。這是辛苦的配線工程給我的啟示。

　　假若因為天井裡奇熱無比，並且堆滿了塵埃，而失去工作的興趣，你必定不能順利的完成工作，而會因此感到焦躁不安，最後可能會延誤了工作的進展。

　　無論工作如何艱苦，只要竭盡全力埋頭苦幹，必能忘卻一些枝節瑣碎的事，而

提高工作效率。這種專心工作的決心會對身心都有極大的益處，我認為這是為人處事的大學問。

堂堂正正做人能獲得事業上的成功

人不要財迷心竅，要堂堂正正的做人。

金錢是與勞力自然結合而成的。換句話說，即是你必須盡忠職守，拚命的工作。千萬不能以賺錢為出發點來從事任何工作。當我開始工作時，常想「假如完成這項產品，將會帶給人們多大的快樂。還有這種產品會帶給多少個家庭方便，因此婦女們便會有更多的時間去做她們喜歡做的事。」

松下先生曾回憶道：

當初我從事工作時，根本沒有想到要成為一個大企業家。我只是每天竭盡全力的工作，終於在今天有了成就。我從事這工作，起初是為了生計問題而已。那時我的家境貧窮，為了生計，非靠自己的勞力工作不可。可是，我的身體非常虛弱，無法勝任店員的工作。即使靠著日薪也不夠吃藥的錢，因此，我便在家中從事工作，求得溫飽。雖然這只是一小小的希望，卻是相當重要的決定。這即是我開始獨立創業的第一個理由。

當我自己經營事業時，才深刻的體會出童年時期當學徒所得到的一些教訓。那就是顧客至上。換句話說，必須以誠待人，不賺取暴利，但也絕不做虧本的生意。

累積適當的利潤，不斷的擴大事業，最後發展成今日的松下電器公司。今天，雖然有很多人認為我已是成功的經營者，可是，當初我從來也沒有想到成為富翁，或是大企業家。

起初，我只想到要如何才能生存下去。亦即如何才能糊口求溫飽的先決條件之下同時從事工作。你必定也會認為一個身體如此虛弱的人，怎麼可能心懷這種志向？開始做生意時，我只抱著不欠缺今天的衣食便感到非常感激，或是即使休息一兩天，生活也不會陷入困境的念頭。我只是踏出了非常平凡的第一步而已。

第二步即是非常平凡的誠實的步伐。假如你是一位靠薪資生活者，當你踏出了第一步，就必須盡忠職守，拚命的工作。

當我一步步向前邁進,而在跨入第三、第四、第五步的同時,四周已經聚集了一小群人。下面便是我推展事業的方法。

為大眾的將來著想是我的責任,我的事業便是為了這些人而創立的。我認為所謂事業,便是所有參與該項工作的共同產物。

為社會和國家著想,必須讓員工過著更美好的生活,並且製造出有利於社會和國家的產品。我所經營的事業非常微小,但卻是公眾的產物。就法律而言,它是我個人的企業,但是本質上卻是屬於社會大眾的。

到目前為止,我一直是個勤勉工作的商人,身負為社會和國家效力的使命感,孜孜不倦的經營事業,因此才能達成這種精神上的改變。

假若世上的必需品都能像自來水一樣的充沛,那麼我們便不會過著貧苦的日子了。因此我的使命,便是源源不斷的製造出有價值的電器產品。雖然事實與理想有一段差距,可是,我會配合社會的要求,不斷的推出各種有益於社會的產品。

依循這種觀念,使我得到了勇氣與正義感,並且產生克盡職責的決心和希望。

竭盡全力就會獲得成功

世界油王約翰·戴維森·洛克斐勒小時候,有人送他一對火雞。洛克斐勒精心餵養,繁殖成群,在市場上出售後獲得 50 美元。洛克斐勒以 7 厘的利息將錢借給一位鄰居,幾個月後,他不僅收回了借款,還淨得 3.5 美元利息。於是,年幼的洛克斐勒領悟到:錢能生利,就像火雞一樣,雞生蛋,蛋生雞,生生不息。洛克斐勒後來說:「當我了解到這一點後,我就決定要使金錢做我的奴隸,而不是我去做金錢的奴隸。」

一天,洛克斐勒來到石油城泰特斯維爾巡視。他意識到:世界需要的不是原油,而是精煉的石油。經營煉油業用不著冒多大風險,是一本萬利的買賣。於是,正當人們熱衷於石油鑽探的時候,他決定從事煉油業。

洛克斐勒說:「一個企業不充分而有效的利用它的機會,是不能獲得大成就的。」1880 年代,在俄亥俄州西北部、印第安納東部新發現了儲量豐富的油田,但那裡的原油含硫量高得發出像臭雞蛋一樣的氣味,被稱為「酸油」。由於沒有好的方法提

煉，每桶只賣 1 角 5 分。洛克斐勒決定買下這些油田。決定一做出，手下的人堅決反對。洛克斐勒說：「我將冒個人風險自己出錢去買下這塊油田，並且要竭盡全力攻克原油含硫量高這一技術難關。」洛克斐勒買下了這些油田，同時聘請煉油化學家赫爾曼‧弗拉希做煉去高硫的試驗，結果耗資二十幾萬美元，終於獲得成功。於是，這些油從每桶 1 角 5 分漲到 1 元，標準石油公司盈利幾億美元。當初的反對者承認，洛克斐勒比標準石油公司的任何人具有更大的遠見。「是的，洛克斐勒能比我們任何人看得更遠 —— 而且還看到拐彎的地方。」正是憑藉其過人的精明與遠見，洛克斐勒才從一貧如洗迅速崛起為世界石油大王，成了資本主義世界第一個 10 億富翁。

第十八計　公平無欺

第十八計　公平無欺

不偏不倚正確處理人際關係

一位高階主管曾談到避免派系產生的一些策略，可供讀者參考，它包括多與部下溝通，部下知道得越多，越不會相信、傳播謠言。盡力在謠言初起時就解釋清楚。若不方便，可用信件、便條消除部下的疑惑。或是讓部下參與決策，彈性較大的決策不妨鼓勵部下參與制訂。一方面使你顯得開明，另外如果有什麼謠言傳出，部下會很快讓你知道。定期與部下正式談話，可以及時掌握部下的情況，也是向部下說明公司狀況的良好時機。萬一部下提出你也不能回答的問題，可請教你的上司。

在非常時期，你也可以布下耳目，找一名資歷較深而且你信任的部下作為耳目，讓他向你報告他所聽到的謠言。以上這些都可以防患於未然。

領導者在處理「派系」這一問題時，同樣必須十分明確有力，你要知道，各種「勢力」的產生，既非一朝一夕；它的消失，也絕非短期內就能辦到。各種「勢力」，都能在組織管理活動中，發揮其特有的作用。每一種「勢力」，都能對其他「勢力」，甚至對領導者自身，產生微妙的影響和牽制作用。

每一種「勢力」，都有產生核心作用的代表人物。這些代表人物，有的可能拋頭露面，有的也可能「謙虛」的躲在人群裡。各種「勢力」之間，既相容，又排他；既對立，又統一；既協調合作，又分道揚鑣，往往呈現出複雜的排列組合格局。此時，某一種「勢力」的壯大，就意味著必有另一種或若干種「勢力」的削弱，這種發展的「勢力」達到一定程度，原有的平衡關係就會被打破，隨之產生另一種新的平衡關係。

任何「勢力」都不能永遠正確，如同任何人都不會一貫正確一樣。領導者與各種「勢力」之間，存在著法定的領導與被領導的關係。尤其是當領導者出現重大失誤時，上級組織很可能挑選某種「勢力」的代表人物，來充任新的領導者。

領導人應盡量避免加入或支持派系中的任何一方，從而使自己始終居於支配局面的有利地位，高瞻遠矚，居高臨下，對各種「勢力」發揮領導、協調、引導、監督、制約的作用。為了做到這一點，就必須遵循「不偏不倚，一視同仁」的原則，使各種「勢力」都感到你沒有傾向性，是他們可以信賴的領導者。

對下級也要公平無欺

　　作為領導者，在辦事時要講究一些策略，不要把上下級關係搞砸了。如果上下級都固執己見，事情只有越搞越糟，到後來，雙方形成了成見，勢如水火，把原來並不複雜的問題變得越來越複雜了。這一點在中國的明代有過教訓。

　　明朝的官場中有一種很不好的風氣，那就是拉幫結派，互相攻擊，很多人都很敬重敢對皇帝慷慨陳詞，嚴厲批評的大臣，如果敢，不管說得對不對，態度怎麼樣，都會賺個好名聲。所以，萬曆皇帝朱翊鈞說他們「疑君賣直」，也不是毫無根據的。進一步說，即他們完全忽略了在處理上下級關係時，必須研究和考慮的問題。

　　正是由於下級對上級的關係處理得不好，所以相互間的隔閡也就日益加深，這可以說是明朝後來政治腐敗的一個主要原因，滿清開國之初，對此就十分注意，作為一個教訓來吸取。

　　事實上，領導者是具有權威的統帥，要向他進諫就必然掌握一定的技巧，而不能一味的橫衝直撞，否則不但事情辦不了，往往還有失敗的可能。

　　唐太宗李世民要算上中國歷史上很英明，很能採納臣下意見的皇帝了，但就是對他提意見的時候，恐怕也要講究一些方式方法，而不能過於仗著道理。有一次李世民想修洛陽宮，大臣皇甫德參本上書諫止，裡面有「陛下修洛陽宮，是勞人也；收地租，是厚斂也；俗尚高髻，是宮中所化也」這樣的話，李世民看了覺得過分，十分生氣的對大臣們說：「你們看看，這個人是想讓國家一個租子也不收，一個人也不服役，宮女們都不長頭髮，他才稱心如意啊！」魏徵在旁邊聽了之後，立刻進諫說：「事情不是這樣的。當初漢朝的賈誼向漢文帝上書時說過當時國家『可為痛哭者三，可為長嘆者五』這樣相當激動的話，可是漢文帝沒有責怪他，因為自古上書言事，差不多總要寫得激進誇張一些，不這樣，就不能把事情的重要性表達出來。不過，寫儘管這樣寫，決定權還在英明的君主，這就是人們常說的『狂夫之言，聖人擇焉』這句話的真實涵義。所以，皇甫德參的意見是否正確，還望您判斷裁定，不要輕易的就處罰他，如果輕易處罰，以後就沒有人敢提意見了。」李世民聽了這話覺得既受用，又有充分道理，不但沒有處罰皇甫德參，還賞賜給他二十疋絹。由此

可見，採取不卑不亢，既有禮貌，又能說清楚道理的態度，在處理上下級關係時，該有多麼重要了。

當然，尊敬並不等於阿諛，阿諛是不講原則，不看事實，只顧溜鬚拍馬；而尊敬主要是指態度上要有禮貌，言詞上要有節制，但必要的原則和道理則還是要堅持。

男女平等是第一位的

性別歧視在有些公司表現得很嚴重，而在有些公司則表面上沒有，但在具體的工作安排和報酬支付上卻明顯的男女大不一樣。

對待男女在工作和報酬上的差異，既有先天性的原因，也有觀念上的作祟。很久以來，男人們已經形成了根深蒂固的優越感，他們會不容爭辯的覺得自己比女人在工作上更為優秀，且事業上成功的可能性更大。

可是現在在公眾場合表現得如此大男人主義，可就要當心了！因為隨著現代科學技術的發展，傳統社會的男女差別已大大縮小了。因此，當你有這種潛在意識時，會即刻遭到女士們的圍攻，她們會很氣憤的說：「那不過是大男人主義在作祟，實在有欠公平。」公婆各執一方，男女戰爭於是爆發。

事實上，站在客觀的立場來看問題，男女各有優劣。男性雖然勇猛豪壯，卻嫌粗枝大葉，女性委婉溫柔，然而失之俐落。這些特點上的差異，如果能夠取長補短，兩性將能相得益彰。比如，女性可利用其心細特長，負責公司內部事務或從事會計等工作；男性則可利用其果敢勇猛的特長，向外發展業務及在內做一些大的決策。如此目標一致向外開拓，前景不是更有意義？何苦矛頭相對，兩敗俱傷！

在職務分配、男女升任主管的機會上會有所差異。這種狀況在短期內恐怕難以改變，因此，當某位男士獲得提升以後，必然會引來女性的一片抱怨：「為何他做主管，而我只是助理而已！」來自女性的這種抱怨並非全無商議之處。但是，這種狀況可能要花很大的氣力才能改變，因為自古以來男性為上的觀念已根深蒂固。但是，為了形成一個公平的社會，這種局面必須有所改變，並從自己做起。因此，在不久的將來，女性終將自立，男女平等的時代總會到來。

第十九計　挑戰社會

第十九計　挑戰社會

奮鬥才會有幸福

　　有錢，並不一定能買到幸福。懂得運用金錢的價值，才是幸福之人。

　　因為人的味覺習慣了美食，所以就不再感覺可口了。因此吃山珍海味，固然是人的幸福；可是給他吃十倍的山珍海味，卻不能算是提供了他十倍的幸福。人類的感官就是這樣，透過感官所察覺到的幸福，也是不太可靠的。

　　以這個觀點來看，一個人的收入若是另一人的十倍，並不表示可以比別人奢侈十倍，更不能保證比別人幸福。在這種心理感受的衡量尺度上，應有金錢以外的標準。

　　1萬元有1萬元的價值，我們要在生活中，盡量運用金錢的價值，以安康、沒有浪費的生活方式，來享受人類尊貴的生活。在日本，有所謂「貓與金元寶」之說。就是貓看金元寶，根本一文不值，只有人類懂得價值觀念，且有能力運用其價值。

　　但並非人人都懂得運用財富的價值。我認為每個人在心理上，應該對價值的意義有所認識；並應學習妥善的運用財富的價值。有人也許收入只有一萬元，但覺得生活很有意義；有人收入數十萬元，卻覺得缺乏生活樂趣。我想，其中就牽涉到價值觀念的問題。

　　幸福，不是輕易可得的。換言之，如果能輕易得到的滿足，並不是真正的幸福，只是垂手可得的東西，因為人類存在的意義，並非那麼淺薄。所以，如果幸福輕易可得的話，那麼，人類就無須再要堅毅的意志和努力奮鬥的精神了。

　　人生的歷程，極為複雜多險，必須披荊斬棘，挑戰社會，事業上獲得成功，才能享受真正幸福的滋味。

融入群體之中成功更有保證

　　在生活中，有的年輕人為了與別的夥伴待在一起生活而離開家庭。常常有年輕人向父母大喊：「別管我。」追求自己的獨立去了。但他們仍然不是孤立的，他們只不過離開家庭群體投身到另一個自己喜歡去的夥伴群中去了。

　　人最初的依戀是「血緣依戀」，兒童本能的以父母為依戀中心，以家庭成員為依戀群體。之後，兒童在這一「首屬群體」中逐漸產生了反叛意識，隨著體能的增

加和活動地域的不斷擴大，他們開始走出家庭與社會發生關聯。

他們對外界充滿了新奇感，對同齡人的活動表示出極大的興趣，對越來越多的活動都會產生強烈的參與意識。無形中，對家庭的依戀被外部的世界刺激沖淡。

在家長看來，孩子對父母和家庭的感情越來越淡漠，對父母也越來越不孝順；在老師看來，同伴的一句話勝過老師的苦口婆心。其實，孩子不戀家、離家出走、逃夜、翹課的原因並不取決於本身意願，而取決於其內部新生成的心理傾向以及這種心理傾向與外部環境的合力。兩種相互作用的力同時產生了。一方面，家庭中人際吸引力的減退，可能是由於親情不足而產生排斥力，另一方面，外界新鮮事物對年輕人投來強大的吸引力，這二者之間的反差是造成年輕人尋找新的群體的原因。

群體凝聚力的強弱除了與群體內部機制有密切的關係外，還與外部動力有直接關係。來自外部的動力可理解為對年輕人的新的吸引力，其後果使年輕人對原有群體產生排斥力。也可理解為這種排斥力把年輕人推出原有群體，迫使他們被新群體所吸引。吸引力和排斥力在群體凝聚力中是相互轉換的。在外來壓力和引力面前，群體成員會產生協作心理，為了共同的目的而產生合力，使群體存在價值增大，內聚力得到強化。

家庭的人際吸引力是具有雙重含義的。其一是直接的吸引力，包括良好的家庭人際關係、融洽平等的氣氛、適當的管教方式、適度的親情與相對舒適的住所等等。其二是間接的吸引力，也就是在具備以上條件的前提下，加強年輕人的獨立意識，鼓勵和引導他們進行正常的人際交往，積極參加有益的群體活動，這樣年輕人走向成功更有保證。

・ 三分天註定七分靠打拼

農人教給我們一個道理：種瓜得瓜，種豆得豆。其實，在你的生活中又何嘗不是如此！比方說，你不播種知識，就絕不會收穫學問；不播種修養，就不具備品德；同樣，你播種的是膚淺，就不會具有深刻；不播種行動的果子，就不會收穫成功的果實 —— 這實在是天經地義的道理！

也就是說，不管有多麼美好的願望，有多少充滿熱情的想法，作為社會中的一員，如果不能付諸於實際行動，全力以赴去打拼，去挑戰社會，一切都只是空想！

與其整天沉迷於空想，還不如沒有想法的好 —— 至少，這可以讓自己少一點失落，反正本來就沒有指望過什麼！

如果你覺得生活太無聊太「殘忍」，那就應該深刻檢討一下自己付出了多少！

從來沒聽人說：「我天天早睡早起，經常做運動，不斷充實自我，培養人際關係，並且盡力的工作 —— 但是生活裡卻沒有一件好事。」生活是一個因果循環的系統。如果你認為生活中一點好事都沒有，那就是你的錯了。只要你了解，環境是自己一手造成的，就再也不會白白犧牲了。

面對別人的遭遇，我們可能會說：「這還有天理可言嗎？」老陳升職了，我們也許會憤憤不平的質問：「他憑哪一點升官？」隔壁夫婦慶祝結婚二十年紀念日，我們會說：「他們怎麼運氣那麼好？」其實，天理循環，沒有任何人會受到特殊待遇。

總而言之，人生的際遇，完全是「自作自受」，只有你自己才是自己的主人！

不進步你就會後退

參加需要身體接觸的劇烈運動的人都知道，比賽時最易受傷的是那些站著不動的人。經商的人也發現，不謀求創新，事業就會垮掉。當然，不時休息一下、喘口氣也有其必要。

現代社會生存的基本原則就是：不斷的學習，不斷的挑戰社會。

船隻在海上航行，遠比在港中停泊更耐久。保養飛機不能讓它一直停在地面上，飛機要飛上天空才能保持良好的性能。人也需要不斷鍛鍊，才能活得久、活得健康。

研究壽命的統計數字顯示，一般人退休後多半活不久。這裡的教訓就是：「不要退休！」如果有人說：「我九十四歲，我工作了一輩子。」我們必須明白，工作不輟，正是他能活那麼久的主要原因。

有句俗話是：「逆水行舟，不進則退」。其他事何嘗又不是如此呢？

對於每個人而言，讓自己融入社會，努力挑戰社會，在社會的大舞臺上完善並展示自己，應當是你堅定不移的目標。因此，你得不斷前進，而不能讓自己停頓下來，只有這樣，你才能獲得成功。

第二十計　聚財有道

敲山震虎，克萊斯勒起死回生

　　出生在賓夕法尼亞州艾倫頓市的義大利移民後裔艾柯卡有些命運不濟，常被危境厄遇纏身。但艱辛曲折和世態炎涼卻最終練就他承受、抗衡乃至戰勝商海磨難的意志、智慧和公關謀略。故而歐美商界尤其關注他的商戰沉浮軌跡。

　　艾柯卡的父親是一位熱狗商，家庭的薰陶使他上小學就去打工賺錢，15歲學做汽車生意，16歲便為自己賺來了一輛汽車。他18歲考進著名的理海大學，4年中不僅修完工業和商業課程，過剩的精力還使他多修了一門心理學。大學畢業，艾柯卡憑優異成績考入名聲顯赫的通用汽車公司，然而卻總找不到施展才能的機會。萬般無奈的他，又爭取到普林斯頓大學的獎學金，再去攻讀塑膠學碩士課程。他24歲時獲得碩士學位，隨即考入福特汽車公司，在接受汽車工程的全面培訓之後，才當上一名見習工程師，從事汽車銷售。

　　艾柯卡出手不凡，不到一年即憑良好銷售業績升為賓夕法尼亞州一個地區的銷售經理，繼而直線上跳的銷售額又把他推上費城市銷售經理的位置。1956年福特汽車公司因銷勢整體不佳而面臨困境，正當公司上下苦無良策之時，34歲的艾柯卡突發奇想，別出心裁的研製了名為「為56年新車付56美元」的分斯付款推銷策略。此計大獲成功，福特公司全靠這個「最佳行銷策略」擺脫了困境，艾柯卡也連連獲得提升，到1960年，他年僅39歲時，已是世界著名超級公司福特汽車公司的副總經理兼銷售總經理了。這在美國乃至全球，不屬絕無僅有，也是鳳毛麟角。

　　春風得意的艾柯卡沒有陶醉於成功的喜悅，而是投入全部心智，竭力促成全新「野馬」車的面市。結果，「野馬」在銷售上創造了奇蹟，使福特公司獲利11億美元，自己也被美國汽車界譽為「野馬之父」。此後，艾柯卡憑連年鉅額利潤升為福特公司總經理，可謂風頭出盡。殊料「功高震主」的悲劇頃刻發生，公司董事長小亨利‧福特頻出惡招，於是制肘、奪權、降職、罷免紛至沓來。最為冷酷的是，艾柯卡54歲生日那天，突然被趕去管理倉庫。回想28年來為福特家族創下的幾十億美元，艾柯卡痛心疾首，五內俱裂。消息傳出，福特公司上下人人自危，美國汽車業為之譁然。小亨利‧福特怕眾怒難犯，就請艾柯卡提前退休，條件是只要不去別

處做，不對福特公司說三道四，每年即付 100 萬美元的「沉默費」。為了「總有一天」，艾柯卡老謀遠算的忍辱應允領取沉默費。時值 1978 年。

　　恰是這一年，於競爭中屢屢敗在艾柯卡手下的美國第三大汽車公司克萊斯勒瀕臨破產的邊緣。它無力抵抗日本貨衝擊、對手排擠、石油危機、管理混亂、財政枯竭的交相夾襲，只得以「三顧茅廬」的赤誠，懇請艾柯卡出任公司董事長兼總經理，希望他用自己的管理思維和方法，挽救克萊斯勒公司即將倒閉的狂瀾。艾柯卡考慮再三，毅然放棄百萬美元的退休金，欣然受命出山（年薪只有 36 萬美元），發奮要使克萊斯勒重新崛起，還小亨利‧福特以顏色，孰料公司內部早已是滿目瘡痍：現有 25 個副總經理正各霸一方，盡力互相扯後腿；雖然產品低劣，數萬輛汽車積在倉庫，但還是在粗製濫造！好像不弄到破產倒閉誓不罷休似的。

　　克萊斯勒被糟塌到如此境地，大出艾柯卡的意料，但他一想，自己乃是過河卒子無退路可言，便大刀闊斧的進行三項管理改革 —— 整頓經營、銷售團隊、裁減 23 名副總經理和大批管理冗員，發掘提拔公司內部的優秀人才，招募福特公司失勢的業務尖兵，組成堅強的管理核心；他盡心盡力的協調內部的關係，與員工坦誠相見，解釋自己的計畫、步驟，傾聽員工的意見，邀請工會代表出席董事會議，參與公司決策和管理，還讓每個員工擁有持股權；為了使克萊斯勒確立「有難同當，共度難關」的整體意識，他把自己的年薪降至 1 美元。艾柯卡走馬上任的「三把火」，迅速獲得員工的廣泛理解、支持和擁戴。就在公司上下團結一致、齊心協心之時，他繼而推出產業調整方案，砍掉了國外汽車生產項目，轉接有穩定利潤的坦克訂單，終於使克萊斯勒當年中止虧損，獲得一線生存希望。但是，全球石油危機引發的惡性經濟蕭條，不是克萊斯勒公司能靠自身的力量可以抵擋的。艾柯卡知道，出路只有一條：申請政府擔保貸款 12 億美元，捨棄製造高級房車的傳統，用以轉產中低階小型汽車。

　　誰料，申請政府擔保貸款剎時引出軒然大波！通用、福特兩大汽車公司率先發難，斥此舉「違反自由企業精神」；美國實業界、金融界也群起攻之，說這樣做是「獎勵經營失敗」，還發表聯合聲明強烈反對；報界隨即推波助瀾連連抨擊，用社論、文章、漫畫將詰難嘲諷一股腦潑向艾柯卡，甚至要求克萊斯勒立即宣告破產，

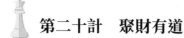

「莊嚴的死去」。申請貸款須經國會批准，而受輿論左右的國會議員們大多持消極態度，一些趨炎附勢之輩還公然表示反對。

　　這一切對克萊斯勒極為不利，面對黑雲壓城城欲摧之勢，艾柯卡經周密籌畫，毅然決定實施查清情況、鑑明疑點的打草驚蛇謀略，並精心制定了「扭轉形象、重建信譽、贏得人心、爭取大眾，獲得貸款」的公關活動方針，為此，他決計把報業作為打草驚蛇的首要目標。艾柯卡思忖道：你們報業不是存有成見，愛說壞話嗎？但如果斷了克萊斯勒的鉅額廣告來源，看你們的嘴還能不能硬得起來！於是他冷落強硬者，只選幾家態度溫和的報章雜誌大登廣告，向大眾顯示克萊斯勒重振旗鼓的主張、計畫和信心，還用巨幅圖片陳述公司的經營方針、發展策略和品質意識。為了對大眾證明革故鼎新的決心，艾柯卡不僅駕駛克萊斯勒的新車頻頻出現於鬧區，還動手拍攝 46 部商業廣告片，他自己還在電視鏡頭裡以輕鬆幽默、妙趣橫生的表演，使大眾覺得「克萊斯勒與以前是不一樣的」。克萊斯勒肯花大價錢買名聲，見錢眼開的各報便擔心減少財源，開始樂意說好話了。

　　眼見有傳媒可供利用，艾柯卡當即三箭齊發：撰文回答大眾疑問，爭取社會輿論；邀供應商、銷售商和記者參觀、考察克萊斯勒的生產、經營，顯示公司的透明度和責任感；選擇大眾逐漸理解並同情克萊斯勒所陷窘境的有利時機，大張旗鼓、不遺餘力的全面展開反擊實業界、金融界阻撓貸款的公關遊說──

　　「前不久美國實業界、金融界聯合發表聲明，反對克萊斯勒申請政府擔保的貸款，理由是『違反企業自由精神』。現在我只想提請反對者注意一個事實，就是申請政府貸款並不是克萊斯勒的創造發明，它早已發生了！我有一份詳細統計資料，記載的政府擔保貸款總計數額是 4,000 億美元！美國不少大企業、大銀行都做過這種事情！我暫時不公布名單，但請他們捫心自問一下，自己以前得到恩惠度過難關，今天怎麼可以反對克萊斯勒的沿用？我還請大眾和大眾傳媒客觀的判斷一下，這公平嗎？」艾柯卡振振有詞的說道。

　　「美國實業界、金融世界現在特別推崇『企業自由精神』，這很好。但自由應是平等的自由，在某些企業家、銀行家曾自由的申請過政府擔保貸款之後，反過來卻要剝奪克萊斯勒的自由權，這難道不是一種更加專橫的壟斷？美國正面臨惡性的

經濟大蕭條，使它復甦的辦法之一是政府擔保貸款。否則銀行的錢因懼怕風險而不能從容投放，實業界奇缺的資金因無擔保而無處可貸。那麼，全國性的經濟危機不但得不到緩解，反而會越演越烈。我不理解，實業界、金融界為什麼要以反對克萊斯勒的方式，斷了自己的後路呢？或許他們永遠不想採用行之有效的方法使自己擺脫困境……」艾柯卡滔滔不絕的說道。

「的確，克萊斯勒曾出現了經營管理的失敗，但那是在以前，現在它已經中止了虧損的下滑。所以，發放政府擔保貸款就不是獎勵失敗，而是給遭遇失敗的克萊斯勒一次重新崛起的機會。我工作過的美國著名汽車公司也遇到過失敗，有的還是透過我的努力走出困境的，相信人們不會忘記當年『野馬』車問世。現在我正竭盡全力使克萊斯勒獲得新生，需要 12 億美元貸款。當然，這不是一筆小數目，但如果不給克萊斯勒一次機會，它就只能破產倒閉。不過，政府為此支付的失業救濟金額將是擔保貸款的幾十倍！而且倒閉對供應商、銷售商造成的經濟損失比失業救濟金額更大，而這一切最終會轉嫁到納稅人頭上。兩筆細帳我將向政府和國會報告，相信他們能夠辨別利害、權衡得失的。」艾柯卡引而不發的說道。

如此鏗鏘有力、擲地有聲的慷慨陳詞，艾柯卡在不厭其煩的遊說中再三再四的重複著，高頻率的牽動著美國實業界、金融界的中樞神經，觸發了他們對惡性經濟蕭條的驚恐，強化了他們對自身破產倒閉的憂慮，觸發了他們為自己留一條後路的潛意識，以致最終使他們反對克萊斯勒的申請偃旗息鼓，不再大唱反調。此刻艾柯卡心知肚明：自己的遊說之詞隨時會布之報端，大眾看了之後將把對弱者的同情反注於克萊斯勒；而且，對實業界、金融界的頻頻反擊，必然要驚動參眾兩院的議員們，如果再連結其中反對者的切身利益敲打一番，那麼打草驚蛇的公關力量就可能切中希望目標。於是他精心準備國會聽證會發言，準時出席，簡捷明快的指出 ——

議員先生，以前經你們投票表決所提供的政府擔保貸款在 4,000 億美元以上，現在克萊斯勒只是申請 12 億美元，卻遇上了違反企業自由精神的嚴重問題。這實質上是對你們出了一道難題或者宣布以往貸款無效，悉數收回；或者你們向選民承認自己做錯了事，應該引咎辭職。

議員先生，還是想一想責任吧，請想想美國政府應承擔的責任，包括對克萊斯

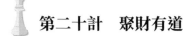

勒的責任。它有 60 多萬員工，破產倒閉將使他們失業，還讓美國的失業率在一夜之間上升 0.5%，而政府為此第一年就得支付救濟金 27 億美元。各位出席聽證會之前，已收到一份克萊斯勒的呈報資料，即振興規畫以及承擔的責任。用意僅僅為了使你們免遭自己選民的反對。因為本公司 60 多萬名汽車工人不會容忍砸掉自己飯碗的議員。

艾柯卡綿裡藏針的嚴正指出，終於贏得了參眾兩院多數票的支持。在 12 億美元貸款獲准以後，他把研製成功的 K 型汽車作為一張王牌投放市場，結果，1981 年搶來市場占有率的 20% 以上，使克萊斯勒公司出現了盈餘；1982 年艾柯卡力排眾議，下令恢復生產久被擱置的廉價敞篷車，當年銷出 23 萬輛；1983 年克萊斯勒公司出現根本性好轉，盈利 925 億美元，並發行 432 億元股票，使公司股票總額居於美國歷史上的第三位，並且提前 7 年還清了政府貸款。

聚財有道

企業開源的辦法很多，充分利用原料和設備、地域是挖潛開源的重要途徑。

許多原料都是多方面用途，用於主要產品生產以後的廢棄物仍然有不少可利用的價值，白白丟掉了實在可惜。全面、綜合利用原料不但可以達到節約的目的，同時又發展了多元化經營，一舉兩得。

臺灣的統一企業就非常善於運用相關事業的多元化經營。例如把榨沙拉油榨剩的豆渣用來做飼料，可以飼養自己統一牧場的牲畜，節省一大筆飼料開銷。此外，還可以節省很多其他不必要的浪費，如推銷、廣告、包裝、運輸、稅金等，而且自己的原料使用方便。由於統一麵包需要麵粉、牛奶，統一速食麵需要麵粉、油脂、雞汁、醬油等原料，都由公司直接生產、供應，而不必向外購買，節省了大筆成本，也提高了產品在市場上的競爭力。

已經有 50 年歷史的台鹽，因為不知變通、反應遲鈍，使得獲利逐年下降。然而，自從 1989 年由余光華接任台鹽總經理後，他認識到若僅靠鹽這種高成本、低附加值的產品維生，一定死路一條，於是積極開發新產品，終於由鹽發展出低鈉鹽、如意精、鹽牙膏、沐浴鹽、蔬果洗滌鹽、藻醬油、藻類飲料、健康食品等。並將製

鹽與海水淡化合一,將海水淡化後的高濃度油水,用來製鹽及提煉化學品。如此一來,鹽作為原料被開發得淋漓盡致,老鹽被賦予新生命,也使台鹽這個老品牌又在臺灣市場中殺出一條生路,繼續發光發亮。

上述例子,都是挖材料的潛力。「入」多「出」少則敗,「入」少「出」多則勝。挖材料潛力的方法不外乎以下幾種:第一,以現代科技開路,改革設計,降低成本。第二,建立規章制度,從嚴要求。第三,廢物利用,一物多用,物盡其用。第四,在保證品質的前提下,精打細算,長於盤算。第五,形成節儉的企業風尚。

對於一家飯店,應當使每一個房間,甚至每一寸地方都產生價值,所謂「寸土如金」。對於一個企業,應當使資本產生最大的經濟效益。豪華的華爾道夫阿斯托里亞飯店位於世界金融中心紐約,希爾頓發現這家飯店有不少裝飾性的建築華而不實,其中大廳附近有四根柱子並不是支撐頂棚所必需的,純粹是為了裝飾。於是,他立即派人把這四根裝飾柱子改裝成透明的玻璃展覽櫃。一些化妝品商店、珠寶商很快就租走了這些展覽櫃,陳列上各種名牌商品。希爾頓也因這幾寸之地,每年多收入 3 萬多美元,真可謂「生財有道」。

韓國動物園千方百計的設法開源節流。他們的賺錢祕訣,首先是在動物身上打主意,提高生產性收入。他們每年製作標本約 1,000 件,還生產各種動物性藥材和滋補品,收入也相當可觀;利用鳥類羽毛生產的工藝品,也能獲得一部分收入。其次,他們充分利用動物園遊覽娛樂的特點,興辦各種服務。園內設有娛樂場、照相館、食品銷售點、飲料站,以增加收入。再次,動物園還設法改變動物生活習慣,使之適應韓國的生活環境,以降低動物飼養成本。烏干達贈送的猩猩,剛來時每天要吃掉不少香蕉,動物園在飼養中逐漸摻和其他食物,逐漸改變其食性,現在這隻猩猩已完全適應了韓國的生活環境。兩隻大熊貓,現在除每天餵 500 克竹葉磨成的竹粉外,其餘飼料都以茅草、稻草等代替。正是由於經營有道,使韓國動物園成為收入可觀的盈利企業。

勇於開發財源賺錢是新思維,賺錢不是壞事,不賺錢怎麼能發展企業?善於賺錢是巧思維,君子愛財,取之有道,有開源的作法,才有賺錢的可能。賺了錢還要用好錢,如果會賺不會花,該花的捨不得花,不該花的拚命花,開源賺錢也就失去了意義。賺錢講究藝術,花錢也講究藝術。

第二十計　聚財有道

　　有一事例足以說明日本人在經營活動中極為注重理財和管理藝術。近幾年來，世界各地的地價日趨昂貴，令要蓋廠房的企業十分頭疼。巴西決定建一座年產 26 萬噸的紙漿廠，因為找不到理想而廉價的廠址，遲遲不能開工。日本廠商知道此事，決定幫巴西承建一座水上浮動工廠，工廠不占地皮，建在一個吃水深度 15 公尺的大型浮臺上，然後用兩條拖船，從日本拖至 2,500 公里之外的巴西亞馬遜森林的查理河上，就浮在製造紙漿原料產地旁邊。這家工廠已正常工作多年，經濟效益很高。

　　建立水上浮動的紙漿廠是明智之舉，它不但避開了地皮價格昂貴的不利因素，而且運用了系統工程的方法。生產紙漿當然需要大量木材原料，如果工廠設在城市裡，則需要從遙遠的森林裡運回木材，運費昂貴。水上浮動紙漿廠可以隨意拖到任何地方的森林附近，就地取材，從而節約了一大筆原料運費。成品也可能從水路運出，降低了產品的成本。一舉可有數得。此例足以展現出理財和管理藝術的妙處。

　　辦企業不能不施行成本管理，越是家大業大，越要精於成本管理。洛克斐勒是美國第一個億萬富翁。洛克斐勒的成功自然有多種因素，但精於成本管理則是主要因素。他曾寫信給一個煉油廠的經理，質問道：「為什麼你們提煉一加侖原油要花一分八厘二毫，而東部的一個煉油廠做同樣的工作只要九厘一毫？」就是價值很低的油桶塞子他也不含糊，他曾寫信詢問：「上個月你們工廠報告手頭有 1,119 個塞子，本月初送給你們工廠 1 萬個，本月你們工廠用去 9,527 個，報告現存 1,031 個，那其他 580 個哪裡去了？」洞察入微，追根究底，不容你打半個馬虎眼。

　　統一企業總裁高清愿也是個追根究底、不打糊塗戰的人。1975 年，統一接手虧損頗鉅的一家牛奶廠，統一增加產量，由每天 3 萬瓶增至 10 萬瓶，而且銷售一空，但結算下來還是虧損。於是高清愿立即責成財務部門進行成本分析，才發現統一維持原牛奶廠鮮奶與調味乳為 7：3 的生產比例。沒想到生產一瓶鮮奶要虧五毛錢，生產越多賠越多；反而調味乳每瓶可賺五毛錢。知道這個原因後，高清愿立即指示將兩種乳品的生產比例對調，馬上轉虧為盈。由於高清愿做事善於規劃，絕不打糊塗戰，並致力於成本分析與管理，使他的統一集團日益壯大，旗下各個子企業都是賺錢的行業。

　　一個企業家，還應當是一位理財家。

賺錢也要講究品味

　　錢，對每個人都極具誘惑力，要發展自己的事業，賺錢固然很重要，但僅為一個「錢」字而活，實是空虛透頂。作為老闆，要有一種事業感，把自己從事的工作看成一種事業，在事業發展的過程中逐漸形成自己的經營理念。把自己的理念表現在事業上，賺錢才有賺錢的意義，助人才能有助人的意義，生命有了意義，才能夠充實而不空虛。

　　如何形成自己的理念，提到這一點，就令人不得不想到一位成功的日本企業家——松下幸之助，松下公司（National）的創始人。

　　松下在 1932 年就指出：「人們需要一種把他們的生產活動與社會連結起來的途徑。」由此，松下形成了自己的一套管理哲學，即要把商業利潤與社會利益結合起來。他指出：「一家公司應當很快的依靠為社會提供服務來自力更生，賺錢不應是公司貪婪的反映，而是社會珍視公司的貢獻所投的信任票。如果一家公司沒有賺錢，它就該垮臺——因為它對社會毫無用處。」

　　在日本，松下是第一家有自己的廠歌和價值準則的公司，每天早晨 8 點鐘，全日本有 87,000 人一起背誦同樣的價值準則，一起唱同樣的歌，他們就是松下的龐大而又精練的員工團隊。松下人認為，公司有不可推卸的義務去幫助員工陶冶他們的內心世界，他們堅持管理要為訓練和發展人的個性服務，而不只是利用人力資源把公司、社會及個人連結起來。

　　松下在公司提供了兩種訓練，其一是基本技能訓練；其二是價值訓練。松下告訴員工：「如果你因誠實而犯了錯誤，公司是非常寬容的，會把這個錯誤當作一種學費來對待並從中吸取教訓，但是如果你背離了公司的基本原則，你將受到嚴厲的處罰。」

　　松下公司的基本業務原則為：要認知到我們作為實業家，在推動社會進步，增進社會的普遍福利，致力於進一步發展世界文明方面的職責。

　　員工信條為：只有經過我們公司每一個成員的共同努力和合作，進步和發展的目標才能得以實現。因此，在我們每個人致力於公司的不斷發展時，都要始終牢記這個思想。

第二十計　聚財有道

松下公司提出了七個「精神」價值準則，要求員工牢記在心：

1. 透過工業為全國服務
2. 公平合理
3. 和諧與合作
4. 精益求精
5. 謙虛有禮
6. 調整與吸收
7. 感謝

正是這些喚起了企業員工積極向上始終不渝的期望，進一步使得松下公司這個複雜而又分散經營的公司產生了強大的生命力，使公司延續至今而經久不衰。

正是這些理念作為松下幸之助的管理哲學，使得松下公司發展了起來，同時也為松下幸之助本人的一生賦予了高度的意義。

老闆們在開始創業時，自然不會有很明確的經營理念的觀念，但是隨著事業的發展和公司規模的擴大，就需要老闆逐漸形成自己的經營理念和個人風格。

松下曾經說過：「當你有 100 個員工時，你處於第一線，即使你對員工叫嚷和毆打他們，他們也會跟隨著你。如果這個團體增加到 1,000 人，你就不必處於第一線，而是處於中間。當組織增加到 1 萬人時，你威嚴的坐鎮後方，對前方的人表示你的感謝。」而一旦老闆的風格形成，就會逐漸成為傳統，漸漸灌輸到企業全部員工心中並為員工所接受，於是，企業文化也就逐漸形成了。

每一個希望自己的公司長期生存發展下去的老闆都會為公司制訂一個發展策略，並且根據這一策略去綜合考慮公司的現狀，制訂每一階段具體的政策方針。作為企業策略原則有一定的共性，但不同的公司根據實際需求和狀況的不同，都會有自己的特色策略。下面還是讓我們來看一看松下公司的策略。

1. 打破常規
   松下公司並沒有遵循日本企業所通用的一些策略原則。如松下幸之助沒有採取別的日本公司慣用的做法，沒有使用創始人的名字作為公司的名字，他引進了

「National」的商標，透過廣告宣傳為大家所接受。他沒有透過自己的生產體系組成行銷公司網絡發展營業，而是真接與零售商掛鉤，開拓了自己獨特的銷售管道。同時他還為零售商提供經營資金，與各級零售商建立起了密切而又持久的夥伴關係。

2. 跟隨戰略

松下幸之助從最開始就沒有獨立研製開發創新技術，而是從品質和價格入手，提高品質，降低成本，進而後來居上，獲得暢銷的地位。如在磁帶錄影機市場上，雖然 SONY 公司研製和開發了磁帶錄影技術，其商「Betamax」成了磁帶錄影的同義詞。因而在最初一段時間，SONY 公司在市場上處於牢固的領導地位，並因此使眾人都相信這種領先地位的牢不可破。 但是就在這個時候，松下公司卻直接從 SONY 公司的技術出發，根據市場調查，發現顧客需要比 Betamax 更長的（4 至 6 小時 ）的錄影能力，於是松下公司馬上設計出了自己的磁帶錄影機品牌「Panasonic」和「RCA」，它們既能夠滿足顧客的需求，性能也穩定可靠，而且價格也低於「Betamax」12%左右。到今天，已經有 60% 以上的市場占比被松下公司的「Panasonic」和「RCA」品牌所占領。

追隨策略的核心是生產工程。松下公司擁有幾十年來用最新技術裝備起來的生產研究實驗機構。他們的「 研究和發展 」的策略概念就是分析處於競爭中的產品，並籌畫怎樣才能做得更好。松下公司對研究和發展的投資一直占其商品銷售額的 4%，僅 1980 年用於研究和發展的投資總額就高達 4 億美元。

3. 松下公司有自己的價格策略

在松下公司創立初期，廠家通常慣用的較為明智的做法是盡量降低產品的成本，同時謀求在盡力保持價格的前提下，盡快收回投資成本。

松下幸之助反逆其道而行之，不是更多的看重投資效益，而是把市場占比的占有量放到了首位。一旦透過技術和產量降低了生產的成本，就盡快的降低價格，使顧客受益。這種做法既來源於松下公司回報社會的經營理念，也是一種超前的策略意識。松下公司從累積製造經驗中獲得經濟效益，之後降低成本。從而建立起一道競爭者難以打入的屏障，因為競爭者面對低廉的價格，無不感到利潤很薄，不值得

投資競爭。這一策略作為松下產品的市場策略基本準則延續至今，並一直行之有效。

今天的松下公司，已經成為全世界最大的日用電器製造商了。

松下公司的實例告訴我們，策略是企業賴以生存的基礎，獨特而又切合實際的策略，能夠使企業出奇制勝，從而贏得市場競爭的勝利。

假戲真唱，老費列克二次當富翁

弗列德里希‧費列克是西方僅有的兩次當上百萬富翁的成功者，他曾被美國媒體列為世界鉅富的第 5 名、德國鉅富第一人，並說他「心中唯一神聖的、根深蒂固的欲望就是賺錢。」

其實，費列克初涉商海時只是一個普通的會計師，全靠鑽研利潤的本事，當上門登公司的業務主管。此後又憑追上一位可愛的女孩，得到三萬馬克的嫁妝，成了門登公司的股東。費氏從此專事捕捉貨幣差價、變換資金配置的營生，仗著一付鋼爪、一雙犀目，什麼東西也不創造，只是利用他人的企業和資金，在德國敗於一次世界大戰、爆發經濟危機、出現通貨膨脹之際，大肆投機，大發橫財，於 1920 年代後期當上了百萬富翁。其間，費氏還有兩大收穫：他認為經商之道必須是冷酷殘忍、守口如瓶，行動詭祕、機詐善變；他認為經商之術重在打造捕捉獵物的祕密情報網，採用一切手段把對手的經營狀況、個人隱私、債務、醜聞搜羅來，分門別類建立檔案。費氏斷定，憑藉這一道術，將無往不勝。

1930 年，費列克有意於鋼鐵業，他先在股票投機中利用赫夫曼鋼鐵公司總經理私人債務的致命錯誤，擊敗競爭對手一口吞下赫夫曼公司。其後又利用蓋爾森公司老闆的金融舞弊，於股市投機中贏了蓋爾森鋼鐵公司。然而蓋爾森公司卻在市場競爭中屢屢敗在鋼鐵龍頭蒂森公司的腳下，繼因鉅額虧損而瀕臨倒閉。

得勝的蒂森找費列克談判，願以數億馬克的優惠價收購蓋爾森公司，費列克當即拒絕，轉向瑞典火柴大王借錢，欲支撐即將倒閉的公司。誰知蒂森早已買通火柴大王，使之回絕費列克的求援。收購談判隨即加緊進行，已把費氏逼入死路的蒂森以為勝券在握，不斷為開盤加碼。費氏一面敷衍談判，一面命祕密情報網查清楚「蒂森哪來這麼多錢收購蓋爾森？」後來密報傳來，支持蒂森的是荷蘭財團和法國財

團，其中名望最大的是法國首屈一指的里昂信貸銀行。費氏頃刻見到反敗為勝的希望，精心策劃了苦肉計 ——

談判正酣，費列克公司的巴黎公司突然宣稱「內部資料流失」！其「數量之多、機密程度之高，對費氏的蓋爾森公司造成無法估量的損失」。這個爆炸性新聞傳出，法國經濟界極想了解費氏究竟丟失了什麼情報。誰知不用他們費勁搜尋，祕密卻輕流入眼底：「里昂銀行暗作手腳，把蓋爾森公司的股票以高於市價的 4 倍轉給費列克，因而費列克控制蓋爾森之後舉步維艱。」對這份「流失的情報」，德法兩國金融界都信以為真，因為費列克所丟失的，是自己充當冤大頭的。於是根本不理睬里昂信貸銀行「本無此事」、「對費氏及蓋爾森公司從無興趣」的正式聲明，還甚至認為這種聲明「原來是法國人的狡詐」、「在有意掩蓋透過猶太人的蒂森公司控制奴役德國的野心」！

這下子可灼傷了德國政界的神經。因為，德國作為一次大戰的戰敗國，一直承受著向法支付鉅額戰爭賠款的不堪負擔，舉國上下早已抱怨法國人發戰爭財。此番巴黎竟與猶太巨擘沆瀣一所，頓使負債累累的德國政府情願勒緊褲帶，撥出 1 億馬克貸款援助費列克。而富有「愛國」精神的費列克當即中止與蒂森的談判，只以 2,500 萬馬克與德國政府祕密成交，還說是為了「防止不顧民族利益的人趁機漁利」。結果，苦肉計的板子，未傷費氏一根毫毛，倒使談判對手及其夥伴們有口難辯。

1933 年納粹上臺，費列克大聲疾呼要對猶太企業實施德意志化，他加入納粹黨，與格林、希姆萊、戈培爾等法西斯首領結為密友，儼然成為納粹的「經濟領袖」、「商業魁首」。豈料灸手可熱的希特勒帝國到 1944 年初面臨崩潰的邊緣，費列克立即透過祕密情報網，竊得盟國戰後把德國劃為 4 個占領區的地圖，立即隱匿財產。1944 年 6 月，費列克自動向美國空軍投降，以德國經濟界第三號戰犯的待罪之身走上紐倫堡國際法庭。他自知沒有死罪，乾脆來個「肉香千人口，有罪一人當」，盡力保護手下重要員工。他最終被從輕發落，判刑 7 年。

費氏在倫德伯格監獄服刑時已是個 60 歲的囚徒。他老老實實、賣力做事，全無喪失億萬資產的懊惱，倒像是真心誠意的想改造成自食其力的新人。憑埋頭苦幹的

第二十計　聚財有道

良好表現，費氏多次與監獄長談判調換工作，於是他從苦役到修鞋匠、再到監獄廚房、最後當了監獄圖書館管理員才安下心來，因為在這裡可以從報章雜誌和書籍中嗅到發財的氣息。不久，他嗅出西德的崛起在於軍隊重建、軍火業復興，繼而嗅出鈾礦開採將是自己東山再起的良機，接著又見到了在軍事法庭受審時施展苦肉計的成效 —— 昔日的手下幹將相繼嶄露頭角，其中最有價值的是私人祕書蒂爾曼斯，竟一躍成為德國政府的特別事務部長，並且與阿登納總理關係甚密。費列克立即在獄中對保護下來的情報網發出尋找鈾礦的指令。鈾是核武器的重要原料，盟國一向禁止德國從事此項工作，但費列克不是國家公務人員，而且出於商業目的，盟國的對德公約對他不具約束力。1950 年底，費氏提前出獄，轉手把找鈾成果賣給施得勞斯公司，換得經商本錢。然而不待費列克去將本求利，老同事蒂爾曼斯已將「找鈾有功」在阿登納總理耳旁美言了幾句，結果把他本應沒收拍賣的一座煤礦還給他「自行處置」。

　　費列克決定把煤礦賣掉。心想如果賣給英、美財團，不僅容易脫手，或許還可賣個好價錢。他忽而轉念一想，煤礦還是賣給老冤家法國財團為好。一則自己出獄不久，立足未穩，不便強硬的跟英國尤其是美國經濟界討價還價；二則以前曾把里昂銀行弄得有苦難言，法國人絕對忘不了這筆帳，肯定不肯放過自己，與其日後倒楣，不如現在求饒。費列克決定厚著臉皮與里昂銀行代表會談。

　　「我的子公司一些人在戰前，曾經用不正當的手法對付過你們銀行。這是違反商業道德的，我現在向你們表示歉意。」費氏檢討道。

　　「據我們所知，那次情報流失事件是你一手策劃的。」里昂銀行代表直截了當的指責說。

　　「那件事的確與我有直接關係，為此我向你們道歉，看在我已經受到懲罰的分上，希望你們原諒我。」費氏不無誠意的檢討自己的錯誤。

　　「當時我們雖然支持了你的競爭對手，可你怎麼能用那種手段對待我們呢？太不應該了。」里昂銀行代表口氣有所緩和的說道。

　　「正是為了彌補以前的過失，我特意請求你們銀行成為我的交易夥伴。你們知道，我的一座煤礦要出售，也有許多買主，但我只想出售給法國企業家。你們銀行

如有興趣的話，我願意在價格方面優惠一些。或者，就請你們銀行替我物色買主。我是有誠意與法國經濟界友好合作的。」費氏竭力表白道。

「為了有個良好的開始，我們可以代理你的煤礦出售業務。在價錢方面，我們不會讓你吃虧的。」里昂銀行代表大度的說。

會談使雙方達成默契，買賣很快拍扳成交，並且賣了好價錢。費列克 18 年後第二次對法國人使用苦肉計，又獲得了一箭雙雕之效：一則與法國商界修好，免去被整厄運；二則獲得投機股票市場的資金。他立即悄悄購進賓士汽車公司股票，等待汽車時代取代坦克時代的到來。這一次費氏又贏了，隨著賓士股票的迅速升值，他很快的再次當上百萬富翁。此後他更是在投機生意中如魚得水，於股票買賣中頻頻戰勝對手，急速使財產膨脹為數億馬克。直到 1966 年，80 歲的費列克還在拚命賺錢，即使在終生相伴的妻了掩埋後的今天，他依然回到辦公桌前，下達股票買賣指令，為的是在梅塞德斯控股額談判中，再施苦肉計賺上 20 億馬克。這筆錢他終於賺到了，但不久也壽終正寢了。

趁火打劫，房地產商一筆交易賺了又賺

俄亥俄州不動產大亨弗雷德的日常功課就是拆閱各地經紀人寄來的大堆郵件，在比較他們開出的地產報價單中尋找賺錢機會。一天早晨，一張明信片躍入眼簾，上面寫著：「出售一宗地產，報價 80 萬美元。」弗雷德平生第一次遇上這種新奇的報價方式，好奇心驅使他為進行這筆交易而著手準備。

經調查得知，這宗地產歸一家信託公司所有，不算地面建築的價值，單單土地就值 80 萬美元。報價之所以會平開，是因為一場大火把地面上的大樓燒成空架，而當地房產管理部門嚴責信託公司：「立即採取緊急措施，保障安全。」火光方息，驚魂未定的總經理認為「趕緊把它賣掉」是唯一可以採取的安全措施，於是指定公司地產部經理「迅速脫手這宗地產」。信託公司的危境厄運正是弗雷德狠殺售價的天賜良機。他一面熱忱向信託公司表示「願意幫助貴公司擺脫困境」，一面冷酷無情開出書面還盤：「或者分期付款，55 萬美元；或者現金交割 475 萬美元。」趁人之危？信託公司地產部經理真是氣得火冒三丈，對弗雷德只給了兩個字的回答：作罷！

第二十計　聚財有道

　　弗雷德立即打電話給信託公司的地產部經理，約他當面談談價格。地產部經理勉強同意，極不情願的走進弗雷德的辦公室。誰知剛剛坐定，弗雷德就給了他一個「下馬威」，毫不客氣的說：「這宗地產賣或不賣，最終是由信託公司的董事會做出決定。你作為地產部經理，只是董事會的代理人而已，如果你再拒絕商談價格，我就越過你，直接向董事會報價。」這是公然的蔑視，也是威脅，地產部經理真想拍案而起、挺身而出，但考慮到要保住飯碗和位置，只得忍氣吞聲的答應：回去向董事會轉呈之前的那份書面報價。

　　大火不僅燒掉了信託公司的一宗房產，還燒去了聲譽，董事會正為此而憂心忡忡。他們定下的對策是：了結災禍，接受任何一個切實的、使公司損失不太大的報價。弗雷德的報價一呈上來，他們當即拍板：475萬美元現金出售。地產部經理很不樂意的電話通知弗雷德：「公司接受第二個報價，合約將在三天以後的星期五準備好，你最好在那天下午五點整到信託公司簽署合約。」受過凌辱的地產部經理為了報復，放下電話後煞費苦心的起草合約，他開列時條款字斟句酌，故意把火焚後的殘骸寫成「部分損毀的大樓」，還為巧妙的堵死漏洞、防止弗雷德節外生枝，悄然在合約中寫明：「買主自願放棄一切法定索賠權」。

　　星期五下午五點，弗雷德準時到達，拿到了一份長達30頁的合約文本。這回輪到地產部經理給弗雷德白眼看了。他面帶慍色，咄咄逼人的說：「想買就接受合約，不接受就拉倒，不必找合約的麻煩！」弗雷德只是瀏覽一遍合約文本便抽筆簽名。他欣喜的走出信託公司，為自己成為這宗地產的所有人而高興，恨不得馬上就去辦地契過戶手續。

　　常言道「禍不單行」，信託公司恰恰應驗了這句話。合約簽署後的幾小時，殘骸竟發生死灰復然，燒起第二場大火，把整個土地燒成了焦土，直叫公司上下二度受驚。唯有地產部經理卻在暗中高興，不由慶幸合約條款令弗雷德無路可退。此時，正在歡度週末的弗雷德已匆匆趕回辦公室，緊張的思索、選擇對策：是設法拒絕這宗充滿晦氣的地產，還是利用第二場大火在談判中再撈便宜？他最終選擇了後者，於是急忙約請律師共進早餐，兩人邊吃邊討論談判的細節。電話鈴響了，地產部經理邀約弗雷德星期二上午到華爾街一家著名律師事務所的辦公室會晤。可見信

228

託公司也沒有閒著，既請了華爾街著名律師事務所的律師當法律顧問，又做了充分的「場外準備」。

會談如期進行。信託公司的法律顧問熱情的把弗雷德及其律師引進自己的私人辦公室，開宗明義的對弗雷德的律師說：「我們在這裡會面，不是為了討論法學，僅僅是協商處理面臨的非常棘手的局面。」弗雷德的律師點頭稱是，而弗雷德與地產部經理卻像兩隻烏眼雞似的對視著。

信託公司的法律顧問接著介紹了險情，並說明那宗地產周圍的街道已被警方封閉，信託公司比以往任何時候更希望脫手那宗地產。這番言談，其實是正規談判過程中的「概說」，其後便是「明示」亦即「交鋒」。信託公司的法律顧問和地產部經理相繼搶先發難，堅決要求弗雷德「立即接管這片地產，排除險情。」眼見對方迎面擊來，弗雷德便使出了「四兩撥千斤」的一手，說道：「我和律師還沒有全面討論目前的情況以及你們的要求，我們需要一點時間。」信託公司的法律顧問立即打開一間大會議室，請弗雷德和律師去私下磋商。弗雷德和律師起身欲走，地產部經理忙把弗雷德的律師拉到一邊，胸有成竹的說：「別忘了，在這份合約中，你的當事人弗雷德是自願放棄一切法定索賠權的，他別想利用第二場火災撈點什麼！」這番話無疑也是說給弗雷德聽的，弗雷德的律師謹慎的答道：「你說得很正確，我的當事人是放棄了所有的法定索賠權。但是。」為了讓信託公司的法律顧問聽清楚，律師故意提高聲音、放慢速度說：「你所說的，恰好意味著我的當事人在放棄權利之前，仍享有美國《習慣法》所承認的相關權利。」

站在一旁的弗雷德眼見交鋒不能暫停，便用眼神向律師示意：「把要說的話乾脆說完，狠狠的回擊他一下！」律師接到暗示就一字一句的說：「按照習慣法，不動產在辦理正式過戶手續前，出售方有義務維護其安全，如果造成損失，就要全部承擔。」律師接著說：「法院對此做了許多特殊規定，其中有一項正好適用於我的當事人。弗雷德先生購買的是特殊財產，即土地連同大樓，現在大樓已蕩然無存。按特殊規定，出售方須嚴格按合約條款交出出售物，否則調整售價。」這番話雖是說給地產部經理聽的，目的卻是想封住信託公司法律顧問的嘴。

律師的話音未落，弗雷德已走了上來。他用不嘲諷的口吻對地產部經理說：「請

注意，出自閣下非凡手筆的合約，把我購買的東西寫得準確無疑，它不是一次，而是四次提到我購買了土地和一棟『部分損毀的大樓』，有比這更美妙的文字嗎？」弗雷德笑了笑接著說：「殘骸變成了『部分損毀』！可惜，現在就連這個東西也無影無蹤了。上帝作證，我不會放棄那個屬於我的『部分損毀』的大樓，這有什麼可懷疑的呢？」

彼此這般對立，雙方皆知談判的出路只有妥協，只是各方境遇不同，妥協程度必然有別。幾次交鋒之後，信託公司的法律顧問和地產部經理覺得對方理由充分、態度強硬，只有多讓步才能了結談判。弗雷德和律師卻又走進大會議室，為多撈一點而悄悄計算對方得失：一旦打起官司，法院至少花兩年的時間才能裁決是非曲直，兩年中信託公司即使打贏官司，也要支付 5 萬美金的地產稅；倘現在就現金交割，信託公司在兩年裡反可收進 5 萬美元的銀行利息；這一進一出的 10 萬美元對信託公司絕不是個小數目；而且官司一起，必然鬧得滿城風雨，它就像在信託公司的傷口上再撒上一把鹽，董事會絕不願意接受。弗雷德認為，再取信託公司 10 萬美元損失的一半，對方會忍痛接受的。

重新回到談判桌上，弗雷德首先發言：「讓我們雙方都做出妥協，叫眼前的困難局面見鬼去吧！」他接著說：「如果信託公司減價 10 萬美元，我就立即，而不是在以後接受這宗地產。當然，如果訴諸法律，接受的時間就難以確定了。」信託公司地產部經理不待弗雷德說完，便大發雷霆，痛罵他是豺狼、魔鬼、無恥的強盜……地產部經理整整發洩了七、八分鐘，弗雷德則面無表情，端坐不語。隨後是沉默，令人難以忍受的長時間的沉默。還是信託公司的法律顧問老辣，早已洞悉弗雷德肚子裡的鬼主意，一語中的的提了個建議：「售價減去 5 萬，立即簽署協定。」「同意。」地產部經理無可奈何的說。「同意！」弗雷德喜形於色的應和。

就這樣，弗雷德僅花 42.5 萬美元便成為價值 80 萬美元的「不動產地契全權所有人」。而且，第二場大火已把地面建築燒得一乾二淨，還使清理地基的開銷大幅度減少。弗雷德做的這筆買賣真是賺了又賺。

第二十一計　管人技巧

第二十一計　管人技巧

唸唸孫悟空的緊箍咒

　　今天你要成為一個領導者，必要的品格比過去任何時刻都重要，你的工作是指導下屬哪些工作上的舉止是公司倫理上無法接受的。你需要向員工解釋哪些事可以做，哪些不能做。

　　處理員工的工作和私人問題時，更要劃清其間的區別。當你對別人的問題抱持同情心時，你很容易就會陷入他們的情境中，或想要把他們的問題攬到你身上；反觀你對別人抱有同情心時，你能夠避免個人在情緒上受到他人問題的牽絆，也能夠站在比較客觀的立場上看問題，而這也就是員工一開始跑來找你求助的原因。

　　必須記住，你是個領導者，捲進辦公室裡所有人事方面的問題裡，並非職責所在。你的職責是傾聽每一方的意見，詢問恰當的問題，以顯示你早就注意到這個問題，然後提出一個公平的解決之道。行動、反應、再次行動，這才是領導者的工作。

　　作為領導者，你要讓眾人知道你是團體的一員。團隊一員的名聲很難贏得，卻極容易喪失。你應該了解團隊概念的意義和實際執行的方法，甚至在直覺上也不會弄錯。公司裡大部分的人都不喜歡「獨行俠」，尤其不喜歡抱持「如果我想做好某件事，我會自己動手」這種工作哲學的人。

　　你的上司和部屬都期望你在掌控專案計畫和領導他們時，能把每個人的優點放在心上。他們想要的是一個不管情勢好壞都可以信賴的人，而不是危難來時就棄他們而去的人。

　　作為領導者，你要願意與別人分享光彩，甚至自願扮演小角色，保持低姿態的領導方式，遠比炫耀奪目的方式更有力。這些時候，多半不考慮誰是誰非，而是就事論事。在某些情況下，把所有功勞攬在你身上絕對是可以接受的，尤其是你真的獨力做好這件事，或從頭到尾參與一項計畫時。但是其他的場合則沒有這樣簡單，你最好退居幕後、謙恭自持，把榮耀歸於你的員工。

　　不要心存怨恨。真正的領導力並不是錙銖必較、復仇雪恨，或是挖掘見不得人的隱私。讓別人儘管去發展他們的祕密計畫好了，你自己則應把心力集中在工作，以及發展良好的人際關係上。

鐵石心腸的人多半喜歡把時間花在搜尋陰謀上，設計復仇計畫，以及為他過去的輕率行徑找代罪羔羊。這種人通常會很快就撐不下去，因為在這種基礎上做事，根本就不可能運作良好。

　　你不需要每次看到一個人，就在心裡築起防衛工事，把他當作潛在敵人，但是你的確需要保護自己，以免被少數幾個想看你出醜的人所陷害。為你的重要的電腦檔案製作備份，並且把這些備份檔案放在不同的地方，而且辦公桌一定要上鎖，假如有人使壞或使用自我傷害的行徑，足以影響組織或你在組織裡的地位，你必須要出言責備他們。

　　表現得比上司對你的期望更好，在老闆的眼裡，那些準時 5 點就收拾好東西下班回家的同事，和那些下班時間雖然到了，卻仍然留在辦公室裡把事情做完才回家的同事相比，兩者之間存在著極大差異。

　　表現得比部屬對你的期望更好，當你的部屬與高階管理層或顧客發生問題時，或碰到純粹的工作問題時，他們也會期望你一直在支持他們。最糟的情況是，主管應該在自己的部門裡解決問題時，卻把寶貴的時間浪費在組織裡的其他角落上。就像有些工作勤奮的主管會加班把工作完成才回家一樣，你的部屬也期望你能以身作則。如果他們必須留下來加班，那麼你最好也自願留下來和他們一起工作。

管人的兩個經驗

　　要成功的領導下屬並不是一件容易的事，但從人性的角度來看，人無非是兩個需求，一個是物質條件的需求，另一種是精神的需求。而滿足這兩種需求的方法，一個是對下屬投資，第二是給下屬精神鼓勵。

・　投資員工的方法

　　聰明的老闆信任員工而且勇於在員工身上投資，結果一定是財源滾滾而來。曾有人說過，公司轉型的難處在於老闆是否真正相信屬下的確知道如何改進工作效率，知道我們比別人好在哪裡，願意授權於屬下全力發揮，並且完全以對待客戶的方式來對待部屬，聽他們的，跟他們一起解決問題。

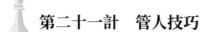

第二十一計　管人技巧

　　西方的公司只肯花日本公司四分之一的時間來訓練及教育員工，但現在我們發現有好多公司的老闆正在扭轉這種情況。他們現在已經肯投資訓練員工來實踐公司理念。通用汽車公司的品管主任布蘭斯基說：「如果這些訓練不以公司理念為重的話，那錢都白花了。」

　　美國默克藥廠的品管協理說：

　　你對下屬的信心來自你對他們的訓練。作為主管的主要工作之一就是要訓練屬下，在教會他們所需的一切之後，你就要對他們有信心，並且授權他們去做，你不能怕部門的表現比你好，他們應該能超越你。我們一位主管的用人哲學很妙，其中之一就是要幾個比你強的部屬。

　　許多公司的老闆會要他底下的部門主管自己去向屬下開課。「施樂」的柯恩斯發明了「階梯式」訓練法，他和他的副手先去受訓，等到熟習方法和技術後，再傳授給他們的部屬。這方法很有效，如果幫你上課的是你的老闆，而且你知道上完課之後還要再去訓練你的部屬，那你只有好好學習。隨後，美國的「密西根紡織」和「摩托羅拉」都已經引用這個方法。

‧　鼓勵下屬的方法

　　每個人都覺得，自己的意見，比別人強加給自己的意見更寶貴。因此，把自己的意見強加於人，是一種錯誤的做法。只有給對方一些暗示，再由對方自己尋出結論來，這才是比較好的作法。 我的一個朋友告訴我說：「在我年輕的時候，曾學過跳舞。可是我跳的都是舊時舞步。因此，我也覺得的確有學習新舞步的必要。第一位老師看了我的舞後，很率直的對我說，你必須重新開始，從頭學起。他的話使我非常沮喪，決定不跟他學舞。」

　　「我比較喜歡第二位老師，他說我的舞雖然有些趕不上時代，可是基本步伐非常好，要我努力學習。

　　「第一位老師強調我的缺點。第二位老師卻盡量稱讚我的優點，說我很有節奏感，有跳舞的天分。聽了他的稱讚，我雖知道了自己的舞步不行，可也覺得自己還不錯。當然，我毫不遲疑的交了學費。聽了那位老師鼓勵的話，心中湧出無限希望：努力地學習。終於，我學成了。」

另外有個例子，是一位參加講習會的學員阿德親身經歷的事。當汽車買賣不景氣，交易量大減時，他的推銷員也銳氣盡失了。為了鼓勵他們，阿德立即召開緊急會議，要求他們將所有的意見和難題都提出來。他對推銷員說——

「你們的要求我全部接受，你們所面臨的難題，我答應盡量替你們解決。我對諸位也有一個小小的要求，就是請各位將你們準備怎麼做的決心告訴我。」聽完了他的話，他的手下都搶著回答：有人說要以誠實、樂觀、積極的態度工作；有人建議要團體行動；有人要求每天 8 小時的實際工作；甚至有人提議，一天可以工作 14 個小時。會議結束後，銷售量出人意料的多。

要與下級真誠交心

關心員工的心理健康已成為現代管理趨勢中較重要的一環。要做好這種心理輔導的工作，管理者首先應與員工面談。面談時要注意下列原則：

其一，在時間上選擇一個星期中的前幾天而不是接近週末的後幾天，選擇早上而不是下班之前。

其二，你要選擇讓員工感覺有隱私的地方，譬如辦公室附近的安靜咖啡廳，可供散步的花園或公司內的會議室，以使得面談的過程不受干擾，讓員工輕鬆自在的和盤托出。其三，你要使用「我」而不是「你」的關心語言。譬如，「我對於你造成的意外事件感到焦慮不安」，而不是「你這樣焦慮不安，以至於引起許多意外事件」；「我對你的不理睬命令感到生氣」，而不是「你用不理睬命令的方式激怒我」；「我要與你談談」，而不是「你來找我談談」。

其四，你要注意聆聽而不做任何建議或判斷，此外，要將談話的內容保密，會談後不與其他同事討論細節。

其五，如果知道自己無法解決員工的問題，應該及時請專家提供協助。

其六，與員工交談後，如果發現員工還有不良行為的傾向，則要設法轉送給公司特約心理輔導專家，或者提供心理治療的機會，讓員工自行選擇。不良行為來自各方面：容易生氣、悲哀恐懼，感到孤單、憂鬱、情緒不穩，酗酒或吸食藥物。親朋好友的去世，高度的壓迫感，無法專心，容易失眠，有自殺的想法，有體重肥

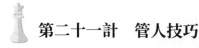

胖的煩惱，缺乏自信，害羞，對工作、對自己或對這個世界感到悲觀，人際關係不良，缺乏激勵自己的欲望，家庭及經濟的困擾。

發號施令說一不二

　　如何使領導者發出的指令得到最有效的施行，這對幾乎所有的領導人物都是一個至關緊要的問題，它直接關係到權力的影響度、威信的分量。因此發號施令要遵循如下規則：

1. 謹言慎行。聖人舉步，千里睽睽。政治地位和知名度很高的人，他們的一舉一動，必有相當多的人注目而視。此謂船搖一尺，桅擺一丈。因此我們說，具有高度社會地位的人，應該對自己的言行抱著戒懼、審慎的態度，才能名副金口玉言之實。

　　一言既出，駟馬難追。聖人接觸別人，小心言行，不為防人，只為防口。人之口舌軟而無規，人與人之間，舌之作用可當得半個人。身處高位的人，一咳嗽一眨眼都能引起眾人注意，當年布希總統訪日，於席間昏倒，立刻影響到華爾街股市價格。鑑於此，領導人物時時修正自己的言行非常必要，那些輕視這個道理與原則的人，必定會不時引起群體輿論的攻擊，因而遭受不該遭受的困擾。因為，地位越高的人，他們在外的名聲越是屬於整個社會或他人。

　　循著尊重別人，戒言慎行的原則，一片讚譽定然是伴隨著你的。反之，則說不定。偉人們越是聲望高時，越應該謙虛的審度自己的言行。否則，聲望也有可能走向反面，正所謂不積小善，無以成名，不積大惡，不會有災；小惡多積，惡掩善言。

2. 內圈外圈。每一個人都是可信的，每一個人都不是可信的，這就是政治，不論人多人少，必定有內圈外圈。要正確使用內圈的人。首先應該不斷的擴充或鞏固內圈，有外圈才能鞏固內圈。

　　內圈的形成，還必須配有一種定勢。群體定勢形成後，反對派不會輕易拉出你內圈的人，外圈又會向內圈靠攏。

命令製造者是自己，發布者應該是別人，這樣可避免矛盾焦點集中到自己身上，要避開矛盾焦點，不管面對內圈還是外圈，有一些事情上面，應使內圈一視同仁。

3. 說一不二。王命不敢輕易下達，既然說了就需要有人不折不扣的執行，說了就不可輕易變更。如果一旦改變了，再去執行當然不好辦。君子一言，駟馬難追，王者發話，重於泰山。說到做到，是樹立權威的妙法，所謂信義，不過如此。

如果想收回成命，那也好辦，就是你吃不準的命令要像上面一條說的那樣，最初以別人的名義或透過別人的口發布出來。

如果需要修正自己的號令，你應該尋找幾個說得出去的藉口，提早製造一個輿論環境，讓人覺得不是你要修改，而是為了大眾的利益才不得已而為之。但就是這樣也不可再運用，否則類似周幽王的悲劇就會重演。

決定前要考慮充分發揮下屬的創造力

怎樣決定群體的重大事情？這其中有一個決定的過程問題。傳統的習慣總認為「領導者做決定，下級服從」是天經地義的，其實，這樣做常常會扼殺下屬的創造力。欲充分發揮下屬的創造力，領導者做決定的方法和技巧，也是大有文章可做的。一個正確的決定，產生前應該把問題一一列舉出來，讓大家充分的明白、了解；舉例來說，當內部員工發生爭執時，適當的沉默可以是你的緩兵之計。爭執的雙方為了尋求一個說法，也許你會將你 —— 他們心目中的權威者拉入其中，讓你做個公斷。在你沒有經過深思熟慮之前，你絕不可以表明自己的立場；即使你已經知道了誰對誰錯，在雙方還面紅耳赤的爭執，誰都不願讓步時，你的公斷也不會達到預期的效果，只可能會使一方的自尊心受挫，認為你是有意偏袒。此時適當的沉默才是你最好的選擇。待到雙方頭腦冷靜後，你再公正的做出評價，其效果必定事倍功半。

在這段難得的沉默時間中，你要抓緊時間考慮。你可以透過「何時？何地？何

人？何事？何因？何果？」這樣六個自我反問的句子來使自己冷靜下來，並自己客觀分析。

在群體決定之前，應該達到領導者與下屬的充分交流是領導者和被領導者雙方感情的溝通，是授權、授責方與受理方達到相互了解的行為和現象。領導者在意見和情況交流時，應當注意下面幾個方面：

1. 把問題說得明白一些，使對方真正了解任務的實質，才可能避免機械式的完成任務，盡量做到創造性的完成任務。
2. 關鍵點要反覆陳述，必要時要採用通俗的發問，以鑑別對方是否真正理解。
3. 領導者一定要養成能真正聽取他人意見的雅量，並立即見之於行動。

最後，要排除阻礙意見交流的原因，並迅速做出決定。

第二十二計　經營謀略

施小惠放長線釣大魚

略施小惠，說穿了就是要放長線釣大魚。這是運用人性的弱點，以攻其不備的策略。這種軟性策略的效果，往往勝過正面攻堅。

大部分的人都喜歡貪小便宜，但也不會平白無故的接受他人的好處。所以，一旦接受了，無形中會產生一種願義務幫忙的潛意識，以回饋對方的好意。也許是義務宣傳你的好處，或在談判中降低對抗意識，這都是略施小惠的基本策略。

略施小惠是一丁點的施惠，用在同一個人身上，並且依不同時間給予好處。等累積到一定程度時，再運用「流水的啟示」，也就是利用當水漲到溢滿的程度時，會沖出一條新溝道來的原理，讓對方依我們的意志而主動配合，以達成預設的目的。一次又一次的施予對方小小好處，當有需求時，對方通常是不會、也無法拒絕的。

略施小惠是一種平常苛刻的準備工作，如果一下子給予對方很大的好處，對方一定會疑懼你可能要求更大的回報而迴避。所以施小惠時，要盡量順其自然，每次給對方的好處不宜太大，因此，對方可以大方的接受。久而久之，略施小惠的影響力便可發揮出來。

略施小惠，也可藉著談判的最佳時機，展現最大的力量，亦即平時做好準備，戰時重點攻擊，當必攻無不克。

例：記得曾經有一個很挑剔裝潢的客戶，每次參觀房屋，總有好幾個理由，嫌屋況不適合。但經紀人依然不厭其煩，一次又一次接、送、看，而且每次用餐時，都是經紀人搶著付帳請客。

有一天，董事長找經紀人，對他說：「有一位客戶，看上本公司所銷售的某一棟房屋，並指名業務員一定非你不可，否則不願意繼續進行交易。」

這時，不但公司對他熱誠服務客戶的精神有所肯定，實質上，他也得到略施小惠的回報。略施小惠，不只限於金錢上的施惠，許多方法亦可適用。如熱誠的服務，不就是略施小惠的方法之一嗎？運用「略施小惠」的策略時，在技巧上要特別注意一點：態度要自然，不要讓人感覺到做作。否則，不但討人厭，說不定還會得

罪人。天下最愚蠢的事，就是讓「資產」在無形中變成「負債」。如能做到「運用之妙，存乎一心」時，略施小惠，將會使人難以抗拒。

消費者的口碑是最好的廣告

站在最前線的業務員，應該是最好的服務工作者，除了本身的專業知識外，還要提供額外的服務。而這些服務，不只應讓當事人感到滿意，更要其他不相干的人，也知道你的服務熱忱，這才能真正建立廣泛的客戶層面。當你時時牢記，並付諸行動時，其他不相干的人也知道你的服務熱忱。日積月累之後，他們在無形之中，便成為你所布成的「點」。從這個「點」所爆發出來的影響力，將是驚人且永久的。然後，再從「點」發展成「線」及「面」，使客戶源源不絕，並成為朋友，這便是你的口碑。

例：在板橋，有一家麵線攤，人潮擁擠，不僅要站著吃，而且還要排隊。

聽說有一家世代祖傳的豬腳店。這裡的豬腳非常好吃，但更值得一提的是老闆的古怪脾氣：客戶所點豬腳的量，一律由老闆安排，保證滿意，吃不完不要錢；但不准外帶，因為，店主害怕祖傳的豬腳製作方法流傳出去。由於每日豬腳的供應量有限，去晚的人還吃不到呢！

當你的口碑能在無關緊要的人口中流傳時，你的生意已走在成功的路途上了。

例：朋友向你說：「你若要買車，千萬不要買 A 廠牌 B 型的車。剛買時，車況還可以。半年之後，先是電路故障等小毛病，一年之後，烤漆就會褪色脫落、鈑金不耐用、底盤要大修……。」

你將可預見，一年之後，A 廠牌 B 型的車，業績日漸下降，最後只好停產。

以上的商業範例告訴我們，商家若不知警惕，不用誠信原則待客，反而做能賺一次算一次的「打一槍換一個地方」式的生意，將策略錯誤應用，導致客戶受損，如此消耗自己的信用，則一傳十，十傳百後，相信再好的策略，也會被殺傷力非常強的負面口碑給粉碎掉。

有孔沒孔都要鑽

　　金錢和美女讓男人心熱眼饞。當一個粉面紅腮的俏女子，扭著細細的腰肢款款而至，許多男人膽怯或者望著天，或者投以百分之三十的餘光，仍不敢正視，不敢讓目光急切的迎上去，大膽的撫愛那懷春的女子，於是只好嗅著她留下的玫瑰香水氣味，捶胸頓足於自己的膽小，實際上，那女子也在恨恨的罵碰上你是一個懦夫呢。

　　你這時或許替自己辯護：若我能讀懂女人，我肯定迎上去……

　　在商場上，經常有新手看到別人大把大把抓錢，心裡癢癢的，他們總埋怨：「我不懂嘛，怎麼做生意？」「沒有本錢嘛，怎麼做生意？」「做生意，想是想，就是不知道做什麼生意好。」這就與錯過結識香豔女郎的情形一模一樣。

　　可是你知道吧？最近情勢有點改變，昂首闊步於商場上的有許多都是門外漢，他們吃定了行家，獲得了勝利，而稱雄於商場。有時候真叫那些行家捶胸頓足，嘆道：「陰溝裡翻船！」現在到處都有脫離薪水階級隊伍而自行開業的下海者，叫做跳槽、留職停薪，名字都很漂亮。可是分析看看，哪一位經營者最初不是門外漢呢？

　　再看看藝術界、歌唱界，隨時可以聽到業餘作家、業餘歌手的名聲超過行家的例子，現在已經不是門外漢一籌莫展的時代了。只要有好東西，只要肯做，成功的桂冠立刻可以拿到手，雖然，商場上充滿了荊棘、陷阱。

　　門外漢經營成功的例子，可以說不勝枚舉，令人驚嘆。現在的社會是一個機會多的社會，誰的腦筋動得快，誰肯吃苦，誰的成功可能性就高。因此，不管是行家、門外漢，稍一不慎就可能步入死路，商場上本來就是弱肉強食的世界，怎樣在遇到危險時眼明手快，溜之大吉，怎樣在機會來臨時，一鼓作氣，賺他一筆，全靠平時觀察、動腦、動手的功夫，不管你是行家還是門外漢。

　　如果你認為勇往直前，橫衝直撞，生意就會成功，那就大錯特錯，世界上沒有這麼便宜的事。

　　門外漢所要吃的苦，一定要在行家的一倍、兩倍、甚至無數倍以上。即使這樣，也許還不能穩操勝券。不！甚至行家都不能穩操勝券。

　　做生意本來就是一種冒險，而現在這種傾向尤為突出。什麼東西銷路好？什麼

辦法賺錢快？什麼東西在什麼地方孕育發展？誰也不能預測。

　　生意難做，這不是內行不內行的問題，問題在如何眼明手快，掌握時機。即使是初學經營的門外漢，只要具備銳利的眼光、只要肯吃苦耐勞，成功的鑰匙就在你手中。

　　但是，硬闖是不行的，有勇無謀，橫衝直撞的結果就是死路一條。因此，致力於經營的人應該知道如何避開必定會遭遇的危險，如何避免做無益的努力，如何在競爭中一較短長！有了這些心理準備，再加上你努力動眼、動腦、動手，相信成功一定屬於你。

　　經營者的智慧講的是膽大心細，有孔鑽，沒孔也要鑽。

讓對方「兩難」的謀略

　　分析起來，孫臏的「圍魏救趙」策略有下面三個重點：

1. 魏軍戰鬥力強，正面對決對齊軍不利。
2. 齊軍若直接開向趙國，則長途跋涉，帥老兵疲，將降低齊軍的戰力。
3. 若直攻魏都大梁，不但可迫使魏軍自趙回師，立解趙危，而且可以重新布局，以逸待勞，可收一石二鳥之效。

　　商場如戰場，為了利益之爭，雙方都會使出渾身解數，以贏取勝利，而「圍魏救趙」就是常被採用的手法，讀者們不可不知。下面筆者特舉實例說明之。

　　例：一棟高價位住宅，賣方要價 3,300 萬。

　　業務員接下這個案子後，很積極的企劃廣告，將案子推展到市場上。

　　兩週後，出現一位買主，對房子各方面條件都滿意，於是出價 3,000 萬。

　　由於價格比賣方的底價差了 300 萬，業務員只有回頭找屋主議價；經過三天的商議、協調，屋主終於同意降為 3,100 萬，但聲明不再降價，否則立即解約。

　　在雙方還有 100 萬元落差的情況下，業務員無奈，只有再回頭找買方協調。費了一番唇舌，買方同意加價 50 萬，即總價 3,050 萬。為了表示決心與誠意，還當場付了 100 萬斡旋金。

就在付過這 100 萬斡旋金的當天晚上，買方又找來業務員，告訴他說：「一個月前，我在別處看過另一棟房子，各方面條件都合適，但屋主不肯降價，我只有放棄。過了這麼久，我把這事都忘了，但一個鐘頭前，另一家仲介公司打電話來告訴我屋主願意依我的價格出售，你看這事怎麼辦？」

　　這下子，可難倒了業務員。

　　買方雖付了百萬斡旋金，但只出價 3,050 萬，和賣方的 3,100 萬，還有 50 萬差距；所以，除非賣方再降價 50 萬，否則斡旋金不能沒收，而應無條件退還！

　　對買方而言，這是個「兩難」。因為自己比較中意前一戶房子，卻又在第二戶下斡旋金，但賣方卻不肯降價。所以，他希望能退回這筆斡旋金。

　　對仲介者而言，基本上只是個中間性的角色，並無退款與否之權。除非屋主同意，或屋主接受買方的價錢，而買方又反悔，才能進行斡旋金沒收動作。眼前的情況是：一方言明不再降價，而一方則表示不可能再加價，仲介者處在夾縫中，也是左右為難。唯一的辦法，只有把訊息傳達給屋主，由屋主自行決定了。

　　屋主聽到消息，也「兩難」了：若能沒收這筆斡旋金，等於本錢下降了 100 萬，以後怎麼賣都是賺，但前提必須接受買方的價格——3,050 萬。除非買方拒絕，才有權沒收這筆斡旋金。問題是不願降價 50 萬，可是目前房地產市場並不景氣，房地產價格持續低迷，錯失了這筆買賣，也不知以後還會不會有人肯出 3,050 萬的價格？最重要的一點是，現在是買方市場啊！

　　由於事出突然，賣方左思右想，總想不出一個妥善的辦法，而買方又因「前屋」屋主「催問」甚急，所以不斷來電要求仲介早早回話，否則應立刻退回斡旋金。局面就這樣的陷入僵局之中！

　　經過幾十分鐘的「思考」，屋主終於「賭博性」的同意以買方的價格出售，如果買方拒絕，則可順理成章的將這 100 萬「納入私囊」，這下又轉為買方「兩難」。因為自己比較喜歡的還是「前屋」，但「後屋」的賣方又同意了自己的開價，如果不接受的話，將立刻損失 100 萬元。經過仲介人在中間不斷的斡旋，雙方終於「勉強」成交。

　　整個過程看起來，似乎「順理成章」，其實是買方運用「圍魏救趙」的策略，

延伸而出的高明殺價手法，整體而言，買方的布局相當嚴密，但其中卻有兩大疑點。

1. 付過 100 萬斡旋金當天，就傳來「前屋」屋主降價的消息，這未免太巧合。

2. 關於「前屋」，完全是買方的「一面之詞」，而且從未提出任何具體證明。

雖然有這兩個疑點，但買方之所以能得手的主要原因卻是拜「景氣不佳」之賜。只是手法比較迂迴、緩和，不直接對屋主施加壓力，消除了屋主可能會有的情緒性反彈，再以 100 萬元斡旋金為餌，而這 100 萬則有了下面兩個效果：

1. 一方面表現自己的誠意與實力。

2. 「聲東擊西」式的談判讓賣方陷入「兩難」的處境 —— 如果不賣，新買主不知何時再出現；如果答應賣，而對方又反悔時，就有可能現賺 100 萬元。但賺這 100 萬的前提是得先降價 50 萬元，所以同意以 3,050 萬出售，結果屋主下錯了賭注，因為設「賭局」的莊家是買方。除非屋主不玩。否則一旦入了「局」，就永遠是輸家。

不論買方所運用的策略或編的故事是真、是假，總之，他是最後的贏家。

任何「非大眾化」或「大量生產」式產品的交易，是沒有一定行情的，只要買方喜歡，則價錢自然高，反之則低。所以，在一個雙方「勢均力敵」買賣行為上，越能「不動聲色」的人，將會是最後的「贏家」！

賣方先服務再談價 —— 成交價高。

買方先退縮再談價 —— 成交價低。

無招勝有招的謀略

在商戰中，「經驗」是非常有用的，有了「經驗」的累積，才可能在商談中判斷出「利」與「弊」。

隨著時代的變遷，社會越趨多元化，「經驗」早已不完全是成功的不二法門了。甚至有時候「經驗」反而會成為包袱而產生副作用，為什麼呢？「經驗」只能在「曾經發生」的狀況下產生作用，而在這個時代，人的「變數」越來越大，沒有人

有足夠的「經驗」完全掌握。對任何行銷者而言，行銷過程中最大的障礙不是商品本身，更不是價格，而是購買者。而購買者一定是個「人」，這才是最大的「麻煩」。碰到任何關於「人」的問題，與其費盡心思去設計「謀略」，倒不如靜下心來，盡量順其自然，或許事情還好辦些呢！

例：有個汽車行銷高手，每個月至少能賣掉 10 部新車。在 10 餘年前，福特汽車還是「跑天下」的時代，他每個月至少能賣掉 2 部「千里馬」（老汽車行銷者都知道，千里馬汽車當年在美國汽車中排第一，但耗油量與價錢也是第一。這種車是看人買，也是看人賣的。就是因為不好推銷，所以每部獎金高達 5 萬元。而當年一個上班族的月薪平均不到 5,000 元。），就是因為他的收入高，所以不免「大男人主義」，沒事就對老婆「吆吆喝喝」的，一副大爺賞飯吃的高姿態。

這位嫂夫人是個性格開朗，脾氣溫和又善良的小女人，在家是個賢妻良母，出外是人人稱道的「好公民」。由於不堪先生長期「使喚」，有一天她忽然「覺悟」，想為自己爭一口氣，決定去做個保險業務員。當她把這個決定告訴先生之後，換來的卻是一頓冷嘲熱諷：

「我看妳還是省省吧！放著少奶奶不做，偏要去拋頭露面。妳連買個菜都買不好，還想去做推銷，妳以為推銷這麼好做！這個行業接觸的人雜，受氣的機會多，還不一定能賺到錢。妳要能做滿三個月，我負責每天洗全家的衣服！」

這話一講，兩人都回不了頭。三天後，太太真的就馬上任了。

接受了短期的職前訓練之後，就展開業務。

對於一個沒有做過推銷的人而言，一出公司大門，人海茫茫，還真不知道找誰推銷去呢！

雖然「無招」，也缺乏豐富的人事閱歷，但開朗、平和、善良的本性，卻使她凝聚了一股一般人少有的親和力。這是她唯一、也是最大的籌碼。

像一般初入行的推銷員一樣，她也是由周圍的親友著手；但不是找他們推銷，而是請他們先介紹朋友，她再逐一訪談。

面對客戶時，除了表明自己的身分與行業之外，盡量不主動觸及保險，談話的重心通常是家常，而不是本行。由於待人親切、有禮，整個人讓人感覺不出「攻擊

性」，很快的，就和客戶成為朋友。一段時間後，也許基於實際需求，也許基於人情回報，有些客戶主動提出投保的要求。就這樣，融業務於交友之中，逐漸達成了業務。更重要的一點是，她與客戶之間的良性互動，形成了良性循環，老客戶介紹新客戶，新客戶再介紹新客戶……

三個月後，她不但做下來了，而且還成了該公司的「超級業務員」。

基本上，買賣雙方有利益上的衝突，一個想低買，一個想高賣。而面對面的一對一推銷，更容易讓兩造雙方形成對立，只是沒有表面化罷了！

化解對立最好的方式，就是讓買方解除敵意，盡量讓對方感覺「我是站在你這一邊的」。

一旦心理防線去除後，「買力」自然就會上升了。

以筆者個人的經驗而言，「親和力」是一種天生的氣質，是學不來的，後天的彌補就只能看雙方是否「投緣」了。如果推銷過程中碰到老於世故的行家，最好的方法莫過於「順其自然」。

例：有一次，某先生受託仲介一棟價值 5,000 多萬元的別墅，委託價 5,300 萬元。屋主因為缺錢用，所以底價為 4,700 萬元，只要不低於這個價格，屋主就願意賣了。

當時的景氣並不好，又碰上了冬季，而且別墅是看人買的，所以準買主少，由於當時對自己充滿信心，心裡打定主意，決定好好「大幹一場」。

經過一連串的促銷行動，來看的人倒是不少，但準買主卻是一個都沒有，心裡開始有點慌了。三個禮拜後，終於來了一個非常體面氣派的老紳士，進來之後，一言不發，大約參觀了半小時後，終於開口問他：「這房子地坪多少？建坪多少？總價要賣多少？」

憋了老半天，總算「老人家」允許他開口了。當時他立刻拉開架式，準備展開他的解說促銷行動時，這「老人家」又開口了：「話題盡量簡短，你要說什麼我都知道，別墅這玩藝損耗大，增值慢，這棟房子能夠值多少價我心裡有數。房子的條件是不錯，但……」

說完之後，又開始挑房子的毛病，他默默聽完之後，心裡已經有個譜了：沒

錯！是個行家，而且老於世故，主觀性又強，這種人只能順著毛摸。弄得好，一小時內成交，弄不好，買賣立刻砸鍋。這下得改變戰術才行。主意打定，他理了理頭緒，開口說：「這位老先生，您確實是個行家，真人面前不說假話，我做房屋仲介才兩個星期而已，根本不太懂。聽您剛才這麼專業的談房子，我哪敢在『真人』面前談『假話』呢！老實說，屋主急售，您老既然中意這棟別墅，就出個價吧，只要先付 100 萬斡旋金，我盡力幫您促成。」

對方聽完，二話不說，立刻簽發了一張不畫線 100 萬即期支票給他，並對他說：「4,800 萬你幫我談談。」

他趕快收錢，回答老先生：「若談價差了一點點，您得再加點價喲！」生意就這麼做成了。

永遠對競爭對手保持警惕

類似的傳說在很多富豪家族中都被演繹過一番，或者是洛克斐勒家族，或者是福特家族。

慈祥、和藹的爺爺正和小孫子在屋裡玩耍，爺爺滿臉愛意的和小孫子在沙發、窗臺間轉來轉去。小孫子玩得開心極了。

小孫子見爺爺今天心情這麼好，也異常頑皮。爺爺把他放在壁爐上，鼓勵他使勁往下跳，跳了一次，爺爺接住了他，又把他抱上壁爐，鼓勵他再跳。小孫子看見爺爺伸著手，毫不猶豫的跳下來，但這一次，爺爺突然縮回雙手，小孫子撲通一聲掉到地上，痛得大哭大鬧，爺爺卻在一旁微笑著。

面對旁人不解的神色，爺爺回答道：「我是個成功的商人，我知道怎樣去相信別人。而小孫子並不知道，他以為爺爺是可靠的。但這樣的事情重複上二至三遍，他就會漸漸明白：爺爺也不可靠，不要盲目相信任何人，靠得住的只有自己。」

對於瞬息萬變、風雲莫測的商場來說，相信人是應該慎之又慎的。虛假的需求資訊，深藏欺詐的報價，吹得天花亂墜的廣告，都是防不勝防的陷阱，隨時可能使你血本無歸。

孫子兵法云：知己知彼，百戰不殆。成功的商人，不可忘記這一深刻的古訓。

永遠對你的對手保持警惕和戒備。隨時隨地密切注視對手的情況，如果不把問題弄個水落石出，就倉促的簽合約做生意，將是十分危險的。

據資深的廚師講，每條魚的紋路都不一樣，從魚的外觀可以分辨出魚的味道，而我們多數人在與對手打交道很長時間後，仍然對對手的情況知之甚少，而且我們還缺少對他們了解的好奇心，這樣粗枝大葉的做生意，又怎麼能指望獲得全面的勝利呢？

還有的人士對信譽的依賴過分突出。沒錯，越來越多的商人懂得建設良好的信譽意味著生意的興隆。信譽作為自己的事情，當然越牢固越好。但具體到每一筆生意時，信譽是不能依靠的。

孫子兵法還說：兵不厭詐。懂得商場厚黑學的商人和高明的騙子都知道這個道理，很可能剛開始在你面前顯示的幾次信用，不過是誘你步向深淵的一個詐術。

在生意場上，即使成功的與對方做成了一筆生意，並不意味著下一次就有保證，人家不一定會因此信任你，你不必指望它會為你帶來多大的好處；同時，你也不能因此信任對方，生意場中，沒有永遠的朋友，每次都是「初次」，如果單純的認為已經成功的做成了一次生意，所以這次也會和上次一樣獲得成功，從而輕信對方的話，你就無法在商場上抵禦騙術，更可能經營失敗。

第二十二計　經營謀略

第二十三計　欲取先予

第二十三計　欲取先予

要想釣到魚，得問魚兒吃什麼

　　我們每個人都有自己的需求，有些人做事往往過於單方面強調自己的需求，而忽略或不顧他人的需求，這樣他們反倒無法實現自己的需求。從事推銷業務者，為何有些人頗為成功，業績顯著，而有些人總是碰壁？因為前者善於從考慮他人的角度來從事自己的業務，而後者只是想到達到自己的目的，沒有考慮他人的需求與反應。現實中的很多事情不也是同樣的道理嗎？

　　想要他人為你做些什麼，何不也用同樣的辦法呢？第一次世界大戰期間，英國首相勞合喬治正是採用了這種做法。有人問他，許多戰時領袖 —— 像威爾遜、奧蘭多和克里孟梭 —— 都逐漸在人們心中褪色，而他如何仍能位居要職？喬治回答，如果一定要歸諸一個原因的話，那就是，你要釣到什麼樣的魚，就得用什麼樣的誘餌。

　　為什麼要提到我們的需求？那是多麼幼稚、荒唐。沒錯，你注意的當然是自身的需求，但除了你自己，可能再沒有人感興趣了。我們和你一樣，只注意自己的需求！

　　所以，天底下只有一個方法可以影響人，就是提出他們的需求，並且讓他們知道怎樣去獲得。

　　記住從明天起，要讓某人做某事 —— 舉個例來說，假如你不願孩子抽菸，千萬別嘮嘮叨叨說一番大道理。只要告訴他們，抽菸可能使他們進不了棒球隊，或跑不贏百米賽跑。

　　有一天，愛默生和兒子想把一頭小牛弄進穀倉裡。他們犯了「只想到自己的需求」的錯誤 —— 愛默生用力推，兒子用力拉。但是，那頭小牛也正好和他們一樣，只想到自己所要的，所以拒絕前進，堅持不肯離開牧草地。有個愛爾蘭婦女見了，雖然她不會寫什麼散文集，卻比愛默生更懂得「馬性」或「牛性」。她把自己的指頭放進小牛嘴裡，一面讓牠吸吮，一面輕輕的把牠推入穀倉裡。

　　打從你生下來開始，你的一舉一動都在表示你所要的東西，也許你會問，有次我捐了許多東西給紅十字會，這總不會是在為自己著想吧？沒錯，這個行為仍不例外。你把東西捐給紅十字會，是因為你想要幫助別人，想要完成一件美好、不自

私、高貴的行為。

　　如果不是這種念頭強過你需要金錢的念頭，你就不會把東西捐獻出去。當然，也很可能是因為你不好意思拒絕別人的要求。但是，可以很肯定的說，你的捐獻行為一定是由於你想要什麼。

　　哈利‧歐佛瑞在極具啟發性的《影響人類行為》一書中寫道：

　　行為發自我們的基本欲望……不論在購物中心、家庭、學校或政治上。對那些自認為「說客」的人，有句話可以算是最好的建議：要首先引起別人的渴望。凡是能這麼做的人，他就能左右逢源，永不寂寞。

　　安德魯‧卡內基，那個常為貧窮所苦惱的蘇格蘭少年，最初的工作每小時只有兩分錢，後來卻捐出了 365 億美元。他很早就懂得影響他人的唯一方法就是處處為人設想，看他們需要什麼。卡內基只上了 4 年學校，卻深諳處世之道。

　　卡內基有兩個侄子在耶魯大學讀書，常常忙碌得忘了寫信回家，完全不理會家人的擔心。安德魯‧卡內基為此打賭 100 元，說他可以要這兩位侄子馬上回信，雖然他在信裡提也不提這一點。於是他寫了一封閒話家常的信，末了還提到附上 5 元鈔票一張，送給他們當禮物。

　　當然，他忘了把鈔票放進信封裡。

　　很快回信就來了，兩個侄子感謝「親愛的安德魯伯伯」，然後 —— 下面的情況不用講，你們也都知道了。

　　另外還有個史坦‧諾瓦克的例子。

　　諾瓦克先生住在俄亥俄州的克里夫蘭，有天下班回家的時候，看見最小的兒子吉姆躺在客廳地板上又哭又鬧。原來吉姆第二天就要上幼稚園，而他說什麼也不願意去。諾瓦克本能反應是把孩子趕到房裡，警告他最好乖乖上學去，除此以外別無選擇。但是，這晚他想到，這個方法並不是讓兒子喜歡上學的方法。他想：「假如我是吉姆，什麼東西會吸引我到學校去呢？」於是他和太太列出許多吉姆喜歡做的事，如手指畫、唱歌、結交新朋友等，然後付諸行動。「我們都到廚房的大桌子上畫手指畫 —— 我太太、另一個孩子鮑伯和我，大家畫得興高采烈。果然沒多久，吉姆也來看熱鬧了，並且要求加入行列。『啊，不可以，你得先到幼稚園去學怎麼畫才行

啊！』為了激起他更大的興趣，我把剛才列在紙上的項目，逐一用他能夠了解的話去打動他——當然最後告訴他，這些東西幼稚園裡都會有。第二天，我起了個大早，一下樓發現吉姆坐在客廳椅子上。『你在這裡做什麼？』我問。『我等著去上學啊！我不希望來不及。』全家人的努力，終於引起吉姆的渴望，這是威脅和爭論所不能達到的。」

明天，你也許有機會要求某人做某事。記住，在你開口之前，先停下來問你自己：「我怎樣才能讓這個人想去做這件事？」

有次，戴爾·卡內基向紐約一家飯店租下大廳，準備做一個為期 20 天的季節性系列演講。就在日期快到的時候，他突然接到通知，要他必須付比一般情況下多 3 倍的價錢。那時，他的票已印好送出，所有通知也都發出去了。他自然不願多付增加的費用，但是，與飯店談他的需求有什麼用呢？他們只注意自己的需求。於是，一兩天後，他直接去見經理。

「接到你們的來信，我感到十分震驚。」卡內基說道，「但是，我並不責怪你們，換了你們的處境，說不定我也會這麼做。你身為經理，當然得為飯店的利益著想，如果不這麼做，上面一定會開除你的。現在，讓我們拿張紙來，寫下這件事對你們將產生的利與弊。」

他取過一張信箋，在上面從中畫出兩欄，一欄上面寫「利」，另一欄上面寫「弊」。他在「利」欄下面寫上：「大廳可做他用」，並且說明：「你們的好處是大廳可以空下來，另外租給人跳舞或開會，這比只租給我們開演講會的收入高些。假如我將大廳占用了 20 個晚上，這當然表示你們失去了可能會有的大生意。」

「現在，讓我們看看弊的部分。首先，由於我付不起你們的要求的租金，當然要另外擇地舉行。這就意味著你們將得不到卡內基的這筆收入，第二點，這一系列的演講，會吸引許多受過教育的文化人士來到飯店，這是極好的廣告機會。實際上，假如你們在報上做廣告，每次得花 5,000 元，而且不一定能吸引這麼多人前來參觀，這對飯店來說，不是很值得嗎？」

卡內基一面說，一面在「弊」欄寫下剛才說的兩點。然後把那張紙遞給經理，說道：「希望你仔細考慮一下，並請盡快把最後的決定通知我。」

第二天，回信來了，告訴他租金只上漲 50%，而不是原來的 3 倍了。他絲毫沒有提到自己的需求便獲得減價，他一直談到的是對方的需求，並且告訴他們如何得到。

　　假如當時卡內基像一般人的直接反應一樣，怒氣沖沖跑進辦公室裡咆哮：「什麼，你們把租金上漲了 3 倍，這是什麼意思？你們知道我的票和通知都印好了，可現在一口氣漲了 3 倍！太豈有此理了！太不講道理了！我拒絕付錢！」

　　這樣的結果會怎麼樣呢？當然是唇劍舌槍爭鬧一番 —— 而且他也知道爭鬧的結果是什麼。縱使卡內基說服對方，使飯店經理相信他的觀點是錯的，但是自尊心也必然使經理不願意做出太大的讓步。下面是亨利‧福特對處理人際關係所提出的忠言：

　　成功的人際關係在於你能捕捉對方觀點的能力；還有，看一件事須兼顧你和對方的不同角度。

　　這話真是金玉良言，道理十分簡單明瞭，每個人應該都能一眼看出此話不假。但是，這世界仍有 90% 的人，在 90% 的時間裡忽視其重要性。現實中有沒有這方面的例子？明天早上看看你接到信件，便可以發現大部分人都不顧及這個重要原則。下面這封信是一家貨運總站的管理人員寫的，我們來看看這封信對收件人到底會產生一種什麼樣的影響。

　　敝公司的卸貨總站，因許多貨車皆於傍晚時分到達，致使效率減低。大量的貨物於同一時刻到達，會造成某些貨物不能按時運送。貴公司於 11 月 10 日送來 510 件貨物，皆同時於下午 4 點 20 分抵達。
　　我們懇請貴公司合作，克服因大量貨物遲運而造成的種種困難。我們請貴公司早點送貨，或是讓部分貨車在上午抵達。以便我們能盡速處理。
　　這樣的安排想必亦對貴公司有利。由於卸貨迅速，貴公司的作業亦必能在同一天內完成，不至遲延。
　　你最忠誠的 JD 管理人

　　這封信的收件人，齊瑞格公司的業務經理愛德華‧瓦米倫閱讀此信後，告訴我他的看法。

　　這封信並沒有達到它所想要的效果。信的開頭敘述總站的難處，一般說來，很

難引起我們的興趣。它要求合作，卻又沒有考慮到我們的種種不便，一直到最後才提到可以加速卸貨，我們的作業也可以在同一天內完成等等。

　　把他人關心的事放到最後才提到，不但很難達到要求合作的效果，反而更容易導致他人的反感。

　　我們再來看看可不可以把這封信重寫一遍，以增強效果。我們不浪費筆墨，大談自己的苦經，就依照亨利‧福特所講的：「捕捉對方的觀點，從雙方不同角度去看同一件事。」下面是這封信的另一種寫法，雖不一定是最好，但可以看出已大有改進。

　　　親愛的瓦米倫先生：
　　　14 年來，貴公司是我們的主顧，我們十分感謝貴公司的惠顧，也願意繼續提供最迅速、最有效率的服務。
　　　但是，貴公司在 11 月 10 日下午，由於大批運貨同時於午後到達，致使我們不能做最有效率的服務。因為尚有其他公司的運貨亦於此時送達。這樣難免造成擁擠，貨車得等候較長的時間才能卸貨，致使有些貨物不能按時運送，我們感到十分遺憾。我們希望盡量避免此種情形發生。如果可能的話，希望貴公司的貨車能在上午抵達，這樣便不會造成擁擠，貨物能及時處理，我們的員工也可以準時下班，享受由貴公司生產的美味麵條和通心粉。
　　　當然，無論你們的貨物何時到達，我們都會盡可能提供最迅速、最熱誠的服務。
　　　我們知道您很忙，請不用急著回這封信。
　　　你最忠誠的 JD 管理人

　　許多推銷人員，每天踏破鐵鞋，疲累沮喪，收穫卻並不多。為什麼？因為他們心裡想的都是自己的需求。他們不知道你我並不想買什麼東西，如果想的話，也一定會自己出門。顧客總喜歡主動採買 —— 而非被動購買。

　　但是仍然有許多銷售人員終其一生不知道怎樣從顧客的角度去看事情。

　　幾年前，我住在紐約一處名叫「森林山莊」的小社區內。一天，我匆匆忙忙跑到車站，碰巧遇見一位房地產經紀人。他經營附近一帶的房地產生意已有多年，對森林山莊很熟悉。我問他知不知道我那棟灰泥牆的房子是鋼筋還是空心磚，他回答說不知道，然後給了張名片要我打電話給他。第二天我接到這位房地產經紀人的來

信。他在信中回答我的問題了嗎？這問題只要一分鐘便可以在電話裡解決，可是他卻沒有。他仍然在信中要我打電話給他，並且說明他願意幫我處理房屋保險事項。

他並不想幫我的忙，他心裡想的是幫他自己的忙。

阿拉巴馬州伯罕市的霍華‧盧卡斯告訴我，有兩位同在一家公司工作的推銷員，是如何處理同樣一件事務的。

「好幾年前，我和幾個朋友共同經營了一家小公司。就在我們公司的附近，有一家大保險公司的服務處。這家保險公司的經紀人都分配好了轄區，負責我們這一區的有兩個人，姑且稱他們為卡爾和約翰吧！

「有天早上，卡爾路經我們公司，提到他們公司專為公司主管人員新設立的一項人壽保險。他想我們或許會感興趣，所以先告訴我們一聲，等他搜集更多資料後再過來詳細說明。

「同一天，在休息時間用完咖啡後，約翰看見我們走在人行道上，便叫道：『嗨，路克，有個好消息告訴你們。』他跑過來，很興奮的談到公司新開辦了一項專為主管人員設立的人壽保險（正是卡爾提到的那種）。他給了我一些重要資料，並且說，『這項保險是最新的，我要請總公司明天派人來詳細說明。我們先在申請單上簽名送上去，好讓他們趕緊辦理。』他的熱心引起我們的興趣。雖然都對這個新辦法的詳細情形還不甚明瞭，卻都不覺上了鉤，反而因為木已成舟，而更相信約翰必定對這項保險有最基本的了解。約翰不僅把保險賣給我們，而且賣的項目還多了兩倍。

「這生意本是卡爾的，但他表現得還不足以引起我們的關注，以致被約翰捷足先登了。」

這是個充滿掠奪、自私自利的世界，所以，少數表現得不自私、願意幫助別人的人，便能得到極大益處，因為很少有人會在這方面跟他競爭。歐文‧楊是個著名律師，也是美國有名的商業領袖。他說過：「能設身處地為他人著想，了解別人心裡想些什麼的人，永遠不用擔心未來。」

第二十三計　欲取先予

將欲取之必先與之

天下沒有免費的午餐，這就與種莊稼和水果一樣。

如果你想要葡萄或者無花果，那首先得把樹種起來，然後透過澆灌培育，果樹才能開花結果，最後果實成熟你才能得到收穫。只有這樣先付出了，你才有可能獲得豐收。

諾德史東家族發跡於 1920 年西雅圖的一家簡樸的鞋店，並發展成為連鎖百貨企業，這家企業以服務和樂於取悅顧客而聞名。

顧客在數年之後還可以將所購買的衣服，以不滿意為由要求退貨，銷售人員會在全國各分公司尋找顧客想要的衣服尺寸和顏色。一位女售貨員甚至代表一位忘記母親節賀卡的顧客寄送賀卡。

百貨公司的行政人員坦稱，這種細心為顧客服務的政策，也受到顧客們的濫用。有些顧客買了衣服之後只穿了一次就退貨，也有些顧客特別訂購了一些衣服但不來拿，有些人甚至將諾德史東的售貨人員當作自己的跑腿一樣來使喚。

但這絲毫沒影響公司的營業收入，因為諾德史東已藉著比其他同業更優良的服務，吸引了廣大的忠誠顧客。當經濟不景氣，致使許多同行結束營業裁員之際，諾德史東卻仍能在全國維持小幅穩定的成長。除非確定已找到一批能為公司「多付出一點點」的政策奉獻的員工，諾德史東是不會輕易增加新店的。

希爾自己的經歷是一份珍貴的經驗，他說：「當我還在喬治城大學就讀法律系時，就已接受安德魯・卡內基委託出版一本關於成功哲學的書。除了從卡內基那裡得到一些旅費補助之外，其他一切費用都由我自行負責。」

「我對這份工作的奉獻，使自己承受了不少的負擔，我必須賺錢養家，而且許多親戚都嘲笑我。但儘管有這些阻力，我還是為這項任務工作了 20 年，在此期間我拜訪過知名企業的總裁、發明家、創始人以及著名的慈善家，由於這些人通常都不知道他們的成功原則（因為他們只是去做而已），所以我必須花許多時間來觀察他們，並確定我原先假設能發揮功效的力量，是否真的在發揮功效。因此除了賺取生活費之外，我還必須為這些人工作。

「處在親戚們的嘲笑和辛苦工作之間，有時真的很難保持積極心態和不屈不撓的精神。有時當一個人待在無聊的旅館房間裡時，甚至會覺得我家人的想法才是正確的。支持我向前邁進的力量使我確信，我不但能完成這本著作，而且當我完成它時會為自己的成功感到驕傲。

「有時候，當心中出現希望的火苗時，我必須運用手邊所能運用的資源把它再煽大一點，以免熄滅。對成功的追求使我堅持信念和理想，而幫助我度過難關的就是我從無窮智慧中所獲得的信心。

「20 年來不斷的付出，並且忍受工作的艱辛，這需要付出多大代價？答案當然是肯定的。」

報酬不應該是工作的重心

如果你的付出超過所得的服務時，遲早會得到回報。你所播下的每一顆種子都必將會發芽並帶來豐收。

多付出一點點是一種經過幾個簡單步驟之後，便可付諸實施的原則。它實際上是一種你必須好好培養的心境；你應使它變為成就每一件事的必要因素。

記住，你一生中所得到的最好的獎賞，就是以正確心態提供高品質服務，為自己帶來的獎賞。

拿破崙‧希爾曾經聘用了一位年輕的小姐當助手，替他拆閱、分類及回覆他的大部分私人信件。當時，她的工作是聽拿破崙‧希爾口述，記錄信的內容。她的薪水和其他從事相類似工作的人大約相同。有一天，拿破崙‧希爾口述了下面這句格言。並要求她用打字機把它打下來：「記住：你唯一的限制就是你自己腦海中所設立的那個限制。」

當她把打好的紙張交還給拿破崙‧希爾時，她說：「你的格言使我獲得了一個想法，對你、我都很有價值。」

這件事並未在拿破崙‧希爾腦中留下特別深刻的印象，但從那天起，拿破崙‧希爾可以看得出來，這件事在她腦中留下了極為深刻的印象。她開始在用完晚餐後回到辦公室來，並且從事不是她分內而且也沒有報酬的工作。她開始把寫好的回信

第二十三計　欲取先予

送到拿破崙·希爾的辦公桌來。她已經研究過拿破崙·希爾的風格，因此，這些信回覆得跟拿破崙·希爾自己所能寫的完全一樣好，有時甚至更好。她一直保持著這個習慣，直到拿破崙·希爾的私人祕書辭職為止。當拿破崙·希爾開始找人來補這位男祕書的空缺時，他很自然的想到這位小姐。但在拿破崙·希爾未正式給她這項職位之前，她已經主動的接收了這個職位。由於她在下班之後，以及沒有支領加班費的情況下，對自己加以訓練，終於使自己有資格出任拿破崙·希爾屬下人員中最好的一個職位。

　　不管你目前是從事哪一種工作，每一天一定要使自己獲得一個機會，使你能在平常的工作範圍之外，從事一些對其他人有價值的服務。在你自動提供這些服務時，你當然明白，這樣做的目的並不是為了獲得金錢上的報酬。你之所以提供這種服務，因為它是你練習、發展及培養更強烈的進取心的一種方式。你必須先擁有這種精神，然後才能在你所選擇的終身事業中，成為一名傑出的人物。

第二十四計　誠信是金

信用是賺錢的招牌

以前的商人對「招牌」是非常重視的。招牌，代表了一家商店的信譽，也可以說是吸引顧客對某商店商品給予信賴並安心購買的標誌。

因此，不管哪一家商店，都非常重視「招牌」，不希望對它有一點點的損害。「招牌分割」是很少有商家願意去做的，只有在商店裡誠實辛勤的工作一、二十年，並且從沒有做出傷害招牌的事，老闆才允許他用同一字型大小另外開業。重視顧客、提供好的商品，這都是要長年累積的信用。因此，沒有招牌，便不能開業。但也不是只要有招牌便可做買賣，因為信用及重視顧客的需求更重要。再一點，就是今天公司的業務變遷太快。以前遇到生意不順時，還可以用招牌來擋一擋，可現在這種事就不再被允許了。也就是說，不再是靠一張招牌就可行得通了。欠缺實力或沒有生意的店，就算有再漂亮的招牌，也不會使生意興隆的。

時代不同了，過去擁有的信用固然重要，但長年辛苦累積起來的信用，也可能毀於一旦。這就好像花了長時間建築起來的房子，破壞它只需 3 天。因此，不要以為憑過去的信用或招牌，就能把生意做起來。應該常常探詢顧客現在需要的是什麼，並且時時刻刻把這答案回答出來，讓公司每一天都有新的信用產生。

「君子愛財，取之有道」。這句話的意思是，每個人都希望有錢，這並沒有錯，但要獲得錢財，必須有原則，不能違背人情義理和政策法規。

對商人而言，信用和商譽非常重要。而信用和商譽，必須經過長時間的努力才能獲得。

因為買賣並不是只做一次，所以如果違背了常理，就無法持久。一次不正當的行為，很快就會傳遍大街小巷，這時，任憑你如何辯理──「不，只有那一次，我再也不會那麼做了」，一定沒有人會相信你。

失去信用和商譽只是瞬間的事，而一旦失去了，想要恢復就必須再花很長的時間。所以，要時時自我警惕。

信用也是金錢

　　「形象」與「信用」儘管屬於無形需求，但也是構成生意成功的基本因素之一，應該引起足夠的重視。

　　做生意的人都會明白，只有取信於顧客，才有生意成功的希望，但若要取信於顧客，必須要在顧客心目中為本公司樹立起一個與之相應的形象。

　　但要注意，這裡所說的形象，是顧客心目中的，而並非是自己心目中的有關本公司的形象。換言之，做生意的人不能單憑自己的感覺去想像本公司是多麼的可信可靠，必須要核對一下顧客的感覺是否與你同樣。如果並不同樣，那麼，你的感覺便是毫無價值的。顧客的感覺才是頭等重要的，才是直接影響產品銷售的重要因素。

　　假如你現時只是個小攤販，在街邊一個角落擺攤零售，卻想要在廣大顧客心目中塑造起一個「可信可靠」幾乎是不可能的。要在顧客心目中塑造一個可信可靠的形象，起碼要有一家店鋪，要能夠較為有效的滿足顧客的多種需求，要有行之有效的促銷措施才行，離開這些基礎條件，就不可能在顧客心目中樹立起一個可信可靠的形象。

真誠換來信譽，信譽贏得金錢

　　日本的八百伴商店，只有五十年的歷史，真正發展的也只二、三十年，但現在卻已有 82 億日元的總資金，八十二家國內店和十二間國外百貨超級市場。它成功的捷徑就是用真誠的熱心和穩固信用推銷自己。

　　八百伴老闆曾講述了一個颱風的故事。

　　1958 年 9 月，日本東海岸受太平洋颱風吹襲。颱風登陸的當日，老闆和一名八百伴店員駕著貨車，去附近的小田原市打算沿途收購大量的新鮮蔬菜。

　　大風帶著暴雨，劈天蓋地傾瀉下來，也許是大風的影響，很多小商店都關閉店門不做生意，結果菜農不能把蔬菜存起來不賣，便以最低價錢賣給了老闆。

　　貨車載著兩噸多的蔬菜返回，這時颱風到了，狂風暴雨，使貨車在搖晃中只能放慢速度行駛。汽車道路沿太平洋海岸延伸，風大雨大，甚至波浪都高過了防波

提，隨時會有山崩的可能。在這種極端危險的情況下，經過謹慎、小心的行駛，老闆終於在當夜十二點回到了熱海市的八百伴的店門前。

第二天，風雨過去，天空一片睛朗，生活立即回復正常。大清早，熱海市的菜市場，蔬菜水果類必需食物很少，即使有人擺出來，也很貴。估算由於交通和農業所受的損害，兩、三天內的市場貨源都會受影響。

從小田原市冒險載回家的蔬菜食物，本可以高價賣出並大賺一筆。但八百伴是一個以顧客的歡悅為至上目的的生活企業，所以沒有貪圖十分短暫的不當小利。

老闆於是以平日價格出賣貨物，消息傳出，跟風一般，不出幾小時，傳遍大半個熱海市，幾小時後，鄰近鄉鎮的家庭主婦，也都獲悉了這個消息。結果，八百伴商店迎來了成群的顧客。

颱風過去了，市場價格又穩定了，但在漲價時期到店內採購的家庭主婦們，並沒有回到她們以前的商店去採購；更多的人成為八百伴的長期顧客。

到今天，八百伴已在日本及各國建立了良好的企業基礎，但是這真誠和信用一直是不變的原則，店員也以此原則服務於社會，使顧客信任並依賴它。

推銷自己，首先應讓別人認識自己、喜歡自己。八百伴老闆的作法就是煞費心思的。他在颱風後，一反常規的按平日價銷售，表面上吃虧了，但直接抓住了顧客，成功的推銷了自己的原則 —— 真誠的熱心和穩固的信用，贏得了人心。這實質正是商店的「修身養性」，而且被老闆很識時機的推銷了。

推銷自己，自身修養很重要，這種被對方接受的首要條件。東方傳統中有「重義輕利」的修身之道，旨在使人們注重於立身之道、治世之道，以德取人，現在這一點可以賦予以新的內容「重義輕利」、「以德促銷」；透過這種推銷才會得到長久、源源不斷的利益。

寧賠老本也不能輸信譽

韓國現代企業集團的總經理鄭周永，是世界聞名的大財閥。然而，朝鮮戰爭期間，正當他很快在南韓的建設行業中嶄露頭角，事業有了起色之時，意外的打擊無情的降臨到他的頭上。 那是 1953 年，鄭周永的現代土建社承包了一座大橋的修

建工程。由於戰時物價上漲，開工不到兩年，工程費總額竟比簽約承包時高出了七倍。在這嚴峻的時刻，有人好心的勸阻鄭周永，趕緊停止施工，以免遭受進一步的損失。但鄭周永另有一番想法：金錢損失事小，維護信譽事大。於是鼓起勇氣毅然決定：為了保住現代土建社的信譽，寧可賠本甚至破產，也要按時把工程完成。結果，現代土建社付出了龐大的代價，終於按時完工，品質保證的按時交付使用。

鄭周永雖然吃了這回大虧，以致瀕臨破產，但也因此樹起了恪守信用的形象，贏得了人們的信任，生意一個接一個的找上門來。不久，他投標承包了當時南韓的四大建設項目：韓興土建、大業、興和工作所和中央產業，承建了漢江大橋的第一期工程。接著，又繼續承建了漢江大橋的第二、第三期工程。光是漢江大橋這三項重大工程，前後就花了整整十年的時間，它不僅使鄭周永的「現代建築」賺得了豐厚的利潤，而且壓倒了同行對手，一躍成為韓國建築行業的霸主。

商人要想使自己的行業有大發展，必須講商業道德，以德為本。鄭周永寧輸老本，也不輸信譽的做法，使生意越做越興隆。

第二十四計　誠信是金

第二十五計 善解人意

第二十五計 善解人意

做一個善解人意的好上司

作為企業的領導者，要實現自己的意圖，必須與屬下取得溝通，而富有人情味就是溝通的一道橋梁。它可以助於雙方找到共同點，並在心理上強化這種共同認知，從而消除隔膜，縮小距離。富有人情味的上司必是善待下屬的。

上司要贏得下屬的心悅誠服，一定要恩威並施。

所謂恩，則不外乎親切的話語及優厚的待遇，尤其是話語。要記得下屬的姓名，每天早上打招呼時，如果親切的呼喚出下屬的名字再加上一個微笑，這名下屬當天的工作效率一定會大大提高，他會感到，上司是記得我的，我得好好工作！

有許多身居高位的人物，會記得只見過一、兩次面的下屬名字，在電梯上或門口遇見時，點頭微笑之餘，叫出下屬的名字，會令下屬受寵若驚。

對待下屬，還要關心他們的生活，聆聽他們的憂慮，他們的起居飲食都要考慮周全。

所謂威，就是必須有命令與批評。一定要令行禁止，不能始終客客氣氣，為了維護自己平和謙虛的印象，而不好意思直斥其非。必須拿出做上司的威嚴來，讓下屬知道你的判斷是正確的，必須不折不扣的執行。

上司的威嚴還在於對下屬安排工作，交代任務。一方面要勇於放手讓下屬去做，不要自己包打天下；一方面在交代任務時，要明確要求，什麼時間完成，達到什麼標準。安排了以後，還必須檢查下屬完成的情況。

恩威並施，才能駕馭好下屬，發揮他們的才能。

用善意的態度對待人

領導者最好不要有不好的人際關係。但是，現實生活中有許多事情，是不能用漂亮的話來解決的。這個時候，為了不使你的人際關係再度惡化，你所做的最低限度的努力，對自己及對周圍的人都是必要的。這裡先舉幾個努力的目標。

1. 用善意的態度對待人：對方以善意的態度對待你時，你也要極力的回應對方。
   如此一來，你們二人就會越來越契合。

2. 無論如何不要忘了打招呼：即使一如往常，跟對方打招呼，對方仍然堅持轉過頭去，你也不要急，終究還是會出現曙光的。再一次呼喚他，當他有了善意的回應時，不要忘了，就是這個時候，是轉換人際關係的最好機會。至少這個努力，可以防止人際關係再度惡化。

3. 要特別注意說話的語調：即使你用多麼美的詞句，語調不當仍會使其效果大打折扣。所以有沒有說出凶狠的話或聲調，都是要非常小心注意的。

4. 贊成他的主意：比如在會議等場合，如果與你對立的下屬提了一個很不錯的提議，這時你要趁機毫不猶豫的表達贊同之意。如果能將你同意的原因也清楚的講出來更好，這樣一來，才不會被人認為是在迎合某人。

5. 當著別人的面說他的好話：與你對立的下屬，也會有其良好的人際關係。如果有機會和他的朋友聊天，就多說一些關於他的事。特別是，多說一些他的優點。如果當著他的面直說，會令人覺得你是裝模作樣，或是有什麼企圖。透過第三者傳話，能收到很好的效果。

6. 他忙的時候，伸手拉他一把：與你對立的下屬如果工作多得忙不過來，或是有不知如何處理的難題，正在苦惱時，你要積極的表現出願意幫忙的態度。也就是下定決心，一定要接近他。

如果你期望的人際關係不會惡化，那麼，不要讓任何機會從你眼前溜過。

人是會改變的。再怎樣激烈的對峙，眼淚也會有哭乾的時候，最後反而會開始懷念起對方了。

要打開頑固緊閉的心扉，只能靠著一顆「等待的心」。也有人說：「好命不怕運來磨。」藉著最後的努力也許能夠轉禍為福。如果上下之間的關係已經陷入僵局，你卻放任不管的話，對雙方都沒有好處。遇到良機時，就要好好把握，積極改善。

做一個善解人意的人

記住，別人也許全錯了，但他本人並不一定意識到這一點。不要去責備他，那樣做太愚蠢了。應該試著去了解別人，這樣的人才是聰明、寬容的人。

第二十五計 善解人意

別人之所以那麼想，一定有他的原因。找出那個隱藏著的原因，那你就擁有了解釋他行為或者個性的鑰匙。

試試看，真誠的使自己置身於別人的處境裡。

如果你總能對自己說：「我要是處在他的情況下，會有什麼感覺？會有什麼反應？」那你就能節約不少時間，免去許多苦惱。因為「若對原因感興趣，我們就不大會討厭結果」。而除此以外，你還將大大增加為人處世的技巧。

「暫停一分鐘，」肯尼斯在他的著作《如何使人們變得高貴》中說，「暫停一分鐘，把你對自己事情的高度興趣，跟你對其他事情的漠不關心，互相做個比較。那麼，你就會明白，世界上其他人也正是抱著這種態度！這就是，要想與人相處，成功與否全在於你能不能以同情的心理，理解別人的觀點。」

多年來，我經常在我家附近的一處公園內散步和騎馬，作為消遣和休息。我跟古代高盧人的督伊德教徒一樣，「只崇拜一棵橡樹」。因此，當我一季又一季的看到那些嫩樹和灌木被一些不必要的大火燒毀時，覺得十分傷心。那些火災並不是吸菸者的疏忽引起的，而幾乎全是由那些公園野餐，在樹下煮蛋和做「熱狗」的小孩子們引起的。有時火勢太猛，甚至要驚動了消防隊來撲滅。

在公園的一個角落裡，立著一塊告示牌說：任何使公園內起火的人必將受處罰或被拘留。但告示牌立在一個偏僻的角落裡，很少有人看到。公園裡有騎馬的警察，本應該照顧公園才對，但他們並未盡職。火災繼續在每一個季節裡蔓延。有一次，我慌慌張張的跑到一位警察面前，告訴他公園裡有一處著火了，希望他趕快通知消防隊，但他竟然漠不關心的回答，這不關他的事，因為那裡不是他的轄區！我真失望。從此，我再到公園騎馬的時候，就像一名自封的管理員那樣，試圖去保護公共財產。

剛開始，我並不去試著了解孩子們的想法，一看到樹下有火，心裡就很不痛快。

我總是騎馬來到這些孩子面前，警告說：如果他們使公園發生火災，就要被送進監牢去。我以權威的口氣，命令他們把火撲滅。如果他們拒絕，我就威脅說要叫人把他們抓起來。我只是盡情發洩我的怒氣，根本沒有顧及他們的看法。

結果呢？那些孩子服從了 —— 不是心甘情願，而是憤恨的服從。但等我騎馬跑

過山丘之後，他們很可能又把火點燃了，而且恨不得把整個公園燒光。

隨著年歲的增長，我對為人處世有了更多一點的知識，變得通情達理了一點，更懂得從別人觀點來看事情。於是，我不再下命令了，我會騎著馬來到那個火堆前，說出這樣一番話：

「玩得痛快嗎？孩子們。你們晚餐想煮點什麼？……我小時候也很喜歡燒火堆，而現在還是很喜歡。但你們應該知道，燒火在這個公園裡是十分危險的，我知道你們幾位會很小心，但其他人可就不這麼小心了。他們來了，看到你們生起了一堆火；因此他們也生起了火，而回家時卻又不把火弄滅，結果火燒到枯葉，蔓延開來，把樹木都燒死了。如果我們不多加小心，以後我們這裡會連一棵樹都沒有了。我不想太囉嗦，掃了你們的興。我很高興看到你們玩得十分痛快；可是，在你們離開之前，用泥土，很多的泥土，把火堆掩蓋起來。你們願不願意呢？下一次，如果你們還想生火，能不能麻煩你們改到山丘的那一頭，就在沙坑裡生火？在那裡生火，就不會造成任何損害……真的謝謝你們，孩子們！祝你們玩得痛快。」

這種說法有了極大的效果，使得那些孩子們願意合作，不勉強、不憎恨。他們並沒有強迫接受命令，他們保住了面子，覺得舒服了一點。我也會覺得舒服一點，因為我事先考慮到了他們的看法，再來處理事情。

以後，當你請求任何人把火滅掉，或請求他買一罐「阿福塔」牌清潔液，或請求他捐出五十元給紅十字會之前，何不暫停一下，閉上眼睛，試著從別人的觀點仔細想一想整件事？問問你自己「為什麼他要這麼做？」沒錯，這要花費你很多時間，但這能使你結交到朋友，得到更好的結果，減少摩擦和困難。

哈佛商學院的院長說：「在會見某人之前，我寧願在他辦公室外面的走廊上多走兩個小時，而不願貿然走進他的辦公室時腦海中沒有清晰的概念，不知道該說什麼，也不知道他 —— 根據我對他的興趣及動機的認知來判斷 —— 大概會怎麼回答。」

這段話太重要了，為了強調它的重要，我要以黑體字再重述一遍：

在會見某人之前，我寧願在他辦公室外面的走廊上多走兩個小時，而不願貿然走進他的辦公室時腦海中沒有清晰的概念，不知道該說什麼，也不知道他 —— 根據

第二十五計 善解人意

我對他的興趣及動機的認知來判斷 —— 大概會怎麼回答。

如果你在閱讀本書之後，只學到一件事，即較容易的經常站在別人的立場上來思考，以及從你自己和別人的角度來觀察事物。即使只學到這一點，實踐也會很快的證明這是你生活中的一個新的里程碑。

第二十六計　挖掘潛能

第二十六計　挖掘潛能

挖出埋在心底的潛能

拿破崙‧希爾曾經說過：「抱著微小希望的話，只能產生微小的結果，這就是人生。」

人是有著無限的力量的，當一個人發揮出他的個性時，最能使人生有所發展。

我們的能力都深深的埋在地下，若能把它發掘出來，發展下去，人生就會有驚人的發展，不可能的事也會陸陸續續的變成可能。但，這要看看這個人是否能選擇自己應該走的路，曾有人說：「任何人都可以爬升到自己理想的天國，同時，當他選擇要爬上去時，世界的力量就會幫助他，一直把他推上去。」

我們有了某種決心，並且相信有實現的可能性時，各方面的東西都會動起來，把人推向實現的方向。這種事，你一定可以親眼看到的。

不管你現在處在何種惡劣的環境中，也不要被環境打垮，而要為了達到目標去努力，向著更大的目標挑戰。

現在在圍棋界非常活躍的林海峰和趙治勳，都是小時候去日本學習圍棋的人。同時，他們同樣都是抱著「我一定要獲勝給你看」的氣概而努力過來的人。結果，他們都像小時候的願望一般，獲得了圍棋界世界最高地位。像這樣，從開始自己就抱著「好！我一定要做下去」的心情的話，人生就會成功。也就是，自己的將來，都是按照自己所做的心的模型而決定出來的。修利曼也是按照小時候所祈願的度過一生的人，他在 9 歲時，聽到特洛伊戰爭的神話，決心去挖掘它的遺跡。然而，他的一生卻是波浪起伏，同時又貧病交加，實現少年時代的夢想談何容易。在他下定決心 40 年後，他終於挖掘出特洛伊的遺跡來，這是許多考古學家都無法做到的。

世上沒有不能解決的事

不管環境有怎樣的限制，也沒有一個人所無法解決的問題。斯邁爾斯認為，對於強者來說，任何事情都不會太難。

這種力量不僅只是可以醫病的力量，所有關於人生的問題，都能以信念的力量去解決。

碰到困難時，我們都會因為這件事我無法做到而感到煩惱、苦惱。然而，與其苦悶，不如先把這些煩惱停下來，而先考慮怎樣去行動。也就是，不要讓自己的心被苦惱給搶過去，並且要拚命的為解決困難而做努力。

　　最重要的還是，不管遭受怎樣的困難，也千萬不要害怕或擔心。因為，這種害怕或擔心，只會使困難更加困難，而使人認為不可能突破。但是，如果能把心朝著明朗的方向轉變的話，有時就會知道，原來擋住前途的牆壁，並不怎麼大，於是產生出突破這道牆壁的勇氣來。遭受困難時，應該停止煩惱，而努力做出新的改變才對。只有自己本身的變化，才能克服困難，把人生帶往成功之路。

潛能必須挖掘才能發揮

　　潛意識不敢相信的東西，勉強當作目標的話，有時就會發生意外。可是人人都有越壓抑越想那樣做的傾向，譬如有的人會無論如何都有「試試看」、「買來看看」這種無法壓抑的願望，這就叫做渴望。人在渴望時，熱情正燃燒，所以用那種渴望來設定目標也是很好的事。當然，只有渴望而沒有鬥志還是不行的。既然對某種事情燃起熱情，就應該有向它挑戰的欲望才行。

　　希爾認為，渴望而且有鬥志時，也就是欲望極旺的時候，信念缺乏也沒關係。所以多多少少和自己實力不相稱的事，也可以拿來當作目標。

　　因為人在受到龐大壓力時，有時會產生極意外的力量。人受到龐大壓力時，會想從那裡脫離而拚命的去掙扎，這種不肯認輸的熱情會湧現出來。這種鬥志在普通人看來，有時會產生被認為奇蹟一般的現象；從眼睛看不見的真理來說，這不是奇蹟，而是必然的。對於過去被認為什麼事都無法做成的人，突然做出這種了不起的事，就是因為這個緣故。不管什麼難關，只要有熱情和欲望，都是可以突破的。

　　這種被迫可分為被周圍環境逼迫而拚命掙扎，和自己設定超過實力以上的目標自動的去追求這兩種情況。

　　例如：一個薪水很低的職員想建立一個豪華的家，就是屬於後者。照他目前的收入，不要說全部，就連每個月的分期付款都無法繳納，可是他仍然勉強借錢維持。受到這種逼迫，他就必須拚命的去賺錢，而且要比別人花費更多的努力，結果

竟意外的付得起分期付款了。這也印證了一開始認為絕不可能做到的事，最後竟然做到了。

　　人生成功的路就像這樣，能使自己飛黃騰達的機會很多，但是處在逆境的時候也較多。如果把自己逼迫到逆境，人生有時確能產生極大的光輝和榮耀。

　　想要如此，最好使熱情和鬥志激烈的燃燒。鬥志和熱情燃燒起來就會產生一種強大的力量，從而產生意想不到的結果，一旦經過這種事的磨練，人生的成功路就會大大的打開，自信也會產生。面對下次更高的目標，挑戰的勇氣也會隨之湧出。

我們只發揮了自身能力的百分之十五

　　據斯邁爾斯的研究報告說，幾乎所有的人都只發揮了其能力的百分之十五。

　　這份報告並指出，不能發揮其餘百分之八十五的力量的原因在於恐懼、不安、自卑、意志薄弱及罪惡感。將所有的原因綜合起來，可以說是「與外界的不調和」，因為不能包容外界，則等於是替自己的能力踩了剎車。

　　與外界的調和能使自己的能力發揮到淋漓盡致的地步，相信讀者很容易便能了解這一個法則，因為所謂創造的行為，是向著外界去發揮，所以一旦能和外界調和時，自然產生優異的結果。以體育比賽為例，總在考慮勝敗、評估自我力量的選手，心中已經存在了感情對立疙瘩，所以不能發揮潛力。一定要超越那些評估，和外界合為一體時，才能激發潛在能力。一個非常有趣的現象是：凡是在下棋時，對對手抱有對立感情，贏了覺得快樂的人，他們的進步都很有限。相反的，能和對手配合，不在乎勝敗，只求下出正確的棋著並在其中尋求創造之喜悅的人，下棋則能充分的激發他們的潛能，他們也就進步神速。這裡不把象棋的勝負當作一種爭鬥，而把它當成「問答」。如果有兩個人他們天生特質相等，但他們所採取的弈棋態度有所不同時，不久之後，他們兩人的棋力也必有天壤之別。

．　能包容對方的人才是強者！

　　這不是一個有趣的法則嗎？連象棋這種具有嚴格規則的遊戲都有這種結果，更何況在實際人生這種複雜多變的場所中。

弈棋中的這兩種態度，也能充分顯示「取」與「造」這兩種生存態度。為了獲得的目的而拚命的人，他們自以為是在踩油門，其實所踩的卻是剎車。說到這裡，讀者必定已能充分了解為什麼所有的成功者都是澈底貫徹「造」的態度者，這個道理非常簡單，一種能力被踩了剎車後，當然不可能有出眾的創造行為。當你放棄將能力視為私有物的感覺時，你就能充分的發揮能力。

　　如果你希望有個創造性的人生，另外的暫且不提，首先你就得做個「不怕失敗的人」，乍看之下，這似乎和「無所不能」的命題相矛盾，但是仔細想一想卻不是，因為失敗和「不能做」不同。此外，失敗和成就並不是互相對立的，它可以是到達成就的中途站。精神的強者，越是失敗，越能在失敗中得到教訓，並且越能升高創造的熱情。所以問題不在於是否會失敗，而有於是否遇到一、兩次失敗就感覺挫折。凡是能包容外界的人，連失敗也包容在內，這種人最後必然有所成就。

第二十六計　挖掘潛能

第二十七計　學會忍耐

學會忍耐等待時機

在時機不對，機運不佳的時候，要沉住氣，耐住性子，慢慢去尋找一個適於自己發展的環境，切不可操之過急。

王猛慧眼識君，他不是見一個君主便要委身於他，而是經過耐心的分析，選擇一個適合自己的上司，這也是懷才不遇之忍的一個重要方面。

王猛本來是漢族的知識分子，他出生在青州北海郡劇縣，年幼時因戰爭動亂，他隨父母逃到了魏郡。而符堅是氏族在長安建立前秦的一位君王。當時，漢族人的東晉政權還依然存在，王猛為什麼要投奔到氏族符堅的手下去呢？

這是因為王猛在選擇自己的人生道路時，做了極為認真的選擇。他心裡明白：一個人再有才能，如果沒有一個聰明能幹的上司，其才能是無法發揮出來的。而正確的選擇自己的上司，本身就是一個人才能和智慧的展現。

王猛年輕時，曾經到過後趙的都城——鄴城，這裡的達官貴人沒有一個瞧得起他，唯獨有一個叫徐統的，見他以後非常驚奇，認為他是一個了不起的人物。於是，徐統便召請他為功曹，可王猛不僅不答應徐統的召集，反而逃到西嶽華山隱居起來。因為他認為自己的才能不應該做功曹之類的事，而是幫助一國的君王做大事的，所以他暫時隱居山中，看看社會風雲的變化，等候最佳時機的到來。

西元 351 年，氏族的符健在長安建立前秦王朝，力量日漸強大。354 年，東晉的大將軍桓溫帶兵北伐，擊敗了符健的軍隊，把部隊駐紮在灞上。王猛身上穿麻短衣，徑直到桓溫的大堂求見。桓溫請他談談對當時社會局勢的看法。王猛在大庭廣眾之中，一邊把手伸到衣襟裡面去捉蝨子，一邊縱談天下大事，滔滔不絕，旁若無人。

桓溫見此情景，心是暗暗稱奇。他問王猛說：「我遵照皇帝的命令，率領 10 萬精兵憑著正義來討伐逆賊，為老百姓除害，可是，關中豪傑卻沒有人到我這裡來效力，這是什麼緣故呢？」王猛直言不諱的回答：「您不遠千里來討伐敵寇，長安城近在眼前，而您卻不渡過灞水去把它拿下來，大家摸不透您的心思，所以不來。」桓溫沉默了好久都沒有回答，因為王猛的話正暗暗的擊中了他的要害。他的心思實際上

是：自己平定了關中，只得個虛名，而地盤卻歸於朝廷，與其消耗實力，為他人做嫁衣，還不如擁兵自重，為自己將來奪取朝廷大權保存力量。

桓溫聽了王猛的話，更加認知到面前這位窮書生非同凡響。過了好半天，他才抬起頭來，慢慢的說道：「江北沒有人能比得上你。」

後來，桓溫退兵了，臨行前，他送給王猛漂亮的車子和優等馬匹，又授予王猛高級官職「都護」，請王猛一起南下。王猛到華山徵求老師的意見後，拒絕了桓溫的邀請，繼續隱居華山。

王猛這次拜見桓溫，本來是想出山顯露才華，做一番事業的，但最後還是打消了這個念頭。因為他考察桓溫和分析東晉的形勢之後，認為桓溫不忠於朝廷，懷有篡權野心，未必能夠成功，自己投奔到桓溫的手下，很難有所作為。這是他第二次拒絕人的邀請和提拔。

桓溫退走的第二年，前秦的苻健去世。繼位的是中國歷史上有名的暴君苻生。他昏庸殘暴，殺人如麻。苻健的侄兒苻堅想除掉這個暴君，於是廣招賢才，以壯大自己的實力。他聽說王猛不錯，就派當時的尚書呂婆樓去請王猛出山。

苻堅與王猛一見面就像知心的老朋友一樣，他們談論天下大事，雙方意見不謀而合。苻堅覺得自己遇到王猛好像三國時劉備遇到了諸葛亮；王猛覺得眼前的苻堅才是值得自己一生效力的對象。於是，他十分樂意的留在苻堅的身邊，積極為他出謀劃策。

西元 357 年，苻堅一舉消滅了暴君苻生，自己做了前秦的君主，而王猛成了中書侍郎，掌管國家機密，參與朝廷大事。王猛 36 歲時，因為才能突出，精明能幹，一年之中，連升了 5 級，成了前秦的尚書左僕射、輔國將軍、司隸校尉，為苻堅治理天下出謀劃策，做出了一番轟轟烈烈的大事業，成為中國封建社會傑出的政治家。

西元 375 年，王猛因病去世，終年 51 歲。苻堅這時才 38 歲，他為失去這位得力的助手十分痛心，經常悲傷流淚，不到半年頭髮都斑白了。

古人說：「良禽擇木而棲，賢臣擇主而事。」歷史上多少有才能的人由於投錯了主人而遺恨終生。王猛與諸葛亮一樣在動盪不安的形勢下，正確選擇了自己的道

路，所以才有他事業的成功，才有他一生的輝煌。他忍住一般人求遇心切，急於求取功名富貴之心，認定了真正的人選，才投身仕途，這是他獲得成功的重要經驗，也告訴我們在日常工作中，應該盡力去選擇一個你認為合適的領導者，這樣才是你事業順利發展的前提。

· 為了獲得更多的利益要暫時忍耐

　　覺得能夠獲得更大的利益，人們才容易一意孤行。一旦明白這種做法不僅不能有所得，反而有可能使自己遭受損失的時候，人也就自然而然的停止了這種做法。這實際上就是通曉得失利害而自覺的忍受欲望和得失的痛苦。秦王在準備攻打魏國的時候，只打著能夠獲取利益的如意算盤，所以根本不聽人勸。然而一封匿名信則改變了他的計畫。為什麼呢？

　　秦國又準備攻打魏國了，在國內調兵遣將，準備糧草，忙得不亦樂乎。但人們對這次戰爭能否勝利，把握不大。只是秦王一意孤行，決定要打魏國，其他人也勸阻不了，只好隨他去打好了。

　　一切準備就緒，只等誓師出發了。這一天，秦王收到一封信，也不知是誰託人送上來的。拆開一看，信上寫道：

　　「我聽說大王要出兵攻打魏國，我認為這個計畫是錯誤的。望大王深思熟慮以後再行動。不知大王您想過沒有，魏國是山東的咽喉要衝，位區諸侯的中心，北接燕趙，南連荊楚，東有強齊，西有韓國，是最不好下手的地方。大王您見過打蛇嗎？長長的一條蛇，打牠的尾，牠的頭就回轉來救；打牠的頭，牠的尾就捲起來救；如果打牠的腰，則頭、尾都來相救。現在的魏國，就是居於天下腰身的部位，您去打它，就是告訴各諸侯國，秦國要截斷他們的脊梁，這使東邊各諸侯國首尾不能相顧。而魏國明知打不過您，馬上就會去廣泛聯絡，那時，對付您的就不只是一個弱小的魏國了，您將會由此而引來無窮的憂患。您為何要這樣做呢？」秦王看到這裡，不禁汗顏：「我怎麼就沒想到這一層呢？如此說來，那我兼併諸侯從何處下手呢？」

　　當秦王繼續往下看信時，不禁轉憂為喜了，寫信人早就為他謀劃好了。信中說：

　　「我替大王考慮，您不如先拿楚國作為突破口。楚國地處偏遠的南方，您在揚言要進攻魏國之時，突然迅速轉而攻楚，攻其不備，兵法上稱讚這種做法。加之楚國

離東方各國較遠，諸侯要救也來不及。況且楚國兵力較弱，容易對付，把握較大，秦國亦可因此而擴大土地，增強兵力。大王您沒聽說過商湯討伐夏桀的事嗎？商湯在討伐桀以前，先對弱小的密須國用兵。以此來訓練自己的兵力。滅了密須國以後，湯就征服了桀。大王您為什麼不可以學學商湯，先吃軟的，再吃硬的，打有把握的仗呢？」

秦王越看越興奮，喜不自禁。看完信，他連聲說：「多謝先生教我！」然而，四下一看，眼前並無「先生」，不禁啞然失笑，忙問侍臣，「此信從何而來？」

侍臣們無可奉告，只說是從宮門外遞進來的。只可惜這位「先生」不在，不然的話，定會得到重賞，或許還將封給他什麼官位呢！

就在秦軍上下整裝待發，準備出師魏國時，突然接到命令，揮戈南下，南擊藍田，直逼楚國的鄢郢。

就是這一封匿名信，居然調動強秦百萬兵，這主要在於它言明得失利害關係，而秦王也知不忍得失的後果。

是非自有公論，忍耐很有必要

一心為公的人往往容易受到他人的妒嫉，由此使自己陷於矛盾之中，受到不公正的待遇。這樣的不平之遇要善於忍受，否則稍有不慎，就會讓小人得意，自己反而會受到更大的打擊。西晉的石苞面對不平，心底無私，坦然相對，使晉武帝終於自省，也消除了自己的不平之境。

石苞是西晉時期一位著名的將領。晉武帝馬炎曾派他帶兵鎮守淮南，在他的管區內，兵強馬壯。他平時勤奮工作，各種交易處理得井井有條，在群眾中享有很高的威望。

當時，占據長江以南的吳國還依然存在，吳國的君主孫皓也還有一定的力量，他們常常伺機進攻晉朝。對石苞來說，他實際上擔負著守衛邊疆的重任。

在淮河以南擔任監軍的名叫王琛。他平時看不起貧寒出身的石苞，又聽到一首童謠說；「皇宮的大馬將變成驢，被大石頭壓得不能出。」石苞姓石，所以，王琛就懷疑：這「石頭」就是指石苞。

毫無理由的懷疑他人，陷人於不平之中，實在是不義之舉。

於是他祕密的向晉武帝報告說：「石苞與吳國暗中勾結，想危害朝廷。」在此之前，曾有大臣對武帝說：「東南方將有大兵造反。」等到王琛的密報送上去以後，武帝便真的懷疑起石苞來了。

正在這時，荊州刺史胡烈送來關於吳國軍隊將大舉進犯的報告。石苞也聽吳國軍隊將要來進犯的消息，便指揮士兵修築工事，封鎖水路，以防禦敵人的進攻。武帝聽說石苞固守自衛的消息後更加懷疑，就對中將軍羊祜說：「吳國的軍隊每次來進攻，都是東西呼應，兩面夾攻，幾乎沒有例外的。難道石苞真的要背叛我？」羊祜自然不會相信，但武帝的懷疑並沒有因此而解除。湊巧的是，石苞的兒子石喬擔任尚書郎，晉武帝要召見他，可他經過一天時間也沒有去報到，這就更加引起了武帝的懷疑，於是，武帝想祕密的派兵去討伐石苞。

武帝發布文告說：「石苞不能正確評估敵人的勢力，修築工事，封鎖水路，勞累和干擾了老百姓，應該免他的職務。」接著就派遣太尉司馬望帶領大軍前征討，又調整了一支人馬從下邳趕到壽春，形成對石苞的討伐之勢。

王琛的誣告，武帝的懷疑，對石苞來說，他一點也不知道，到了武派兵來討伐他時，他還莫名其妙。但他想：「自己對朝廷和國家一向忠心耿耿，坦蕩無私，怎麼會出現這種事情呢？這裡面一定有嚴重的誤會。一個正直無私的人，做事情應該光明磊落，無所畏懼。」於是，他採納了部下孫鑠的意見，放下身上的武器，步行出城，來到都亭住下來，待候處理。

武帝知道石苞的行動以後，頓時驚醒過來，他想：討伐石苞到底有什麼真憑實據呢？如果石苞真要反叛朝廷，他修築好了守城工事，怎麼不做任何反抗就親自出城接受處罰呢？再說，如果他真的勾結了敵人，怎麼沒有敵人前來幫助他呢？想到這些，晉武帝的懷疑一下打消了。後來，石苞回到朝廷，還受到晉武帝的優待。

俗話說：「腳正不怕鞋歪，身正不怕影斜。」石苞的故事告訴我們：在大是大非面前和緊急關頭，應該冷靜的對待和妥善的處理。對自己所遇到的不平遭遇，要勇於忍受。不要因此而驚恐不安或是氣憤不已，輕舉妄動，那樣只能把事情搞得更糟。

蘇東坡身正不怕影子斜

　　蘇東坡幾次遭到迫害，但他始終以寬廣的胸懷，豪放的性情對待這一切，忍受不平，機智的與那些官場小人進行爭鬥。運用嬉笑怒罵也抒發胸懷的好方法。

　　蘇東坡不僅才華橫溢，而且為人正直，勇於批評時政，因而使那些不喜歡他的人總想找他的麻煩整治他。有一次御史臺的官僚們拿蘇東坡的詩作為根據，斷章取義，無根據的分析，硬說他諷刺朝廷，誣衊皇上，把他從湖州刺史任上抓來，下在大牢裡，幾乎殺頭。經他的弟弟子由和許多好友大力營救，才保住了性命，貶到黃州受管治。迫害並沒有到此結束，以後他繼續受到多次打擊，新帳舊帳一起算，越算越多，被貶謫去的地方也越來越遠。最後竟貶到荒僻遙遠的海南島。長期的磨難使他認知到中央政府裡派系複雜，爭鬥激烈的嚴酷現實。他在著名的《水調歌頭》一詞裡，曾很有深意的慨嘆：「我欲乘風歸去，又恐瓊樓玉宇，高處不勝寒。」以後人們用「高處不勝寒」來形容政界裡的不易立足。蘇東坡敢怒不敢言，便常常以嬉笑詼諧的形式，來曲折的發洩心中的不平之氣。有一次，大家歡迎他講故事，他當場編了一個新奇故事，說得大家前仰後合。他說：

　　昨夜，我做了一個夢，夢見兩個峨冠博帶的人找我，說海龍王請我去吃飯。我也確實很久沒吃過飽飯了，聽說請吃飯，心中很高興，便沖濤踏浪，跟著他倆到了龍王的水晶宮。水晶宮裡瓊樓玉宇，百寶紛呈。龍王帶一大群臣僚，還有妃嬪出來迎接我。他們說了許多稱讚我的話。滿桌山珍海味，身邊一個美人專門替我斟酒。那美人身材窈窕，膚色白嫩，雙目裡的秋波，一閃一閃的瞅著我，身上散發著香氣，使我神魂顛倒。正在這時，龍王讓我為今日之幸會題詩。我當即提筆揮就，盛讚龍王功德和水晶宮裡的豪華，並頌揚群臣的才學與嬪妃們的豔美。龍王高興極了，誇獎我的文筆，賞賜了我大量的珍寶。正在我得意的時候，忽然一個丞相模樣的大臣，低聲告訴龍王，說我寫的詩裡有譏諷大王的語氣。龍王一聽大怒，吩咐蝦兵蟹將把我趕了出來。我一看這位相公，原來是王八變的。唉！我蘇東坡處處受王相公的算計呀！

第二十七計　學會忍耐

　　蘇東坡就是這樣，在詼諧的談笑中，曲折不露的發洩自己心中的不平怨氣，忍耐艱難的遭遇，堅定自己的信心，什麼樣的環境也淹沒不了他的智慧和才華。

　　蘇東坡性格直爽，才思敏捷。他自己曾經說過：「我心裡有什麼話，我非說出來不可，正像飯裡有隻蒼蠅，非吐出來一樣。」正因為這樣，他經常在從人面前，現編故事現說出來，以發洩心中的抑憤不平之氣。

　　烏臺詩案中，他被朝廷從湖州太守任上逮捕，押到汴京的大牢裡，備受汙吏們的摧殘凌辱。出獄後，曾到山東任登州知州，不久調汴京任禮部員外郎。有一天，他偶然遇見了當年迫害他的獄史。獄史慚惶不安，當年那股橫暴之氣不知跑到哪裡去了。蘇東坡看著他誠惶誠恐的窘態，又好像吃了一隻蒼蠅，非吐不可，於是，當場為大家編了一個故事：

　　一條毒蛇咬死了人，閻羅王判處牠賠命。牠苦苦哀求閻羅王：「我有罪，也有功，請將功折罪，恕我一條命吧！」閻羅王說：「你有啥功勞？」毒蛇說：「我肚裡有蛇黃，可以治病，已經治好幾個人的病了。」閻羅王一查，確有其事，便赦免了牠，過了不久，一頭牛因為用角牴死了人，也被捉來，要判死刑。牛申辯說：「我有牛黃，包治百病，請允許我也將功折罪。」閻羅王照例也赦了死罪。正在這時，幾個小鬼捆了一個長相凶惡的人送來，說此人作惡多端，蓄意殺人，請閻羅王處置。閻羅王說：「殺人償命，法理不容，押下去斬首！」那人不服氣，大喊道：「我也有黃，我也有黃呀！請讓我也將功折罪呀！」閻王大怒：「你不是人嗎？你難道有什麼蛇黃、牛黃可以治病嗎？」犯人結結巴巴，沒啥可說，最後，哭喪著承認：「我肚裡沒有別的黃，只是有些恐慌、驚慌……」

　　獄史被蘇東坡這頓奚落，更覺無地自容，只好悄悄的逃離了現場。

第二十八計　居安思危

第二十八計　居安思危

成功者要有憂患意識

　　睿智的創業者應該時刻保持危機感，具有憂患意識，對明天可能出現的不利因素有所警覺。對於意識到的問題，要及時處理，絕不拖延。創業者應該時時刻刻處於臨戰狀態，箭在弦，子彈上膛……

　　面對激烈的競爭，面對殘酷的淘汰機制，每一位創業者都要有危機感，有憂患意識，同時也要有所準備，隨時處於臨戰狀態。商場上只有積極進取的常勝的贏家，沒有故步自封、恃才傲世的常勝贏家。胸無憂患意識，掉以輕心，很可能要栽跟斗。經營之神松下幸之助曾感慨的說：「今天商場上的勝者，誰都不敢保證他明天還是贏家。睿智的創業者應該時刻都保持危機感，警覺到明天可能出現的不利因素。對於時刻需要應付競爭的任何工作，都要立刻去做，不要猶豫。須知延誤片刻工夫，就可能造成莫大的遺憾。」

培養創業者的問題意識

　　能否成為創業者的關鍵，還在於其對事物的感受能力。若無其事的在街上漫步，無心人往往什麼也感受不到，而有心人，如經常尋找新事業發展契機的創業者，對一些事物和現象就會有所印象，而且會牢牢的刻印在大腦裡。糊裡糊塗過日子的即使有所感受，也不過是停留在表象上。具有目的意識的人會將它作為「情報」來接受。根據不同的情況，從事物和現象中發現其對人生或生意的啟示。例如，電視廣告，切實的反映了社會情況，比直接獲得情報，更有助於把握時代感覺。現代社會是感性市場的時代，怎樣抓住消費者的興趣並將其表現出來，已作為重要的策略方式被提上議事日程。

　　對於怎樣看待事物，怎樣去感受，作為一個創業者應多想想。「為什麼呢？」，要有這樣的疑問。這正是一個創業者最必要的感受方法。「為什麼」的思考是探究、摸清事物本質的出發點。只對眼前的事物照原樣接受，是不能看穿其本質的。比如，在咖啡店喝咖啡，覺得很好喝，沒有「為什麼」的思考的人僅此而已。即使稍好一點的人，也至多是對朋友親人說：「那裡的咖啡味道不錯」，僅達到這樣傳播

情報的程度。有「為什麼」的思考的人會去探究那種咖啡為什麼好喝，確認其是用什麼煮的，探究咖啡豆的種類和攪拌方法，有機會時直接詢問老闆其祕訣。進一步探究的話，會明白咖啡本身的味道儘管如此，其實店內的氣氛也有相當的影響。就這樣，對「為什麼」的思考挖掘下去，從感到咖啡好喝入手，自己會得到各式各樣的情報。在生意的舞臺上，其差異會如實的顯現出來。有「為什麼」的思考的人在發現異樣現象時，會力圖去抓住其原因。比如，更容易識破客戶公司的經營危機，也更容易從部下的細微行動察知其生活上的異常。對事物沒有疑問的人對這些事感覺遲鈍，不會採取先下手的政策，往往被置於被動。這樣的話，做不了創業者。不管怎麼說，生意都是上手為強。總之，新事業的契機常常緣於「為什麼」的思考。

居安思危遇危不亂

一失足成千古恨，這不單是交通安全或體育運動的經驗，也應是經營者的座右銘。經商者特別是小商人，受不起意外的打擊，一次失足很可能造成致命的損失。

這裡不單是說火災、工傷等意外，而且包括在毫無準備的情況下，出現周轉不靈。

經商者一定要眼觀六路，耳聽八方，杜漸防微，防患於未然，在問題尚未發生時，或尚未為患之際，就把它解決掉。

財政上的問題，往往出於會計系統不完善，資料不足或不及時，確有很多小商人都有這樣的缺點，就是討厭會計數字，這樣的人一定會吃不少虧的。希望你早為之計，每月都整理好經營情況的資料，起碼要知道哪裡賺，哪裡虧蝕。

與人有關的問題，不論供應商、顧客還是職員，通常也是由於小商人們忽略了他們，忽視了他們的需求而引起的。人的態度通常不會一下子改變，問題必定累積了好長時間才爆發。許多情況，其實明擺在我們眼前，只不過我們視而不見。

問題發生後，除了趕快解決外，更重要的是建立一個制度，以防止同樣的問題再發生；並且要有一套應付同樣問題的辦法，以免問題一旦重演時，手忙腳亂。

第二十八計　居安思危

第二十九計　大智若愚

第二十九計　大智若愚

大智若愚成大事

美國第九屆總統威廉・亨利・哈里森出生在一個小鎮上。他是一個很文靜又怕羞的孩子，而大人們都把他看成傻瓜，常常喜歡捉弄他。他們經常把一枚五分硬幣和一枚一角的硬幣扔在他的面前，讓他任意撿，威廉總是撿那個五分的。

有一次，一位好心的老人問他：「孩子，難道你真的不知道一角錢要比五分錢多嗎？」威廉狡黠的一笑說：「當然知道。不過如果我撿那個一角硬幣的話，恐怕人們以後就再也沒興趣扔錢給我了。」

幾十年後，威廉當上了美國第九屆總統。你能說威廉傻嗎？

事業成敗，以德、能、勤、績為四個支點。對人的評價，是一種綜合素養的判斷。你才華橫溢，卻恃才傲物，肯定會與上級疏遠。因此，與上級領導者相處，必須能大能小、能升能隱，絕不可輕狂、傲慢。

某縣縣長胡嘯雲恃才自傲、走向失敗的經歷，給人一個深刻的啟示。

胡嘯雲當縣長期間政績卓著，修路搭橋，改善民眾生活，好事確實做了不少。一時間，在地方上贏得了相當好的口碑。但隨著業績的累積，他內心的自我極度膨脹，犯了當領導者的四大忌諱：

一是恃才傲物，目空一切。工作中獲得了一番成績，就把自己凌駕與上級之上，唯我獨尊，不服從領導者，不服從調遣，工作也不請示不彙報。覺得自己是功臣，能力比別人強，要特殊待遇，要上司對自己另眼相看。

二是執行上司指示打折扣。有了可恃之功，依仗可恃之才，就變得有恃無恐，懷疑領導者的能力。對工作任務開始挑剔，許多事情自作主張，無視上一級領導者的權威和尊嚴。

三是鋒芒畢露。胡縣長邀功心切，內心自我的天平必然失去平衡。於是好端端的一個有能力有才幹的縣長，彷彿一夜之間，變得對上級領導者說三道四。在處理工作矛盾上，以自我為中心，口氣大、表情蠻橫。

四是恣意擅權越位，越權決策。本來不屬於本身職權範圍內決定的事情，也自

行表態。在名利面前，爭榮譽，搶功勞。在公開場合，講話發言喧賓奪主，降低領導者的威信。

胡縣長觸犯了以上四忌，最終眾叛親離，威信掃地，成了孤家寡人。

「夾著尾巴做人」是前人對後人的忠告。這句話看起來消極，其實包含著一種深刻的處世哲理。它提醒那些有才華、有能力的人辯證的看自己，正確的評估自己，無論處在什麼職位，對自己的上司千萬不要傲慢與疏遠！「謙受益，滿招損」，把自己看低些的人才功底深、有實力、能成大器。

赫伯的談判術

在國外，哪怕是學富五車的專家、教授，在購買商品或服務時也從不自視清高，而像市井小民似的討價還價，甚至還要用智慧和計謀取勝。談判學權威赫伯先生的身上就有這類生動的實例。

赫伯家的冰箱壞了，他想利用空餘時間買一部新的，預定的支出是不超過 350 美元。這天，他走進一家「不言二價」商店，在電器部發現一部中意的冰箱，冰箱上放著一塊硬紙板做的標價牌，工整、對稱的印刷字體標準售價 388 美元。因為它超出預算，赫伯轉身走出商店。回家路上他邊走邊想：那字體工整的標識好像是不容質疑的官方文書，令消費者更堅信「不言二價」商店是不允許討價還價的。

赫伯決意破一破不言二價商店的「規矩」，他認為自己是金錢的出售者，不言二價商店的上上下下都需要自己的金錢；那個 388 美元的標價就包含著經理、會計、售貨員以及安裝運輸和維修人員的各種需求，因而不是計算精確的真實價格。所以絕不能因為它是「不言二價」就多付他們錢。

利用第二天的空閒，赫伯走進不言二價商店電器部，裝作一無所知的緩步瀏覽冰箱，而售貨員則小心翼翼的陪伴著，因為赫伯不住的提問：「你們的家用冰箱有多少型號？」「有 140 多個。」售貨員答。指著自己中意的冰箱，赫伯問：「這一型號的冰櫃有多少種顏色？」「有 32 種。」售貨員答。「都是哪些顏色？」赫伯又問。售貨員只得把 32 種顏色一一報出。「你們只有這些顏色？是這樣嗎？」赫伯再問。「是的，可您究竟要哪一種顏色呢？」售貨員忍不住反問。赫伯解釋道：「我的廚房

第二十九計　大智若愚

比較新異，這裡冰箱的顏色太古板，價格又訂得太高，要是不能調整一下，我得再考慮考慮。」售貨員只是聽著，不做表示。

「你注意到這部冰櫃附著製冰器嗎？」赫伯換了提問的方向。「是的，這個製冰器對你家大有用處，假如您 24 小時製冰，花費也不超過 50 美分。」售貨員討好的說。赫伯知道，售貨員的「假如」是未經證實的，於是以假對假的答道：「這可不太好，我的一個孩子有慢性喉炎，醫生一再關照『不能讓他吃冰』，你可以把製冰器拆了嗎？」售貨員無奈的說：「可是製冰器和冰箱門是連為一體的，怎麼能拆呢？」「哦，哦，我知道了，可是它對我根本無用，價格不便宜點，我不是白花錢嗎？」赫伯又一次試探，售貨員還是不做表示。

「你們商店有過大拍賣嗎？我是不是錯過了機會？」赫伯的潛臺詞則是：就算目前這類冰箱沒有拍賣，但不是前一陣子有過，或是以後會有，我沒有任何理由因為錯過機會而花冤枉錢。這種話裡有話的難題真叫售貨員無從答起。而赫伯卻不介意售貨員的答不出，依然東問西問。售貨員心中不悅，但還得保持平靜的做出回答。就這樣，他跟著赫伯在電器部轉了近兩個小時，看了每一型號的冰箱，一一解釋了它們的性能，最後只得到赫伯的一句留言：「明天我帶我太太再來一次，然後再決定。」

第三天下午的空閒時間，赫伯和太太來到不言二價商店的電器部，找到同一個售貨員，把昨日的檢視、詢問過程重複一遍，還添加了一些「如果」式的問題：如果我自己運輸冰箱能不能減價？如果我同時買兩部能不能便宜點？如果我再買一部粉碎機或烘乾機，冰箱的價錢能少算一點嗎？在售貨員的回答中，赫伯摸清了底細：對方不能任意降低冰箱的真實價格，即使降價也幅度很小，但他在其他方面彈性較大，也容易讓步。於是赫伯說：「在決定之前，我要和當過電器工程師的老岳母再來看一次，她對這種東西很在行。好吧，明天下午見！」這一天，售貨員又為赫伯耗費了兩個小時。

第四天下午，在指定時刻裡，赫伯和太太、岳母出現在電器部，那個售貨員臉上頓時露出了苦笑，赫伯則設身處地的勸他對各類冰箱做重複說明。老岳母聽完之後問：「冰箱的外殼有沒有瑕疵？在運輸、庫存和陳列過程中，會不會受到碰撞形成

內傷？陳列那麼久該不該折舊？……」

售貨員的耐性到這時已消耗殆盡，轉身問赫伯：「你究竟想不想買冰箱？」

「想買，就因為想買才先後用了 5 個多小時呢。」赫伯笑著肯定的說。

「但願如此。」售貨員皺著眉說。

「呃……，不過，我只帶來 340 美元。也許你願意做成這筆買賣。」赫伯說完掏口袋。

售貨員聳了聳肩，迅速計算自己的佣金，轉身開票。其實，他手裡握著更充分的減價、折舊理由，可心中不住嘀咕的是：「這個討厭的傢伙浪費我整整 6 個小時，能賣出一部，總要比什麼也沒得到的好。」

讀了這個故事，請別以為赫伯先生甘願在區區小數目上不惜時間，他還有另一層用意，即在交易中驗證以往代理大宗（通常標價是幾百萬及至幾千萬美元）談判中獲得的成功經驗 —— 對方投入談判時間的多少，恰恰與成功率的大小成正比，誘使對方投入更多時間的最好辦法是裝作「我不知道，請幫助我」。且看他是怎樣再次驗證的。

赫伯的一個好朋友就要結婚了，他想盛裝赴宴。在美國，男人的西裝時常更新，翻領的寬度更是年年變化，赫伯為了不至於落伍而決定買一套最流行的。

「你需要哪種款式的？我幫忙你挑選好嗎？」售貨員滿面笑容的迎了上來。

「嗯，……謝謝！」赫伯深思著皺了皺眉。

接著是兩人在衣架中穿行，赫伯看了一套又一套，還掏出皮尺費力的量著翻領，對中意的還不厭其煩的試穿一下，提出諸如衣長、肩寬、衣袋口大小、衣袖樣式、鈕扣個數、胯底反褶等等一連串問題，在售貨員回答之後，赫伯不忘補上一句：「這種款式會流行多久？」當售貨員提出內行的猜測，赫伯還要反問道：「你能確定嗎？」如此循環往返的提問、回答，簡直要使售貨員精神崩潰，他那扳緊的面孔預示著情緒即將爆發。恰在這時，赫伯指著遠處的一套西裝說：「我要那套，370元的，就是有細條花紋的那一套。」售貨員吁了一口氣，盡量保持平靜的說：「請跟我來好嗎？」於是他把赫伯帶到一間小房間，叫赫伯換上要買的西裝，站在三面鏡前，由裁剪師修改衣服。

精神已經放鬆下來的售貨員站在旁邊，一面計算著自己的佣金（通常是15%左右）一面開票。裁剪師嘴裡含著別針，脖子上掛著皮尺，先是彎腰袖子、下擺等處別上別針，然後蹲下身子用粉筆在長褲的臀部畫上記號，又在襠處疊去一寸，裁剪師邊做邊對赫伯說：「看看，這樣一來，這套漂亮的西裝更合適您。」

　　就在這個時候，站在鏡前的赫伯忽而轉過臉，用理所當然的口吻問售貨員：「我買這套西裝，商店贈送我哪一種領帶？」售貨員吃驚的停止書寫，看著蹲在地上的裁剪師。裁剪師則停下手裡的工作，抬起頭，不知該不該再別下一根別針，要不要再用粉筆做記號，最後他下意識的鬆開了襠處的疊……

　　售貨員一腔怒火實在平息不下來，心中不住的抱怨：「這個可恨的傢伙！浪費我一個多小時，穿了脫，脫了穿，換了幾十套，把一輩子想穿的都穿到了；這個笨蛋居然去量每一件西裝的衣領還喋喋不休的提問。在這一次災難中我得到了什麼？只是三、四十元的佣金。可這是今天的第一筆買賣，為了這三、四十元，我可以掏腰包買一條8塊錢的領帶送他，只要以後不再見到他！」

水至清則無魚，人至察則無徒

　　交友是人生一大樂趣，一旦逢著知己，便想著朋友之間的關係越來越好，這種願望是好的，但做法不足取。「雞犬之聲相聞，老死不相往來」這種「小國寡民」思想是一種極端的落後的觀念，不可取，朋友之間應該親密相處，但也不宜過分親密，到了不分你我的親近程度。凡過分親密必生摩擦，出矛盾，於是出言不遜，棍棒相加，你長我短，揭老底，戳痛點，鬧得雞犬不寧。調查一下鄰里關係不和諧的人家，你會發現他們大都曾經有過親密無間的往來史。所以朋友之間相處，特別是好朋友之間也需要掌握好分寸、火候，若即若離，不失為一種和諧之交。

　　「君子之交淡如水，小人之交甘若醴」，這是莊子在論述交友之道時說的一句話。這句話的意思是，交朋友需要保持水一般的細水長流的滋味。如何理解這句話呢？就是說朋友之間的關係不可太過密切，比如你有事去找朋友，到朋友屋前時，恰好聽到裡面有人在和朋友交談，這時你該怎麼辦？有人會想，既然是朋友，乾脆推門進去就是了。其實不然，雖然是朋友，但你冒昧而入，打擾了人家談話，其效

果一定是好的嗎？因此，你應該悄悄離去，另外再找合適的機會交談。最好去朋友家拜訪之前，先打個電話約好時間，而不能認為是朋友就可以隨時登門。如果能做到這一點，你們的朋友關係的連結一定會牢固持久。

「君子之交淡如水，小人之交甘若醴」，是講人與人之間的交往，如果像水一樣，淡淡的細水長流，永遠都不會感到厭倦，友情會長久持續。倘若像糖一般的黏住對方，一開始交往時一定很好，時間久了關係就會疏遠。因此，交朋友時要保持一定的距離，給自己同時也給對方，留下回味的餘地。

《菜根譚》的作者洪自誠在論交友時也說：「交友須帶三分俠氣。」俠氣須壓制三分，即與朋友相處，需要保持適當的距離，不要過分的親密，如果俠氣發揮到了八分、十分的地步，往往容易造成兩敗俱傷，如此友誼便無法永久持續。

交友的祕訣是什麼呢？孔子告誡說：「忠告而善道之，不可則止，毋自辱焉。」即朋友有錯，須以誠心來忠告勸說他，如果對方聽不進去，就不必再多說了。如果一味的說教，可能會引起對方厭惡，甚至會引起相反的效果。那些對朋友的缺點熟視無睹，或是裝作不知道的人，是沒有資格與他人交往的。既是朋友，則須盡朋友之道，應該有一定的勸告，但是一再勸導，可能會引起對方反感。所以聽不聽你的忠告，完全憑對方的判斷力。因此必須尊重他人的自主性，不可一味的勸說，這就是所謂的「君子之交」。所以我們在交朋友時不能顯得自己太聰明，該糊塗時一定要糊塗一點。

大丈夫能屈能伸

老子認為與其採取直線的生存方式，倒不如遵循曲線的生存方式。例如，如果我們在前進時碰到了障礙，要想順利的向前，就必須先撤退。「曲則全，枉則直，窪則盈，敝則新，少則得，多則惑。」這句話的大意是：委曲的狀態反而能夠保全自己；彎曲反而可以伸長；低陷才可以裝滿水；破舊反而可以生新；不刻意追求反而可以有所得；追求太多只能徒增煩惱。這便是老子柔軟且強韌的處世哲學。這種做法並非是一種失敗主義，而是一種曲線式的生存方式。這是以退為進的策略，就像彈簧縮在一起，其間卻蘊藏著強大的力量。

第二十九計　大智若愚

有句俗話，叫「大丈夫能屈能伸」。講的是古時候輔佐漢高祖劉邦稱帝的大將韓信忍受胯下之辱的故事。大智若愚，小不忍則亂大謀，這是一句至理警言，一定要牢記在心。一個人處事時一定要小心、謹慎，該裝糊塗就裝糊塗，切忌心高氣傲，眼裡容不得沙子，否則只會貽害無窮。

齊國攻打宋國，燕王派張魁作為使臣率領燕國士兵去幫助齊國，齊王卻殺死了張魁。燕王聽到這個消息，非常氣憤，就召來有關官員說：「我要立即派軍隊去攻打齊國，替張魁報仇。」 大臣凡繇聽後謁見燕王，勸諫說：「從前認為您是賢德的君主，所以我願意當您的臣子。現在看來您不是賢德的君主，所以我希望辭官不再當您的臣子。」燕昭王說：「這是什麼原因呢？凡繇回答說：「松下之亂，我們的先君不得安寧被俘，您對此感到痛苦，但卻侍奉齊國，這是因為我們的力量不足。如今張魁被殺死，您卻要攻打齊國，這是把張魁看得比先君還重。」凡繇請燕王停止出兵，燕王說：「應該怎麼辦？」凡繇回答說：「請您穿上喪服離開宮室住到郊外，派遣使臣到齊國，以客人的身分去謝罪。說：『這都是我的罪過。大王您是賢德的君主，哪能全部殺死諸侯們的使臣呢？只有燕王的使臣單獨被殺死，這是我國選擇人不慎重啊。希望能夠讓我國改換使臣以表示請罪。』」

燕王接受了凡繇的意見，又派一個使臣到齊國去。

使臣到了齊國，齊王正在舉行盛大宴會，參加宴會的近臣、官員、侍從很多，齊人讓燕王派來的使臣進來稟告，使臣說：「燕王非常恐懼，因而派我來請罪。」使臣說完了，齊王又讓他重複一遍，以此來向近臣、官員、侍從炫耀。

於是齊王就派出地位低微的使臣去告訴燕王，讓燕王返回宮室居住，表示寬恕燕王。

由於燕王委曲求全，為攻打齊國，準備了充分的條件。

燕國地處偏僻，國內缺少人才。不但外面人進不來，就連本國僅有的幾個人才也外流到別的國家去，昭王為求賢心急如焚。

大臣郭隗為燕昭王出了個招攬人才的辦法。郭隗說：「從前有個國王，用一千兩黃金買一匹千里馬，但始終沒有買到。他手下一個侍從跟國王要五百兩黃金，說可以買到。國王於是給了那侍從五百兩黃金，結果那個侍從用五百兩黃金買了一堆

死馬骨頭回來。國王非常生氣。侍從向國王解釋說，我國能用五百兩黃金買死馬骨頭，天下人一定認為您會出大價錢買活馬，這樣，千里馬就會自動送上門來。果然不出侍者所說的，不到一年的工夫，這個國家就得到了三千匹千里馬。如今大王真想招攬天下有才能的人，就從郭隗我開始吧。我做事平庸，無大才幹，就像千里馬的骨頭。如果您對我很尊敬，那麼天下比我有才能的賢人就會接踵而來，投奔你的門下，為大王所用。」

　　燕昭王真的照著郭隗的話辦了。處處尊敬郭隗，給他很高的獎賞，封他很高的官祿，處處都給予特殊優待。這樣不到三年，天下的賢才就從四面八方投奔到燕國。這些賢士來到燕國以後，為燕昭王討論國事，實行改革。由於國內人才鼎盛，時間不長，燕國就變得兵強馬壯，國家繁榮昌盛，燕王認為時機已到，於是出兵攻打齊國，後來在濟水一帶，燕國打敗了齊國。試想，如果當初燕王逞一時之氣，在沒有充分做好準備的情況下，匆忙攻打齊國，可能早就成為齊國刀俎下的魚肉了。因嚥不下一口氣而亡國喪生，豈不抱恨終身！

第二十九計　大智若愚

第三十計　超越自我

第三十計　超越自我

良好的習慣是超越自我的保證

習慣也是一種力量，良好的習慣能夠促進事業的成功，而不良的習慣則會阻礙人前進的步伐。所以，每個成功者都應培養自己良好的習慣，為自己的成功增添動力。

很多人都說：養成好習慣較難，而陷入壞習慣很容易！但也並非一定如此，主要還是看一個人的毅力而定。事實上，習慣就是習慣，並沒有合理的推論來說明養成好習慣比養成壞習慣要難。

動作敏捷或緩慢只是習慣問題。一個人不是養成準時的好習慣，就是養成遲到的壞習慣。

一個有準時習慣的人，對他有很大的好處和利益。不管是赴約會、還錢或實現任何方面的諾言。

人家請你吃飯，如果遲到的話，會使主人和其他受邀的客人不便。如此，很快的就會變得不受歡迎，以後人家就不再請你吃飯了。

對商人來說，守時是一項特別有價值的資產。常言說「時間就是金錢」，這話永遠都是正確的，現在這個時代，時間尤其比以往更為重要。現代企業的步調更是一日千里，分秒必爭，主管和高階職員的日程工作必須排得滿滿的，因為他們負擔不起生產時間的浪費，就像負擔不起生產線上的耽擱一樣。

美國現在有飛機的公司越來越多了，因此他們能迅速的把他們的職員準時的送到任何地方。今天美國公司的飛機就有 34,000 多架，僅通用汽車公司就有 22 架。

蒙哥馬利華德百貨公司承認：公司利用自己的飛機運送職員，要比讓他們自己去搭乘民航客機，費用要高出三分之一。但是，使用自己公司的飛機，職員的旅行時間卻節省了將近 60%。而蒙哥馬利華德跟許多其他的公司一樣，都明白節約時間比多花點錢要划得來。

總而言之，一個人說他什麼時候要到某地方而準時到達的話，不但給人一個極好的印象，他還替自己或他的公司節省了錢。

「敏捷守信」對生意人來說，非常重要，最可能成功的商人和公司，他們必定

準時接受訂單、交貨、提供服務、付款、還債以及其他事項。假如等得時間過了，所訂的貨還沒送來，顧客下次可能就到別的地方訂貨了。

節儉是另一種可以養成的習慣，而它可能說是能使任何事業成功的因素。

「勿以善小而不為。」節儉也是一樣，不論大小。

一旦事業開始，對天性節儉的人而言，其成功機會較才華相同者要多。而習慣節儉的人，他知道只有減少開銷和降低成本才有賺錢機會，而在今天高度競爭的市場裡，即使在小東西方面去節儉，聚少成多，也是很可觀的，甚至造成賺錢和賠錢的區別。

除此之外，對一個有節儉習慣的人而言，他似乎永遠有一筆積蓄，以防不時之需，必要時可使他度過難關，或使他有擴張和改進的機會，而不必去借錢。

聰明的人都知道，克服自己的缺點，是超越自我的第一步，如果你能做到「準時和節儉」，對自己有很大的幫助。在生活中如果你能經常準時、節儉，直到成為你的第二天性，你就會在事業上，收到由這些習慣為你帶來的利益。

善於思考是超越自我的前提

從前一個年輕的英國人在他的農場裡度假休息，他仰臥在一棵蘋果樹下，思考問題；這時，一顆蘋果落到了地上。

「蘋果為什麼會落到地上呢？」他問他自己。地球會吸引蘋果嗎？蘋果會吸引地球嗎？它們會互相吸引嗎？這裡面包含著什麼普通原理呢？

這位年輕人就是牛頓。他用思考的力量，獲得了一項極其重要的發現 —— 萬有引力定律。牛頓向自己提問，發現了萬有引力定律。

而霍英東向自己提問，創業成富豪。霍英東是個頗有心計的人，他時時都在留心尋找能有發展的事業。朝鮮停戰以後，霍英東獨具慧眼，他看出了香港人多地少的特點，認準了房地產業大有可為，於是毅然傾其多年的全部積蓄，投資到房地產市場。1954 年，他著手成立了立信建築置業公司。他每日忙於拆舊樓、建新樓，又買又賣，大展宏圖，用他自己的話說，他「從此翻開了人生嶄新的、決定性的一頁！」

第三十計　超越自我

　　如果說霍英東早年經營駁運業是他創業初期的經營活動的話，那麼，在經營房地產業的過程中，則充分顯示了他過人的經營頭腦。在他以前，香港的房地產業，都是先花一筆錢購地建房，建成一座大樓後再逐層出售，或按房收租。怎樣才能獲得更好的效益呢？霍英東不停的問自己。思之再三，他終於將房產界的這一遊戲規則「變了個戲法」，即預先把將要建築的大樓分層出售，再用收上來的資金建築大樓，來了一個先售後建。一先一後的顛倒，使他得以用少量資金辦了大事情。原本只能興建一棟大樓的資金，他可以用來建築幾棟新大樓，甚至更多；同時，他又能有較雄厚的資金購置好土地，採購先進的建築機械，從而提高建房品質和速度，降低建造成本。他還可以用比同行低得多的價格，出售那些地點較優越的大樓。而且，有時他還採用分期付款的預售方式，使人人都能買得起。霍英東的經營手法真是高明，他開創了大樓預售的先河。為了推廣先出售後建築的「戲法」，霍英東率先採用小冊子及廣告等形式廣為宣傳。他說：「我們發展各種宣傳，以便更多有餘錢的人來買。譬如來港定居或投資的華僑、僑眷、勞累了半生略有積蓄的職員、賭博暴發戶、做其他小生意漲滿了荷包的商販，都來投資房地產。誰不想自己有房住？只要有眾多的人關心它、了解它、參與它，我們的事業就有希望。」霍英東的廣告宣傳十分奏效，立信建築置業公司在短短的幾年裡所營建、出售的高樓大廈就布滿了香港、九龍地區，打破了香港房地產買賣的紀錄。這個既不是建築工程師出身，又非房地產經營老手的水上「窮光蛋」，一下子成了香港房地產業的巨擘。現在，霍英東名下的公司有 60 餘家，大部分都經營房地產，或與房地產經營關係密切。由他擔任會長的香港地產建築商會，占有香港 70%的建築生意。

　　霍英東向自己提問，成就了成功創富的大業，值得我們學習和借鑑。

　　任何剛開始經營的商人，要養成最有價值的習慣是在他下決心之前，可以停下片刻，迅速回顧他的推理。這種最後的檢查，也許只需要幾分鐘甚至幾秒鐘，但收穫卻非常之大。這可以讓人有一次機會，來合理的整理自己的思緒，或回想自己為什麼或怎樣會有這種決定。這個簡單的過程，可以大大的增加一個人如何迅速而有效的去處理可能碰到的難題。這有點像世界上某些最佳演員所養成的習慣一樣，雖然他們可能對所扮演的角色已經熟透了，但是在開幕之前，仍會迅速的把劇本或他

們自己的那一部分過目一遍。

　　一個很成功的推銷員曾這樣說：他的成功是在經營事業的初期便養成了慣於思考的習慣，而善於思考是超越自我的一種前奏。

　　「我甚至還想出一個祕訣來養成這個習慣。」他說，「去拜訪顧客之前，我一定要先靜下心，喝杯咖啡，擦擦皮鞋。這樣一來，在我真正踏入顧客辦公室之前，我有一個最後思索的機會 —— 如何表現自己。所得到的效果好極了！除了能從容的應付對方所提的問題外，還使我推銷了很多的東西。」

　　不管任何人，最好養成下決心之前，留下幾分鐘來冷靜的整理思緒的習慣！

習慣左右人的命運

　　良好的習慣會使人立於不敗之地，而壞的習慣則會把人從成功的神壇上拉下來。正是因為習慣的這種決定命運的力量，才使我們下決心澈底與壞習慣決裂。

　　在成功學中，你必須藉著控制你的習慣，來控制你的行為。你的想法和行為，將成為你自然現象的一部分，就好像冥王星的運行軌道是自然現象的一部分一樣。

　　如果你能養成積極的習慣，則它所種植的種子也將是積極的。如果你培養出消極習慣的話，則這些習慣所撒播的種子也將是消極的，這就是為什麼你必須經由自律控制你的習慣的原因了。

　　習慣是經由你的反覆行為，而變作你本能的一部分。如果你經由反覆習慣，在你的想法中創造某種觀念時，習慣力量就會接收這些思維模式，並使它們變成一種永恆（但這種永恆的持久性，必須視你實踐的密集性而定）並發揮效用。

　　如果你能在每天的工作上重複同一行為的話，就能使它變成一種習慣。你可能不知道你已培養出一種習慣，但是當你把同樣的行為運用到其他方面時（例如購物或訪友），就會發現它的存在。如果在你邁向成功之路的過程中，沒有注意到這一點的話，很可能會錯過成功的轉機，甚至可能會連你的任務都忘記了。這就是為什麼你必須知道你的習慣，並且控制它的原因。 如果你的心理狀態是貧窮的話，則習慣力量就會帶給你貧窮；反之，如果你的心理狀態是興盛與和平的話，則你就可從習慣那裡得到興盛與和平。

第三十計　超越自我

反覆一個習慣可以強化這個習慣，並且最後使它變成一種執著。你可自行選擇執著於貧窮或是成功，這就是為什麼我們一再強調「想法是你唯一能完全掌握的東西」的原因了。你必須控制你的想法，並進而控制你的習慣。人們克服自己壞習慣的過程，就是超越自我的過程。

習慣力量不給你抱怨「從來沒有機會」的餘地，只要你有形成和表達你想法的力量時，你就有能力按照你的希望改變你的生活環境。

如果你的生活還不是你所希望的那種樣子的話，就表示你已被習慣力量限制在你目前的環境中。但你可以改變它，以習慣力量為後盾，並且因為自律和個人進取心的作用所強化的明確目標，會把你帶到你希望的環境之中。

以卵擊石超越自我

「以卵擊石」這個成語，俗稱為「雞蛋碰石頭」，是指弱者若向強者挑戰，必定失敗無疑。人們常說的「不識相」或「不識時務」，指的就是這個。

我的一位同學，可真有那麼一點「不識時務」。本來剛畢業，來到一個新公司，無疑先要與同事，特別是主管打好關係，對於一些人來說，甚至得做出一些曲意逢迎的舉動。但是，這個公司的主管確實也太「那個」：以權謀私，拉幫結派，壓制人才。也不知何故，對年輕人，尤其是有點成就的年輕人橫豎看不慣。大概怕其才能超過自己而動搖其領導地位吧。於是，大事不讓他做，小事又雞蛋中挑骨頭處處刁難。本來，這位同學是有名的寫文章好手。到了這個公司後，卻成了傳遞文件的通訊員，辦公室的勤雜員，還讓他學習打字，巴不得他成為一個合格的打字員。這種工作，對他來說，委實不是滋味，做起來當然比不上那些熟練的辦事員出色，此君就這樣，欲做不成，欲罷不能，被懸在半空，真夠慘的。有位好心者勸曰：「此主管對於外來人，總要給個下馬威，你無妨登門拜訪，『燒燒香』，使主管認為你是他的人，以後，事情會好辦得多。」可惜，此位老兄不吃這一套，結果可想而知。這個被稱為主管的便利用工作過程中的小事，製造事端，想在公司裡把他搞臭。是可忍，孰不可忍！既然沉默、委曲求全無法解決問題，那麼剩下的只有奮起自衛了。儘管當時他已意識到，這樣做也是一種「雞蛋碰石頭」之舉，但自己實在

已無路可走，與其讓雞蛋發臭，倒不如碰碰頑石，也弄它一身髒，這樣反而瀟灑一場，於是，尋找了一個公眾場合，與上司做了一番唇槍舌劍的較量。「有理走遍天下」，此話不假。此次論戰後，他在公司出了名，主管迫於群眾輿論的壓力，只好重新安排他的工作，把他調到宣傳部門寫文章。這畢竟比打雜要強得多，他的氣也順了些。

後來，在一次年輕人的聚會上，他做了發言，對此事進行了總結，宣稱他的「雞蛋碰石頭」，雞蛋未必粉碎，石頭未必完好的新觀點，鼓勵大夥在人生路上要有一點「雞蛋碰石頭」的自我超越精神。

當時，作為聽者，我並不完全同意這種看法，「雞蛋碰石頭」，畢竟兩傷，要是學會處理好各種關係，透過別的途徑解決雞蛋與石頭的矛盾，豈不更妙？可是現實生活中，這種一廂情願解決矛盾的方法並不到處適用。現在我認為其他方法用過後仍於事無益時，操起這一武器，倒也是一種有效的方法。我們講的「識相」或「識時務」，如果指的是分明事理，符合實際規律，那自然無可非議。但如果是苟且度日，隨遇而安，息事寧人，那人生也過得太不夠刺激了。

於是，我又突然想得更廣：一部人類文明的進步史，在某種意義上，不就是無數弱小但充滿生機的「雞蛋」向比自身堅硬千萬倍的古老「頑石」撞擊的歷史嗎？科學上，布魯諾的日心說對地球中心說的撞擊，雖然作者為此獻身，但地球卻一直以圍繞太陽旋轉的運動，永恆的證明了這一真理；愛因斯坦相對論的提出，撞擊了當時被世人譽為金科玉律的牛頓力學，不是也被世人斥之為「狂人妄想」，作者竟也險些被打破「飯碗」，但時間卻使他成為現代物理學的旗手。當今，在許多改革運動中，不是有很多猛士向腐朽的傳統撞擊嗎？雖然其中也不乏中箭落馬者，但他們的名字將伴隨改革的勝利而顯得輝煌。

日常生活中，這種事更是多得不勝枚舉。

因此，如果你想努力使自己成為一個成功的自我管理者，無論在日常生活的處事中，或者對事業、理想的追求上，如果也來一點「雞蛋碰石頭」的自我超越精神，那麼，在人生路上，頑石就能化為齏粉，創造力就會泉湧般的湧出。

第三十計　超越自我

第三十一計　甜言蜜語

第三十一計　甜言蜜語

好聽的話人人愛聽

過去，美國費城電力公司有一個叫威伯的推銷員，他曾到鄉村去推銷家庭用電。當他走到一家闊氣的人家，屋主是個上了年紀的老婦，一見是電力公司推銷家庭用電的，就把門緊閉了。威伯一看事情不妙，便說：「很抱歉打擾了您，也知道您對家庭用電不感興趣。所以，我這次來不是做生意的，而是買雞蛋的。」老人消除些疑慮，便把門打開一些，探出頭來將信將疑的望著威伯，威伯又繼續說道：「我看見您養的多明尼克種雞很漂亮，想買一打新鮮的雞蛋回家。」

聽到他這麼說，老人家把門開得更大一些，並問道：「你為什麼不用你家的雞蛋？」「因為，」威伯充滿誠意的說，「我家的雞下的蛋是白色的，做蛋糕不合適，我太太就要我來買些棕色的蛋。」

這時候，老婦人走出門口，態度溫和的跟威伯聊起雞蛋的事。但威伯這時便指著院子裡的牛棚說：「老太太，我敢打賭，妳丈夫養的牛趕不上妳養雞賺的錢多。」

老婦人的心被說樂啦。是的，多少年來，她丈夫總不承認這個事實。於是她將威伯視為知己，帶他到雞舍參觀。威伯是小甜嘴，說的是句句入耳，他對老婦人說，如果能用電燈照射，產的蛋會更多，老婦人好像忘記剛才的事，反而問威伯，用電是否合算，當然，她得到了完滿的解答。兩個星期後，威伯在公司收到了老太太交來的用電申請書。

試想，假如威伯一開口就向老婦人推銷家庭用電，老婦人肯定不會接受。而推銷員威伯，採取了曲線表達。用買雞蛋的託辭，打開老婦人的心扉，然後以閒話家常的方式，說一些恭維的話，很自然的扯到了用電的問題，說明用電燈照射，雞產的蛋會更多。這就博得了老婦人的信任，自動遞上了用電申請書。

把「您」掛在嘴邊受益多

現在的推銷技術豐富多樣，有的送貨上門，有的服務到家，有的總是把「您」掛在口中，取悅討好你，讓你感到親切，進而買他的商品。總是把「您」掛在嘴上的推銷術，不但是一種行之有效的辦法，而且縮短了商人與顧客的距離。

我們去拜訪一家公司，過幾天再去第二次。如果有端茶出來的接待小姐，我們也會產生好感，這種好感會使我們對公司產生好的印象，所以，別人尊重自己時就會自然產生好感。記住了顧客的名字，使他感到被別人關心，這樣才能更好的推銷產品。在這類推銷活動中通常要使用這樣一句：「我們公司為了您。」這是推銷產品的基本技巧。有些人雖然明知這是推銷員的術語，可是受到對方的尊重和關懷，總是心情愉快的。有位賣戒指的老練推銷員，他一看到老顧客上門就說：「您來得真巧，剛好有最適合你的好貨。」說著拿出一枚大小適當的戒指，套在顧客手上。如果使顧客產生了「這是為我準備的戒指」的感覺，那麼不管戒指品質如何，都會很高興，而且樂意花錢買下。

推銷商品，與顧客交往，把「您」掛在口中，不但對老顧客如此，對新來的客戶也不能例外，這是增進心理交流，一種無代價的感情投資，值得提倡。但是運用時應當真心實意，切莫裝腔作勢，被人視為假惺惺的「友善」。

人人都愛戴高帽

一位模範售票員在談自己的工作體驗時，她常常無意識的點明是男乘客還是女乘客，其實細究下來這個做法不是偶然的。請看以下說明：

一次，一位乘客帶著一個已經超高的小孩子上車，我說：「您的孩子夠高了，該買票了。」乘客不解的說：「這孩子還沒上學呢，就要買票呀？」我當時用幽默的語言對他說：「您的孩子還沒上學就長這麼高，發育這麼好，您不高興嗎？」我這麼一說，乘客便高興的又買了一張票。

還有一次，我在車上講完讓座的宣傳用語後，坐在附近的一位女乘客站起來把座位讓給了抱孩子的男乘客，這個男乘客一坐下來就忙著哄孩子，連聲謝謝都沒有說，讓座的女乘客臉上頓時有點不高興，斜著眼看著他。看到這場面，我連忙對著小孩說道：「小朋友，快謝謝阿姨，人這麼多，阿姨這麼累還讓座給你，你說阿姨多好啊，快說阿姨好！」抱小孩的男乘客這時才猛然一驚，似乎明白了什麼，忙對讓座的女乘客說：「謝謝您，實在對不起，孩子一哭，我真不知怎麼辦了，真是太感謝您了。」女乘客臉上有了笑容，忙說：「不客氣。」

帶孩子的旅客無論男女，都會有相同反應，這是共同心理，無須指明性別；而讓座事件中是指明性別的，而且性別互換後事情就無法成立：女乘客一般不會忘了致謝，而男性則一般也不會因為對方不致謝而生氣。

單就與戴高帽密切相關的虛榮心來講，男女是有一定差異的。男人要面子好虛榮，多表現在追逐功名、顯示能力、展示個性以顯瀟灑和能人之形象方面，而女人則表現在對容貌、衣著的刻意追求或身邊伴個白馬王子以示魅力方面；男人要面子，好虛榮毫不遮掩，有時甚至坦率得令人吃驚，而女子則總是遮遮掩掩、羞羞答答，「猶抱琵琶半遮面」；女性對於面子、虛榮還有幾分保留，而男子則是全力以赴去追求面子，好似他的人生目的就是面子一般；男人為了面子可以大動干戈，有權力的甚至可以輕則殺一儆百，重則發動戰爭，女人為了面子則會大喊大叫罵街，或者在家裡鬼哭狼嚎幾聲。對了，告訴你一聲，男人的面子千萬不要去傷害、破壞，否則便萬事皆休了 —— 友誼中斷，戀愛告吹，生意不成，升官無望，職稱泡湯。

因此，稱讚異性，絕對要講究技巧，否則稍有不慎便會招致不必要的誤解。如果是初次見面，你的讚美還可能被理解成過於露骨的奉承，或讓人留下低俗厭惡的印象，無法將自己要表達的意思正確的傳遞給對方。

對女性還應該注意下面的情形：

1. 加班時，如果對女職員說「妳可以回去了」，不但沒有討好，反而容易使對方認為你輕視她。

    某汽車廠的營業科長每見到我便發牢騷：「女孩子真是難以捉摸，罵就哭，誇獎其中一個卻得罪其他女孩子，再這樣下去真會生病。」日前決算，他輕聲告訴兩個不必留下來加班的女職員：「妳們可以回去了。」想不到對方卻不高興的說：「別人都留下來，我們為什麼回去？」看來他的一番好意，似乎被她們當作輕視的話。

    越是認真工作的女性越痛恨被歧視。這種情形，不要只說：「妳們可以回去了。」最好用安慰的口吻說：「妳們每天很辛苦，今天可以早一點回去。」如有這樣的機靈，那麼對方也會感謝你的一番好意，高高興興回家了。

2. 千萬不要在女性面前稱讚其他女性。

   有人說：「女人的敵人就是女人自己。」對女性而言，其他女性全都是永遠的敵人。

   市內某女中，據說有位男老師在課堂上總是以相同的速度走動，倘若中途不經意停下來，那麼全班便認為老師對旁邊的女孩子有意思，也許有人會覺得很荒謬，但實際上卻有男老師因不堪其擾而辭掉教職。

   「男人也會嫉妒。」也許女性如此反駁，老師站在身旁認為「老師對我有興趣」，這是女性特有的自我中心式的觀念。女性在男女關係中沒有所謂灑脫的狀態，亦即沒有所謂中立狀態。例如情侶相偕上街，男的看著迎面而來的漂亮女生，說道：「哇！好漂亮的女孩。」女友會生氣不再理他。

3. 女性有關家庭或孩子的牢騷，不要以為同聲附和能討歡心。

   女性跟人談話時，話題很容易談到自己的孩子、家庭，而這些話大多以發牢騷的方式說出來。例如：「我兒子愛玩，真叫人擔心。」如果你不小心附和說：「是啊！那孩子的確如此。」對方必定大為光火，其理甚明。

   婦人的牢騷，細加推敲，不難發現帶有這樣的期待：「我兒子只是愛玩，如果這一點改過來，無論成績、無論什麼，都會有長足的進步。」甚至可能是在炫耀：「我兒子聰明、乖巧，只是愛玩而已。」

   至於關於先生的牢騷，可說完全是在炫耀。「每星期打高爾夫球，連星期天也不在家，他實在應該稍微為孩子想一想」。換言之，她想炫耀：「我先生忙著應酬，陪客人打高爾夫球，這是事業成功的現象。」只是不好意思直接炫耀，所以才採用牢騷的方式說出來。不要附和這種牢騷，應該加以否定說沒有的事而使她心曠神怡才是機靈。

第三十一計　甜言蜜語

第三十二計　避免爭辯

第三十二計　避免爭辯

喜歡與人爭論是最大的缺點

懦弱愚蠢的人才好激動和大吵大嚷，聰明幹練的人什麼時候都會保持自己的尊嚴。

第二次世界大戰剛結束的一天晚上，卡內基在倫敦學到了一個極有價值的教訓。當時他是史密斯爵士的私人經紀。大戰期間，史密斯爵士曾任澳洲空軍戰鬥機飛行員，被派在巴勒斯坦工作。歐戰勝利締結和約後不久，他以 30 天飛行半個地球的壯舉震驚了全世界。沒有人完成過這種壯舉，這引起了很大的轟動。澳洲政府頒發給他 5,000 美元獎金，英國授予了他爵位。有一陣子，他是聯合國風靡一時的人。有一天晚上，卡內基參加一次為推崇他而舉行的宴會。宴席中，坐在卡內基右邊的一位先生講了一段幽默笑話，並引用了一句話，意思是「謀事在人，成事在天」。

那位健談的先生提到，所引用的那句話出自聖經。其實他錯了，完全是為了表現出他自己的優越感，卡內基很討人厭的糾正他。他立刻反唇相譏：「什麼？出自莎士比亞？不可能，絕對不可能！那句話出自聖經。」他自信確實如此！

那位先生坐在右邊，卡內基的老朋友格蒙在他的左邊，他研究莎士比亞的著作已有多年。於是，他們都同意向他請教。格蒙聽了，在桌下踢了卡內基一下，然後說：「戴爾，這位先生沒說錯，聖經裡有這句話。」

那晚回家路上，卡內基對格蒙說：「你明明知道那句話出自莎士比亞。」

「是的，當然，」他回答，「哈姆雷特第五幕第二場。可是親愛的戴爾，我們是宴會上的客人，為什麼要證明他錯了？那樣會使他喜歡你嗎？為什麼不給他留點面子？他並沒問你的意見啊！他不需要你的意見，為什麼要跟他爭辯？應該永遠避免跟人家正面衝突。」

永遠避免跟人家正面衝突。說這句話的人已經謝世了，但卡內基受到的這個教訓仍長存不滅。那是我們最需要的教訓，因為卡內基是個積重難返的辯論愛好者。小時候卡內基和他哥哥，為天底下任何事物都爭論。進入大學，他又選修邏輯學和辯論術，也經常參加辯論賽。從那次之後，卡內基聽過、看過、參加過、也批評過數以千次的爭論。這一切的結果，使卡內基得到一個結論：

天底下只有一種能在爭論中獲勝的方式，那就是避免爭論。避免爭論，要像你避免響尾蛇和地震那樣。

十之八九，爭論的結果會使雙方比以前更相信自己絕對正確。你贏不了爭論。要是輸了，當然你就輸了；即使贏了，但實際上你還是輸了。為什麼？如果你的勝利，使對方的論點被攻擊得千瘡百孔，證明他一無是處，那又怎麼樣？你會覺得洋洋自得；但他呢？他會自慚形穢，你傷了他的自尊，他會怨恨你的勝利。而且 —— 「一個人即使口服，但心裡並不服。」

一家互助人壽保險公司立了一項規矩：「不要爭論！」

真正的推銷精神不是爭論。甚至最不露痕跡的爭論也要不得。人的意願是不會因為爭論而改變的。

幾年前，有位愛爾蘭人名叫歐‧哈里，上過卡內基的課。他受的教育不多，可是很愛爭論。他當過人家的汽車司機；後來因為推銷卡車並不成功，來求助於卡內基。提了幾個簡單的問題，卡內基就發現他老是跟顧客爭辯。如果對方挑剔他的車子，他立刻會漲紅臉大聲強辯。歐‧哈里承認，他在口頭上贏得了不少的辯論，但並沒能贏得顧客。他後來對卡內基說：「在走出人家的辦公室時我總是對自己說，我總算整了那混蛋一次。我的確整了他一次，可是我什麼都沒能賣給他。」

卡內基的第一個難題不在於怎樣教歐‧哈里說話，卡內基著手要做的是訓練他如何自制，避免口角。

歐‧哈里現在是紐約懷德汽車公司的明星推銷員。他是怎麼成功的？這是他的說法：「如果我現在走進顧客的辦公室，而對方說：『什麼？懷德卡車？不好！你要送我我都不要，我要的是何賽的卡車。』我會說：『老兄，何賽的貨色的確不錯，買他們的卡車絕對錯不了，何賽的車是優良產品。』」

「這樣他就無話可說了，沒有爭論的餘地。如果他說何賽的車子最好，我說沒錯，他只有住嘴了。他總不能在我同意他的看法後，還說一下午的『何賽車子最好』。我們接著不再談何賽，而我就開始介紹懷德的優點。」

「當年若是聽到他那種話，我早就氣得臉一陣紅、一陣白了 —— 我就會挑何賽的錯，而我越挑剔別的車子不好，對方就越說它好。爭辯越激烈，對方就越喜歡我

競爭對手的產品。

「現在回憶起來，真不知過去是怎麼做推銷的！以往我花了不少時間在爭論上，現在我守口如瓶了，果然有效。」

正如明智的班傑明‧富蘭克林所說的：

「如果你老是爭論、反駁，也許偶而能獲勝，但那只是空洞的勝利，因為你永遠得不到對方的好感。」

因此，你自己要衡量一下，你是寧願要一種字面上的、表面上的勝利，還是要別人對你的好感？

你可能有理，但要想在爭論中改變別人的主意，你一切都是徒勞。

威爾遜總統任內的財政部長威廉‧麥卡杜，以多年政治生涯獲得的經驗，說了一句話：「靠辯論不可能使無知的人服氣。」

「無知的人？」麥卡杜說得太保守、太片面了，據我本人的經驗是：不論對方才智如何，都不可能靠辯論改變他的想法。

比方說，所得稅顧問派森，為了一筆關鍵性的 9,000 元跟一位政府的稅務員爭論了 1 個小時。派森解釋這 9,000 元事實上是應收帳款中的呆帳，不可能收回來，所以不該收所得稅。「呆帳！大頭鬼！」稽核員上火了，「非徵不可。」

「那位稽核員非常冷酷、傲慢，而且頑固，」派森在課堂上說，「任何事實和理由都沒有用……我們越爭執，他越頑固，所以，我決定不再與他論理，開始改變話題，說些使人愉快的話。」

「我說：『比起其他要你處理的重要困難的事情，我想這實在是不足掛齒的小事。我也研究過稅務問題，但那是書上的死知識，你的知識全是來自實務工作的經驗。有時我真想有份像你這樣的工作，那樣我就會學到很多。』我說得很認真。

「這下，稽核員伸直身子，靠在椅背上，花很多時間談論他的工作，他告訴我他發現過許多稅務上的鬼花樣。他的口氣慢慢友善起來。接著又談起他的孩子，臨告別的時候他說要再研究研究我的問題，過幾天會通知我結果的。

「三天後，他打電話在到我辦公室，通知我那筆稅決定不徵收了。」

這位稅務稽核員表現了人性最常見的弱點，他要的是一種重要人物的感覺，派

森越和他爭論，他越高聲強調職務上的權威，但一旦對方承認了他的權威，爭執自然偃旗息鼓了。有了表現自我的機會，他就變成一位有寬容態度和同情心的人了。

拿破崙的家務總管康斯坦在《拿破崙私生活拾遺》第 1 冊 73 頁曾寫到，他常和約瑟芬打撞球：「雖然我的技術不錯，我總是讓她贏，這樣她就非常高興。」

我們可從康斯坦的話裡得到一個教訓：讓我們的顧客、朋友、丈夫、妻子，在瑣碎的爭論上贏過我們。

釋迦牟尼說：「恨不消恨，端賴愛止。」爭強疾辯不可能消除誤會，而只能靠技巧、協調、寬容，以及用同情的眼光去看別人的觀點。

林肯有一次斥責一位和同事發生激烈爭吵的年輕軍官，他說：「任何決心有所成就的人，絕不會在私人爭執上耗時間，爭執的後果，不是他所能承擔得起的。而後果包括發脾氣、失去自制。要在跟別人擁有相等權利的事物上，多讓步一點；而那些顯然是你對的事情，就讓得少一點。與其跟狗爭道，被牠咬一口，不如讓牠先走。因為，就算宰了牠，也治不好你的咬傷。」

爭辯惹人煩

每個人都會遇到不同於自己的人，大至思想、觀念、為人行事之道，小至某事的看法與評判。這些程度不同的差異可能會轉化成人與人之間的爭執與辯論，任何獨立的、有主觀的人都應重視這個問題。

留心我們的周圍，爭辯幾乎無所不在，一場電影，一部小說能引起爭辯，一個特殊事件，某個社會問題能引起爭辯，甚至，某人的髮式與裝飾也能引起爭辯。而且往往爭辯留給我們的印象是不愉快的，因為爭辯的目標指向很明白：每一方都以對方為「敵」，試圖以自己的觀念加強於別人。

所以，爭論不適合個人與個人之間，而如果是用於團體之間，像辯論會似的，又應另當別論，可是，雖然你用某種事實或理論來證明你的意見是正確的，你透過爭論的手段達到了勝利的目的，使對方啞口無言。但你卻萬萬不可忽略了這一點，他不一定就放棄他的思想來信奉你的主張。因為，他在心裡所感覺到的，已經不是誰對與誰錯的問題，而是對你駁倒他懷恨在心，因為你使他的顏面掃地了。

第三十二計　避免爭辯

　　這樣看來，你雖然得到了嘴上的勝利，但和那位朋友的友情，卻從此一刀兩斷。比較之下，你會不會覺得，當初真是有欠考慮，僅僅為了一個小小的嘴上的勝利，而得罪了一個朋友——如果那位朋友一旦為人小器，說不定他正在伺機報復呢！

　　有些人在和朋友翻臉之後，明知大錯已鑄成，也故作不後悔狀，還經常這樣認為：「這樣的朋友不要也罷。」其實這樣對你又有什麼好處？而壞處卻很快可以看到，因為和別人結了怨仇，你就少了一位傾吐心事的人。

　　這種現象我們應該盡一切可能去避免。

　　基於上述理由，當一場唇槍舌劍的爭辯到來之前，你必須首先冷靜的考慮一番，弄清楚以下幾個事項：

1. 這次爭辯的意義。如果是一些根本就很不相干的小事情，我們還是避免爭論為妙。
2. 這次爭辯的欲望是基於理智還是感情上（虛榮心或表現欲等）？如果是後者，則不必爭論下去了。
3. 對方對自己是否有很深的成見？如果是的話，自己這樣豈不是雪上加霜？
4. 自己在這次爭論當中究竟可以看到什麼？究竟又可以證明自己的什麼？

　　一位心理學家曾經說過：「人們只在不關痛癢的舊事情上才『無傷大雅』的認錯。」這句話雖然不勝幽默，但卻是事實。由此也可以證明：願意承認錯誤的人是少的——這就是人的本性。

　　現在就讓我們姑且認為這次爭論是一次積極爭論，也就是說，它值得我們去爭論。但是在這過程中，我們仍須時時把握住自己。因為在爭論中最容易犯的毛病，就是常常自己認為自己的觀點才是世界上最正確的，只顧闡述自己的觀點，而忽略了要耐心誠意的去聽取別人的意見。

　　這就往往可以使善意的爭論變成有針對性的爭論。需要強調一下，這種現象是很危險的，也很常見。因為即使最善意的爭論，也是由於雙方的觀點有分歧引起的，所以，在一開始，雙方就是站在對立的立場上，對於對方的論點，根本就不加以分析，而一味的表述自己的看法。

如此一來，爭論過程中就難免會情緒激動，面紅耳赤，甚至去翻對方的陳年老底。所以，當雙方都各執己見，觀點無法統一的時候，你應當控制情緒，把握自己，把不同的看法先擱下來，等到雙方較冷靜時再辯明真偽。也許，等到你們平靜的時候，說不定會相顧大笑雙方各自的失態呢？

而在當你勝利的時候，你也應該表現出自己的大將風度，不應該計較剛才對方對你的態度。爭辯是一回事，而交情又是另一回事，切切不可混為一談。當他向你認錯的時候，也萬萬不該再逼下去，以免對方惱羞成怒。

爭辯結束後，你也應該顧及到對方的面子，可以給對方一支菸或是一杯茶，或者幫一點小忙，這樣往往可以令他恢復愉快的心情。

不與小人爭辯

有一位哲人說過：「沒有敵人的人生太寂寞。」這位先哲真是好大的口氣，試想誰希望以敵人的存在來充實自己的人生經歷？其實，如果仔細想想，你的敵人是誰呢？敵人本來並不存在，只是由於某種原因才出現。或者是原來的朋友反目成現在的敵人，也許將來還會變成朋友。不打不相識，你們為什麼不能彼此間成為朋友呢？

但是，禮讓並不是無原則的一味退讓，並不是對所有的事都保持沉默。事實恰恰相反，如果你這麼做，別人只會把你看作是懦弱無能，在某些時候，你不得不去爭取，去辯論，去實現自己存在的價值，去批評、反擊自己認為是忍無可忍的事情，別人絕對不會說你膚淺狹隘。有些事情，如果你不去做，別人又怎麼會知道？

喜歡逞一時之快，嘲笑別人，以求達到傷害對方的自尊心目的的人，都有一個共同點——欺善怕惡。由於缺乏涵養，認為別人無言以對，把對方踩在腳下，自己便會升高一級，增加自身的價值，結果慢慢的便形成一種暴戾習氣，對人對事一味挑剔，還自認為具有非凡的洞察力、見識過人，別人越是顯出畏懼，他們越是得意洋洋，什麼尖酸刻薄的話，都不吐不快，毫不知道收斂。

面對這種以為自己口才很好，卻是神憎鬼厭的人時，你既不要隨便示弱，也無須自我降格，跟他針鋒相對，你應該這樣做：

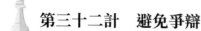

當他正心情興奮，口若懸河的把你的弱點一一挑出來取笑時，你只須平靜的定睛看著他，像一個旁觀者，興味盎然的欣賞眼前這個小丑的每一個表情，對方便會難唱獨腳戲。

當他總是找你的麻煩，每句話都是針對著你時，你要盡量抑制怒氣，裝聽不見，切勿中了對方的詭計，跟他唇槍舌劍。如果你根本不理會他，他便無法再獨白下去，他的弱點會因此而暴露無遺，同時更顯出你的涵養功夫。

在對方說得起勁，更難聽的話也脫口而出的時候，你實在不必再忍受這樣膚淺的人，你可以站起來禮貌的說：「對不起，請繼續你的演說。我先走了。」如果對方還存在有一點自尊的話，他應該感到羞恥。

不要以為世界上每個人都像你一樣，處事有條不紊，願意聽取他人的意見，喜歡講道理、求和氣，在適當的時候，做適當的事情。有些人是天生的「瘋子」，你對他的所作所為非常厭惡，但又無可奈何。如果他特別針對你，像一隻瘋狗似的到處吠你，窮追不捨。你既沒有足夠的精力與時間跟他周旋到底，以牙還牙，看看鹿死誰手，又不願與這種人糾纏下去，以免降低人格。面對這種矛盾的情形，什麼才是最明智的處理方法？

或者，你會說：「我不會跟這種人計較，不願為他徒然浪費我的寶貴光陰，我想他瘋夠了便會停下來，永遠對這個人敬而遠之才是。」

你也可能會說：「我會找他出來當大家面說清楚。請其他朋友主持公道，看看誰是誰非，我不要自己蒙受不白之冤。」其實人之所以可惡可恨，完全是他們心術不正，滿腦子是害人的歪念，以致面目也變得奸險猙獰，看見受害者攤上麻煩、心緒不寧，他們便樂不可支。對種卑鄙小人，你不能動真氣、講道理，或妄想以情義打動他們的心。你所能做的，便是對著鏡子做一下深呼吸，長吁一口氣，承認你交錯這樣一個朋友。儘管內心隱隱作痛，還是要努力控制情緒，表面上不動聲色，從此對這個人不存半點希望，不讓他再有機會影響自己的生活，任由他到處亂吠亂叫好了。既然他已失了常性，你又何必跟一個瘋子苦苦理論？

第三十三計　說服他人

第三十三計　說服他人

稱讚之後說服他人接受自己的觀點

　　每個人都具有優點和缺點，但我們有些人看待他人時，往往總是盯著他人的缺點和不足之處，而看不到他人的優點，他們不願稱讚對方，不會誇獎他人。因而也得不到他人的讚賞。其實，即使那些歷史上的偉人，他們也深知真誠的讚賞他人。

　　在柯立芝總統執政的時候，卡內基的一位朋友在一個週末去白宮做客。當踱入總統的私人辦公室時，他聽到柯立芝對他的一位女祕書說：「妳今早穿的衣服極好看，妳是一個極美貌的年輕女子。」

　　這恐怕是一向寡言的柯立芝總統一生中賞賜給一位祕書的最動人稱讚了。這確實有點極不平常，極出乎意料之外，因而那女子面紅耳赤，不知所措。柯立芝於是說道：「不要難為情，我說這些話只是為了讓妳覺得好過一些。從現在起，我希望妳多注意一下妳的缺點。」

　　儘管柯立芝總統採用的辦法似乎太明顯了一點，但他運用了一種心理技巧——當我們聽到他人對自己的優點加以稱讚以後，再去聽一些不愉快的話，自然覺得好受一些。這正如理髮師在替人修面之前，先塗上一層泡泡一樣。這也是麥金利在西元 1896 年競選總統時所採取的一種做法。

　　有一位當時著名的人士寫了一篇演講搞，他覺得比西西洛、亨利和范勃斯德 3 人合起來所寫的還要好。這位先生非常高興的將他那不朽的演講稿大聲朗讀給麥金利聽，這篇演講稿有它的優點，但麥金利先生總覺得有些不大合適，因為它會引起一場批評的風波，可是麥金利又不願傷害這位寫作者的感情。他不願向這位滿腔熱忱的人潑冷水，但又不得不說「不」。那麼他是怎麼巧妙處理的呢？

　　「我的朋友，這確是一篇極好的演講稿，一篇偉大的演講稿。」麥金利說，「沒有人能準備這麼好的一篇演說稿。在許多場合，我可以這樣說；但在這種特殊的場合是否十分適合？也許從你的立場來看，這是非常合理與慎重的，但我必須從我所代表的正常的立場來考慮它所產生的影響。現在，你回家去，按照我所指示的方向，寫一篇演講稿並送一份給我。」

　　那人回去照做了。麥金利加以修改，幫助他重新寫他的第二篇演講稿。後來他成為競選中一位有影響力的演講員。

不要總是責怪他人

有些人很喜歡指責他人，一旦出現問題，他們首先想到的就是如何將責任推卸於人；還有些人，他們本來自己在某些方面做得並不好，卻非要拚命去批評別人。這種批評怎會以理服人呢？所以，當我們批評他人時，先想想自己：「我做得怎樣？是否應該完全怪罪他人？」這樣你也許會完全改變自己的想法和行為，並與他人保持一種良好的人際關係。

3年前，卡內基的侄女喬瑟芬·卡內基到紐約來擔任他的祕書。她當時只有19歲，高中畢業，沒有什麼做事的經驗。如今，她已是一位十分幹練的祕書了。在剛開始的時候，她十分敏感脆弱。有次卡內基準備指責她，卻又馬上對自己說：「等一下，戴爾·卡內基，等一下。你幾乎有喬瑟芬兩倍的年紀，做事經驗更多出好幾倍，怎麼可以要求她能有你的看法、判斷和主動自發的精神 —— 何況你自己也並不挺出色？還有，戴爾，你在19歲的時候是什麼德行？記得你像蠢驢一樣犯下的錯誤嗎？記得你做過這些……還有那些……嗎？」

一想到這裡，卡內基不得不老實的下個結論：喬瑟芬比我19歲時要好得多 —— 而實在慚愧得很，我反而沒有稱讚過她。

於是，一遇到喬瑟芬犯錯時，我總是這樣說：「喬瑟芬，妳犯下了一項錯誤。但是，老天知道，我以前也常常如此。判斷力並非生來具備，那全得靠自己的經驗，何況我在妳這個年紀的時候還比不上妳呢。我實在沒有資格批評妳或別人，但是，依我的經驗，假如妳這麼這麼做的話，不是好些嗎？」聽別人數說我們的錯誤很難，但假如對方謙卑的自稱他們也並非完美，我們就比較容易接受了。

加拿大有位工程師叫迪利斯通，他發現祕書常常把口授的信件拼錯字，幾乎每一面總要錯上兩、三個字。那麼他是如何讓祕書改正錯誤的呢？

「就像許多工程師一樣，別人並不以為我的英文或拼寫有多好。我有個維持了好幾年的習慣，就是常常隨身帶著一本小筆記簿，上面記下了我常拼錯的字。我雖然常常指正祕書所犯的錯誤，但她還是我行我素，一點也沒有改進的意思。我決定改變方式，等第二次又發現她拼錯時，我坐到打字機旁，告訴她說：『這字看起來似

乎不像，也是我常拼錯的許多字之一，幸好我隨身帶有拼寫簿（我打開拼寫本，翻到所要的那頁）。哦，就在這裡。我現在對拼寫十分注意，因為別人常常以此來評斷我們，而且拼錯字也顯得我們不夠內行。』

「我不知道後來她有沒有採用我的方法。但很顯然，自那次談話之後，她就很少再拼錯字了。」

承認一個人本身的錯誤 —— 就算你還沒有改正過來 —— 也可以幫助他人改善行為。下面是克萊倫斯・澤休森講述的故事。

他發現15歲的兒子正學著抽菸 ——「我自然不願意大衛抽菸，」澤休森說道，「但是他的媽媽和我都抽菸，我們一直對孩子做出了不好的榜樣。我向大衛解釋，自己如何也在年輕的時候開始抽菸，如何為菸癮所害，如果他抽上幾年，情形也會跟我一樣。」

「我沒有勸他不抽，或是警告他抽菸的危險。我只是指出自己如何上了菸癮，然後受到如何的影響。

「大衛想了一陣子，決定在高中畢業前暫不抽菸。好幾年過去了，大衛一直沒有再抽菸，也沒有想抽的意思。

「那次談話之後，我也決定戒菸，由於家人的支持幫忙，我終於成功了。」

用商量的方法下達命令。從內心來講，我們每個人都喜歡指揮他人而不是聽命於人，但出於工作的安排，我們非得有人去命令他人，也有人要聽命於別人。問題是有些人的命令提得讓人難以聽下去，就別說內心接受了。一般來講，當我們安排他人時，最好多一些疑問句而非祈使句，讓對方感到你既是在徵求他的意見，同時也知道你是在安排他去做某事，並且最好一定完成。作為下屬，他們當然喜歡這種充滿柔性的命令了。

有個學生把車子停在了不該停的地方，因而擋住了別人的通道。有個老師衝進教室很不客氣的問：「是誰的車子擋住了通道？」等汽車主人回答之後，這位教師厲聲說道，「馬上把車子移開，否則我叫人把車拖走。」

這個學生是犯了錯，車子是不該停在那裡。但是，從那天開始，不只那個學生對老師心存不滿，甚至別的學生也常常故意搗蛋，使那位老師不好過日子。

如果這位老師用不同的方式來處理這一事情，結果如何？他可以好好的問：「誰的車子擋住了通道？」然後建議這位學生移開車子，以方便別人進出。相信這個學生會樂意這麼做，也不致引起其他學生的公憤。

伊安·麥當勞是南非約翰尼斯堡一家小工廠的總經理。這家工廠專門製造精密機器零件。有人願意向他們訂購一大批貨物，但要麥當勞先生確定能如期交貨。由於工廠進度早已安排好，要在短時間內趕出一大批貨，連麥當勞也不敢確定。

麥當勞沒有催促工人趕工，他只是召集了所有的員工，把事情詳細說明了一番，便開始提出問題。

「我們有什麼辦法可以處理這批訂貨？」

「有沒有人想出其他辦法，看我們工廠是不是可以趕出這批訂貨？」

「有沒有什麼辦法可以調整一下時間或個人分配的工作，以加快生產進度？」

員工們紛紛提出意見，並且堅持接下訂單。他們用「我們可以做到」的態度去處理問題，結果他們接下了訂單，而且如期趕出了這批訂貨。

說服他人的技巧

1. 讓別人知道你的主意會帶來哪些好處。你要先讓別人知道，做任何事情都有得有失，而按你的主意去做，得到的回報將大於付出的代價。

2. 探究對方反對的理由，別人一旦不贊同你的主意，先不要爭辯。一般每個人對別人出的主意，心理上多少都會有一些抗拒。抗拒的原因也許是出於自尊，也許是怕冒險，也許是有成見，也許根本就沒打算採用別人的主意。如果你不找出對方反對的理由，冒然爭辯，想要駁倒對方，對方恐怕會不願搭理你。

3. 不論問別人任何問題，都要同時說出你發問的原因，如果你不說出為什麼要問這個問題，別人往往猶猶豫豫不知道該怎麼回答你。比如，你想邀別人一起去看電影，就不能光問一句：「你今晚有空嗎？」而應該在後面緊接「我想請你一起去看電影。」在你道出原委，別人弄清楚了自己不會遭愚弄的情況下，你的主意比較容易被接受。

4. 對你的任何推薦，都要說出推薦的理由，例如你向別人推薦某家修理店，簡單

的說：「這家修理店修理得很好！」是不夠的，還要附加上如何好，如「我去送修過幾次，他們服務都很熱情，交件也快。」道出推薦的理由，說服力才會大增。

第三十四計　主宰自己

第三十四計　主宰自己

自己的命運自己主宰

　　對於生活於世的每一個人來講，我們都會遇到這種情形：我們發現自己的身邊無時無刻的跟隨著一個伴侶——也許我們難以找到一個更為恰當的名稱，那就讓我暫且稱之為「死亡伴侶」吧。提到這位終生伴侶，不同的人會表現出不同的情感和態度：有些人僅僅感到恐懼，有的人則毫無畏色的與之相隨，並使之成為自己的奴僕而從命於自己。究竟應該如何對待它，最終的選擇得由我們每個人自己做出決定。

　　驀然回首，人生短暫！死神的陰影又總是無時不視，面對人生，你可以捫心自問：

　　我是否應該拒絕自己特別想做的事情？
　　我應該按照他人的意願來度過自己的一生嗎？
　　難道追求物質享受真的如此重要嗎？
　　拖延時間是一種正確的生活方式嗎？
　　……

　　對於這些問題的答覆，你大致可以歸納為幾個詞：生活——我行我素——享受——愛。你要麼面對死亡而徒勞無益的恐懼和擔憂，要麼將死神作為你生活的力量，督促自己學會真正的生活。當你在今後的人生中考慮做出一項決定，而又不知是否應該支配自己時，你可以向自己提出一個問題來幫你做出選擇——「我還可以活多久？」只要在你的心靈裡不時的隱現這一人生永恆的問題，你就可以做出自己的抉擇，同時讓那些長生不老者去自驚自憂、自怨自艾，去懷疑你的能力吧。

　　如果你不願選擇這種做法，你就可能陷入人生的最大誤區之一——按照別人為你設定的方式順從的度過自己的一生。既然我們每個人都是宇宙生靈中的「滄海一粟」，既然人的一生僅如空中飛逝的流星，既然我們每一個都感觸生命的短暫……，那麼，我們應該讓這一瞬間過得美好而愉快，讓她發出應有的光彩。生命屬於我們每一個人，你完全應該根據自己的意願去生活！你一定要主宰自己的命運。

主宰自己要去除身上的惰性

　　所謂惰性，就是你不願意或者無法按照自己的意願進行活動的一種精神狀態，是人對生活中的一些消極情緒的反應。也許你會認為，當人們面臨某些情況時，必定會表露出生氣、敵意、羞怯等其他情緒，而且有時不得不如此，舉一個十分簡單的例子，當一個人對著你破口大罵時，你難道應該對之開心一笑嗎？因此，你不願放棄自己的這些不良情緒。但是，如果這些情緒會使你產生惰性，你就應當摒棄他們，因為這種惰性影響你追求成功。

　　惰性的表現形式多種多樣，包括極端的懶散狀態以及輕微的猶豫不決。在日常生活中，你是否：

　　一生氣就不想說話、沒有感覺或不能做事？
　　由於羞怯而不敢去見你想結識的人？
　　因心情不好而整天悶悶不樂？
　　有時因事情不順而飯都不想去吃？
　　你的嫌惡感和嫉妒心是不是使你患上潰瘍或血壓升高？是否妨礙你有效的工作？
　　你會不會由於一時的消極情緒而無法入睡？
　　你是否讓自己辦公桌上的文件越推越高？
　　……

　　如果這樣，那說明你已經染上了一種惰性，並失去了你本應體驗到的一些經歷。如果你的情緒使你陷入了這種精神狀態，那說明惰性已經主宰了你，這是非常危險的，你應該立即努力擺脫這種情緒。

　　下面簡單列舉一些可能使你產生惰性的情況，並按其輕重程度排列如下。

　　當你陷入惰性時，你是否：

　　不能親切的與伴侶或孩子交談，儘管你希望這樣做。
　　不能從事自己喜愛的某個工作。
　　整天悶在屋裡冥思苦想。
　　不去打高爾夫球或網球，也不進行其他有趣的活動，因為你心情不愉快？

不能主動去結識一個你所喜歡的人。

避而不與某人談話，實際上你知道只要做一個很小的表示便可改善你們之間的關係。

由於焦慮而不能入睡。

由於生氣而無法保持思路清晰。

辱罵自己所愛的人。

臉部抽搐，或者由於精神過於緊張而不能按自己的意願行事。

惰性的範圍很廣，所有消極情緒幾乎都會在一定程度上導致人的惰性行為。因此，僅從這一點來講，你就應從生活中消除這些消極情緒，學會自己主宰自己的命運。也許你認為某種消極情緒有時可以產生積極效果，例如對小孩子生氣的叫喊幾聲，表示你不願意讓他們在街上玩耍。假如這種叫喊僅僅是一種強調的手段，而且奏效了，那說明你採取的是積極措施。然而，如果叫喊並不是要說明一個問題，而僅僅是因為你情緒不佳，那麼你便陷入了惰性。這時，你應該做出新的選擇以實現自己的目標，即在避免不愉快情感的情況下讓小孩子別在街上玩耍。

把握人生的命運

人要想走過成功的一生，有時確實需要一點運氣。但是，好運卻不會經常光顧某一個人，只有抓住人生體驗中的一次次好運，把它延伸，並相信好運的終生眷顧，才會充滿信心和熱情地踏上旅途。這就需要人們正確看待時而出現的一些「倒楣」的事情，正確把握人生的命運。

某君，中年失業，再求職未成，只好到某公司做臨時性的搬運工，以等待好的機會。從此，家住江南的他每天須渡江到江北上班。一天，他渡江時正站在船舷邊乘涼，不料，他身邊的一位女士不小心失足落水，更令人始料未及的是，慌亂中的那位女士把他也拽了下去。而他卻不怎麼會游泳，等他掙扎著浮出水面時，離船已很遠。拚命求救的他幸好被一艘小船救起。

在一般人眼裡，他夠倒楣了，失業了不說，還差點被淹死，真應了「屋漏偏逢連夜雨」這一說。可他卻不這樣認為，他想到的是自己能臨危不死，實在是「命

硬」，也說明自己有堅韌的生命力，有好運氣。並由此推想開去，自己再遇到什麼困難，也能化險為夷，自己是會有好運的。在以後的再就業過程中，正是憑著這種毫不氣餒、堅信自己好運當頭的意志，他終於順利找到一份不錯的工作，度過了生活難關。

努力奮鬥的人才是主宰自己命運的人

人要接受現實，但並不是要人們放棄自己的主觀努力，畢竟，能真正把握自己命運的人，還要是能努力奮鬥的人。任何不思進取、抱怨現實、幻想「天上掉餡餅」的人，是不可能把握自己的命運的。努力奮鬥精神，對每個人來說都非常重要的，只有每個人都認知到成功需要努力工作，奮鬥是一種崇高而偉大的精神，只有能在自己的職位上兢兢業業的工作的人，他才會在工作中獲得成績，我們的社會才能獲得更大的進步。

王某、趙某的例子就頗具代表性。他們同一年大學畢業後進入同一家單位，工作中也都勤奮認真，均獲得了不錯的業績。可在三年後的晉級中，他們卻都沒能如願，反而一個表現不怎麼樣的同事晉了級。王某於是認為，老實人是會吃虧的，工作再出色，不會攀關係、走後門也沒用，於是開始四處「活動」，對工作則是敷衍了事。趙某卻認為，工作成績才是最主要的，沒晉級，說明你還是不行，於是仍舊一如既往的工作。在下一年度的晉級中，趙某如願以償，而王某依舊名落孫山。對此結果，王某追悔莫及。

王某、趙某生活中的小插曲告訴我們：儘管我們生活中會遇到種種不順利的事情，但是，我們卻不能因此放棄努力工作的態度，努力奮鬥，勤勞誠懇，忘我工作的人，才是主宰自己命運的人。與其絞盡腦汁考慮那些不切實際的東西，還不如拚命的工作，充實每天的生活。在這樣的態度下，無論遇到何種困難，你都不會感到焦慮不安，更不至於為此而抱怨、痛苦，反而會在工作中找到自己的樂趣，找到自己的幸福。

第三十四計　主宰自己

第三十五計　軟硬兼施

第三十五計　軟硬兼施

　　軟硬兼施，打好人際關係。川田在這家小雜誌社擔任送稿部經理，但因為公司實在太小了，人手又不足，所以三個月前，總經理又派他兼任編輯部的經理。

　　這家雜誌社的讀者群大多為女性，因此編輯部內的工作人員，十名有六名是女性，而且全部是一些極挑剔的人，很難管理。

　　其中有一位某著名女大畢業的田村小姐，今年 32 歲，雖然頗有才能，但人際關係搞得很糟，經常得罪這得罪那的，好像和什麼人都合不來，偏偏她的脾氣又很情緒化，身體也不好，一拗起來，也不管工作輕重緩急，工作總是拖拖拉拉的。如果川田說她幾句，向她催稿，她便噘起嘴唇不高興的說：「又不是我一個人的責任，幹嘛老催我。」如果川田話說得重了，她便藉故不來上班，真是叫人對她一點辦法也沒有。所以一向都是川田幫忙做她的工作。如果工作出了紕漏，她就拿出她爸爸（公司最大的股東）的名字來打壓人，所以雖然很討人厭，但她自己倒還神氣得很呢！

　　她認為川田不過是送稿部派來兼職的，自己比川田對編輯工作懂得多，所以根本不理會川田的命令。每次都將川田的話當耳邊風。川田在這家雜誌社已工作多年，頗知女性的心理，知道對女性要親切溫和，但這個軟硬不吃的同事卻讓他栽了跟斗；有時捧捧她，她那天就表現得極為合作，但第二天又是繃緊著一張臉，好像誰欠了她幾百萬似的，這種晴時多雲偶爾陣雨的脾氣，真是使人受不了。而問題接踵而來，公司內的其他女職員也比以前更挑剔、更難管理了。他們老在背後說：「川田這傢伙還不是奈何不了那些股東？看他那副諂媚的樣子就噁心。」這些話聽在川田心裡自是不好受，但為了增進公司內的和諧氣息，他總不將這些話放在心上，但是公司的氣氛卻仍然未見改善。

　　終於，川田覺得忍無可忍了，就將這件事向總經理報告並說：「對不起！我實在無能為力去兼編輯部經理，請您還是讓我專心去做送稿工作吧！」總經理看了看川田說：「這樣嗎？我本來以為你可以勝任的。當然我知道編輯部的那些女職員很不好管理。但大概也是因為你對田村太注意的緣故吧！作為領導者應該以公司為第一，有時不必考慮那麼多，可以轟她一下，但要讓她明白你是善意的。有時也不妨請這些女職員吃吃飯，就將她們當成小孩一樣，哄哄她們，效果不錯呢！」川田按照總經理的方法，嘗試了一下軟硬兼施的方法，很快就獲得了良好的效果。

摸透人的「欺軟怕硬」的心理

　　近代革命家黃興一生歷經了千難萬險，但他每次在危難之中都憑藉過人的智慧和傑出的口才，化險為夷，安然脫險。一次黃興回長沙發動群眾，約定某晚起義。不幸機密洩露，湖南巡撫下令捕捉黃興，隱匿者同罪。黃興無處藏身，正在萬分焦急之時，忽見一出租花轎儀仗的商店。黃興面見店主，直接承認自己是黃興，請他掩護自己。店主怕惹事生非，怎麼也不答應。黃興無奈，便大喝一聲：「今天巡撫下令全城關閉城門搜捕我，勢必抓到我。我如果被捕，一定把你說成我的同黨。你想免禍的話，就用花轎抬著我，配上儀仗和鼓手，送我出城，只要我脫了險，加倍付工錢。」話一出口，店主只好乖乖的照辦了。

　　生活中很多人都是「欺軟怕硬」，對待他們要軟硬兼施。一味的軟無異於縱人欺侮，總是硬又會招致對立，處處樹敵。如果能用硬壓住對方囂張氣焰，用軟獲得對方同情，予人面子，便會讓對方有順水推舟的心理。和你敵對他沒什麼好果子吃，而你這「硬漢」又替他留足了餘地，他何樂而不為你效力呢？

　　某人的一段經歷，作為「軟硬兼施」戰勝對手的例證，真是可圈可點，下面且聽他細細道來：

　　前些時候，我與一同學去外地遊玩。晚上住宿，我倆被一輛計程車拉到 A 旅店，本以為這次花的錢最多，條件當是很好的，可事實卻讓人大失所望。大方面說，沒有電視可看；小方面說，室內用的拖鞋也無處可覓。所謂的雙人房裡只有兩張可憐的硬板床，真是比學校的寢室還糟糕十倍。躺在硬板床上，心裡總覺得不是滋味，於是我想退房。「想退房？沒那回事。」老闆一開口就是大嗓門。

　　我見勢真有點害怕，想退縮以息事寧人，但心裡又不服，於是狠了狠心，決定拚出去了。我學著老闆的腔調吼道：「你凶什麼凶，你想怎樣？這個地方，不說來過十次，至少也有七八次了，我一點也不陌生。你，別瞎叫；我，想退房，要退房，堅決退房！」聽我威脅要打電話給相關單位，老闆撥弄了一下算盤說：「退房可以，但要交手續費。」我一聽可退房自然高興，但平白無故的要扣所謂的手續費又不甘心，便說；「如不是你讓那計程車司機把我騙來，又怎麼會這樣？要怪只能怪你的

司機騙錯人了。還有，我受你們的騙這筆帳還沒算呢！」但老闆咬定了那手續費怎麼樣也不肯鬆口。如此一來又僵住了。

時光在慢慢的流逝，我有點焦躁不安，想就此罷休。正在這時，外面又來了幾位不知情的受騙者，我及時送店老闆一根軟骨頭嚼，說：「老闆，我看還是全退了吧，想你也是明白人，如果我一嚷，那幾位還沒登記的旅客必會自行告退，孰輕孰重，聰明的你不會不明白吧！」最後老闆在無可奈何中把錢全部退還給我。

這次舌戰，我之所以獲勝，主要在於採取了如下策略：

1. 以硬制硬。老闆大嗓門，我也大嗓門；老闆說，退房沒先例，我說退房有先例；老闆讓我站一邊去，我則以打電話給相關單位威脅之，給他一個此人不好對付的印象，因此不得不改變策略。

2. 以軟對軟。老闆軟下來了，答應退房，但堅持要手續費，我來了個以利誘之的策略：如果吵嚷開來，尚未登記的旅客，必然自動離去。收了我一個人的手續費，丟了幾個旅客的生意，太不合算了。他權衡利弊，為了留住更多的新旅客，只好把錢全部退給我。

3. 軟硬兼施。對待這樣的人，如果一開始就軟，他必然認為你好欺負，而對你更加強硬；如果你硬到底，他下不了臺，來個「死豬不怕熱水燙」，你也沒辦法。有效的辦法是：軟硬兼施。關於先硬還是先軟，則要因事、因時、因人而異。

左右開弓軟硬兼施

人生在世，待人接物，應當說更多的時候是軟的，所謂有話好說，遇事好商量，遇事讓人三分……等等，都是人們待人接物中常有的態度和常用方法。但不是所有的時候軟的手段都靈驗，有的人就是欺軟怕硬，敬酒不吃吃罰酒，好話聽不進，惡話倒可讓他清醒。這樣，強硬的態度與手段就成為必要。

到江州漁船上搶魚的李逵，全無道理，好話聽不進，硬是碰到浪裡白條張順，把他誘進水裡，水上的硬功夫，把一個鐵漢子黑旋風淹得死去活來，他才不敢冒失

了，也才真正領教逞強的苦頭。浪裡白條張順，也是軟的辦法用盡，才來硬的。並且用計把李逵引到水裡，讓他英雄無用武之地，這樣張順才可以發揮自己的硬功夫。

就客觀情況而言，在人們的交際活動中，軟與硬的兩手是相輔相成、密不可分的。如果有所偏倚，自己便要吃虧。也就是一個人如果太軟，則易給人弱者的印象，覺得你好欺負，於是經常受到別人行為、言語、態度的戲弄與不恭。這種現象是普遍的，因為不可能指望人們修養都那麼好，公正無欺的待人，而恰恰相反的是，更多的人們總多少有點欺軟怕硬的毛病。因此，不可一味的軟。

當然，與人交際，也不可一味不轉彎的強硬。一個人太強，必然使人覺得他頭上長角，渾身長刺，別人對他的態度是：「人狠了不逢，酒釀了不喝。」換句話說就是，人太狠我不惹你，惹你不起還躲不起！這是一般時候的態度。到節骨眼上，別人忍無可忍，牆倒眾人推，如張順和眾多漁夫對付李逵，李逵的厄運就難逃了。那時的李逵在水中淹得死去活來，要不是宋江來得及時，再拖延幾口氣的工夫，只怕李逵就要被丟到江中餵魚了。

所以，為了生活平安，辦事順利，初入社會的人，或者過分軟弱，過分單純的人，務必要了解軟硬兩手的效用，心理上有點軟硬兩手交替著用的謀略與隨機應變的手段。

軟硬兼施，隨機應變，甚至在情場上，對自己所鍾愛的人，也要表現得靈活、果斷、態度鮮明。

在情人及夫妻之間，也須恰當的有軟硬兩手。鬧矛盾了，翻臉了，須有一方主動和解，撫慰對方，這是軟的，但如果是原則問題，感情危機，則必須堅持原則，慷慨陳詞，有勇氣批評自己從心底愛著的人，並且不可讓步，這是硬的一手。嚴格的說，只有經得起摔打的愛情才是真實的，在原則上和稀泥，這不是勇者、智者和勝利者的心理狀態與行為風格。

所以，軟與硬，作為一種謀略，或者作為一種交際手段，無論何種場合，不可偏廢。從理論上講，軟，展現友善、修養、通情理；硬則顯示尊嚴、原則和力量。它作為軟硬謀略的兩個方面，存在的基礎應是真實與合理，否則，軟硬兼施便成了狡詐，成功於一時，終究必吃大虧。

第三十五計　軟硬兼施

第三十六計 唯命是從

第三十六計 唯命是從

唯命是從是討好上司的法寶

　　商鞅在政治上投秦王所好，所以很快便飛黃騰達。這種人在春秋戰國時期特別多，後代也沒有絕跡。在官場上有這麼一種人，能適應各種差異甚大的主子、上司和完全不同的政治環境和氣候，他們如同變色龍一樣，根據上司的口味不斷改變著自己的政治主張、傾向，因而總能春風得意，人們稱這種人為「代代紅」、「代代香」。他們便頗有點商鞅的流風餘韻，但像商鞅那樣成就了一番大事業的並不多，絕大多數只是一些小角色。

　　漢元帝劉爽上臺後，將著名的學者貢禹請到朝廷，徵求他對國家大事的意見，這時朝廷最大的問題是外戚與宦官專權，正直的大臣難以在朝廷立足，對此，貢禹不置一詞，他可不願得罪那些權勢人物，只向皇帝提了一點，即請皇帝注意節儉，將宮中眾多宮女放掉一批，再少養一點馬。其實，漢元帝這個人本來就很節儉，早在貢禹提意見之前已經將許多節儉的措施付諸實施了，其中就包括裁減宮中多餘人員及減少御馬，貢禹只不過將皇帝已經做過的事情再重複一遍，漢元帝自然樂於接受，於是，漢元帝便博得了納諫的美名，而貢禹也達到了迎合皇帝的目的。

　　《資治通鑑》的作者司馬光對貢禹的這種作法很不以為然，他批評說：「忠臣服事君上，應該要求他去解決國家所面臨的最困難的問題，其他較容易的問題也就迎刃而解了；應該補救他的缺點，他的優點不用說也會得到發揮。當漢元帝即位之初，向貢禹徵求意見時，他應當先國家之所急，其他問題可以先放一放。就當時的形勢而言，皇帝優柔寡斷，讒佞之徒專權，是國家急待解決的大問題，對此貢禹一字不提。恭謹節儉，是漢元帝的一貫心願，貢禹卻說個沒完沒了，這算什麼？如果貢禹不了解國家的問題，他算不上什麼賢者，如果知而不言，罪過就更大了。」

　　司馬光不明白，古代的帝王在即位之初或面對某些較為嚴重的政治危急期間，時常要下詔求諫，讓臣下對朝政或他本人提意見，表現出一副棄舊圖新、虛心納諫的樣子，其實這大多是一些故作姿態的表面文章。有一些實心眼的大臣卻十分認真，不知輕重的提了一大堆意見，這時常招來忌恨，埋下禍根，早晚會招來帝王的打擊報復。但貢禹卻十分精明，專挑君上能夠解決、願意解決、甚至正在著手解決

的問題去提，而迴避重大的、急需的、棘手的問題，這樣避重就輕，避難從易，避大取小，既迎合了上意，又不得罪人，顯示他做官的技巧已經十分圓熟老道了。

學會長眼色，察顏觀色是捧場至關重要的基本功。要投其所好，及時變色，不知道上頭的心理和意圖，說不定會拍錯了馬屁，「偷雞不成反蝕一把米」。舊社會官場之上，都是一個比一個長眼色，善變色。

唐高宗李治將要立武則天為皇后，遭到了長孫無忌、褚遂良等一大批元老重臣的反對。一天，李治又要召見他們商量此事，褚遂良說：「今日召見我們，必定是為皇后廢立之事，皇帝決心既然已經定下，要是反對，必有死罪，我既然受先帝的顧託，輔佐陛下，不拚一死，還有什麼面目見先帝於地下！」

李勣與長孫無忌、褚遂良一樣，也是顧命大臣，但他看出，此次入宮，凶多吉少，便藉口有病躲開了；而褚遂良由於面折廷爭，當場便遭到武則天的切齒斥罵。

過了兩天，李勣單獨謁見皇帝。李治問他：「我要立武則天為皇后，褚遂良堅持認為不行，他是顧命大臣，若是這樣極力反對，此事也只好作罷了！」

李勣明白，反對皇帝自然是不行的，而公開表示贊成，又怕別的大臣議論，便說了一句滑頭的話：「這是陛下家中的事，何必再問外人呢！」

這句回答真是巧妙，既順從了皇帝的意思，又讓其他大臣無懈可擊。李治因此而下定了決心，武則天終於當上皇后。反對過立她為皇后的長孫無忌、褚遂良都遭到了迫害，只有李勣官運一直亨通。

學會維護領導者的尊嚴

領導者尤其愛面子，很在乎下屬的態度，以此作為考驗下屬對自己尊重不尊重、好不好領導的一個重要標準。

一般來說，領導者的面子在下列幾種情況下最容易受到傷害，必須多加注意。

1. 領導者出現失誤或漏洞時，害怕馬上被下屬批評糾正。有的人直言快語，肚子裡放不住幾句話，發現領導者的疏漏就沉不住氣。某公司召開年終總結大會，主任講話時出了個錯，他說：「今年本公司的合作單位進一步擴充，到現在已發

展到 46 個。」話音未落，一個下屬站起來，衝著臺上正講得眉飛色舞的主任高聲糾正道：「講錯了！講錯了！那是年初的數字，現在已達到 63 個。」結果全場譁然，主任差得面紅耳赤，情緒頓時低落下來，他的面子頓時被這一句突如其來的話丟得乾乾淨淨。

捧場高手向領導者提建議時，應該顯得你只是在提醒他某種「他本來就知道，不過偶然忘掉」的事情，而不是某種要靠你去指點才能明白的東西。

2. 領導者至上的規矩受到侵犯。在公開或正式場合，一般的領導者都喜歡下屬恭維自己，討厭下屬搶鏡頭、搶次序。尤其是一些領導者平時與下屬距離過近，界線不分明，平常嘻嘻哈哈，隨隨便便，甚至稱兄道弟，把下屬慣壞了，下屬心目中的領導者意識淡薄了，一遇正規場合就可能傷害領導者的尊嚴。在一次出差時，某公司設宴款待王主任和他的一個下屬，就座時，年輕的蔣某也沒考慮就搶先一步坐到第一把交椅上大吃大喝，王主任只好屈居二位，心裡很惱火，事後狠狠把蔣某大罵一頓，說他是個飯桶，只知吃喝，目無主管。從此以後，王主任有了記性，凡是出差再也不帶蔣某同去。

3. 與領導者在別人面前顯得親近和隨便。「王局長家真是富麗堂皇，光是燈具就不下 20 種。」老趙眉飛色舞的在辦公室裡說。

「你去過王局長家了？」同事們問。

「怎麼沒有！去過好幾次了。」老趙說不出的得意。

有幾個同事卻在暗暗搖頭。因為他們知道，老趙與王局長並沒有特殊的私人關係，老趙不過是在偶然的機會中獲悉王局長住的地址，便這樣冒然造訪，是不會有什麼好結果的。

果然，沒隔多久，從某個管道傳來了王局長對老趙的評價：「這個人很討厭。」

4. 領導者理虧或有非分舉動，不給他臺階下。比如女職員會遇到老闆不懷好意的騷擾。即使到了這個程度，也還是要注意給對方留個臺階，你可以這樣說：「想不到您真會演戲，我知道您是和我開玩笑，但我才不會相信呢！因為大家都知道您是一個人格高尚的人，我們都很尊重您。」

此時，相信你的上司一定會忙不迭的收回他的話，並說：

「哈哈！你真不愧是有眼光的人，我剛才是跟你開玩笑的，我想試試你是不是值得信任。現在我知道了你的心，我就放心了。剛才我說過的，希望你當作沒聽見一樣。同時，你一定要注意，我們公司有這麼幾個人，心術極其不正，要防備別上當！」

上司一定會以這樣的理由打圓場，並且，他也不再把你拖下水。因而，你不是可以自保了嗎？

5. 即使在非工作場合，也不能把領導者當一般人看，讓他失了面子。面子和尊嚴之所以如此重要，根本原因在於他們與領導者的能力，水準、權威性密切掛鉤。一位牌技不高的科長在與下屬打撲克牌時，常因輸得一敗塗地而對玩牌的人破口大罵，很明顯的暴露出對下屬不「手下留情」的不滿。

6. 不衝撞領導者的喜好和忌諱。喜好和忌諱是多年養成的心理和習慣，有些人就不尊重領導者的這些方面。某處長經常躲在廁所抽菸，經了解得知，這位處長有四個女性下屬，她們一致反對處長在辦公室抽菸，結果處長無處藏身，只好躲到廁所過把菸癮。他的心裡當然不舒服，不到一年，四個女性下屬換走了三個。

7. 藏匿鋒芒，不讓領導者感到不如你。多數領導者面對下屬時都希望有多方面的優勢，然而事實卻經常與他開玩笑，工作中他會時時發現下屬在某些方面有傑出表現，甚至超過自己。為了不傷領導者的面子，明智的下屬應該盡力收斂鋒芒，盡力不刺激領導者那固執的自尊。

8. 有些人對領導者不滿，雖不當面發洩，卻在背後亂嘀咕，有意詆毀領導者的名譽，揭領導者的底，孰不知「紙裡藏不住火」，沒有不透風的牆，被領導者知道，後果可想而知。

得罪領導者和得罪同事、朋友不一樣，是不能不小心避免的。要捧場有術，就應該了解哪些地方的土是「太歲」頭上的。你如不知規矩，輕者被領導者批評或大罵，遇上素養不高、心胸狹窄的人，更會暗地裡被穿小鞋，甚至長時間被打冷宮，職位紋絲不動。有些年輕人不肯捧人，第一是誤認為捧人就是諂媚，有損自己的人格，第二是自視清高，覺得一般人都比不上他，第三是怕別人勝過了自己，弄得相

形見絀。希望你根本摒棄這種不健全的心理，而用心研究如何捧人的方法，必然能領略到其中的好處。須知「胳膊扭不過大腿」，「身在屋簷下，不得不低頭」。如果不長些眼色，非要「太歲頭上去動土」，那保證你會「吃不了兜著走」。

權力這場遊戲：

效率管理、操縱人心，36 種成功上位的絕妙心法

編　　著：洪俐芝，吳利平，王衛峰

發 行 人：黃振庭

出 版 者：崧燁文化事業有限公司

發 行 者：崧燁文化事業有限公司

E - m a i l：sonbookservice@gmail.com

粉 絲 頁：https://www.facebook.com/
　　　　　sonbookss/

網　　址：https://sonbook.net/

地　　址：台北市中正區重慶南路一段六十一號八
　　　　　樓 815 室

Rm. 815, 8F., No.61, Sec. 1, Chongqing S. Rd.,
Zhongzheng Dist., Taipei City 100, Taiwan

電　　話：(02)2370-3310

傳　　真：(02)2388-1990

印　　刷：京峯彩色印刷有限公司（京峰數位）

律師顧問：廣華律師事務所 張珮琦律師

定　　價：450 元

發行日期：2022 年 05 月第一版

◎本書以 POD 印製

國家圖書館出版品預行編目資料

權力這場遊戲：效率管理、操縱人
心 ,36 種成功上位的絕妙心法 / 洪
俐芝，吳利平，王衛峰編著 . -- 第
一版 . -- 臺北市：崧燁文化事業有
限公司 , 2022.05
　　面；　公分
POD 版
ISBN 978-626-332-341-4(平裝)
1.CST: 成功法
177.2　　111005966

電子書購買

臉書

獨家贈品

親愛的讀者歡迎您選購到您喜愛的書，為了感謝您，我們提供了一份禮品，爽讀 app 的電子書無償使用三個月，近萬本書免費提供您享受閱讀的樂趣。

ios 系統

安卓系統

讀者贈品

請先依照自己的手機型號掃描安裝 APP 註冊，再掃描「讀者贈品」，複製優惠碼至 APP 內兌換

優惠碼(兌換期限2025/12/30)
READERKUTRA86NWK

爽讀 APP

- 📖 多元書種、萬卷書籍，電子書飽讀服務引領閱讀新浪潮！
- 🎧 AI 語音助您閱讀，萬本好書任您挑選
- 🔍 領取限時優惠碼，三個月沉浸在書海中
- 🔔 固定月費無限暢讀，輕鬆打造專屬閱讀時光

不用留下個人資料，只需行動電話認證，不會有任何騷擾或詐騙電話。